JN051753

伊藤塾試験対策問題集

ITO JUKU
SHIKENTAISAKU
MONDAISHU

予備試験論文 6

伊藤　真 [監修]　伊藤塾 [著]

民法

第2版

弘文堂

第2版　はしがき

　2020年で10回目となる予備試験は，年々受験者が増え，合格者数も初回の116人から2019年には476人と４倍強となった。そういう意味では合格しやすくなったといえるが，予備試験における天王山である論文試験は，第３回目以降合格率が20パーセント前後と変わっていない。この20パーセントのなかに入れるかどうかは，学習の仕方次第であることは間違いない。そして，学習初期の段階で，自分にとって必要な情報をどう見つけ，どう活かせるかが大きく影響してくる。

　まもなく，10年前には想像もつかなかった，超高速化，超多数同時接続，超低遅延といわれている5G（第５世代移動通信システム）の商業運用が始まる。そうなれば，今までとは比べ物にならない大容量の動画やテキストがインターネット上にあげられるだろう。つまり，更に多くの情報を得ることができるようになる。そのなかから，自分にとって必要な情報を見つけ出すことは容易ではない。

　伊藤塾は，25年にわたる司法試験受験指導の経験をもち，設立当初から圧倒的な合格実績をあげてきた。また，予備試験制度開始時から試験の傾向と対策について研究をしている。第２版では，それらの成果として得たデータをベースに近年の試験傾向を精緻に分析し，かつ，近年大きく変わった法令に対応させて，刊行することとした。

　民事科目に関連する法改正は，特に大きなものが多く，2017年の「民法の一部を改正する法律」（債権法改正），その整備法，2018年の「民法及び家事事件手続法の一部を改正する法律」（相続法改正）などがあるが，本書はこれらにも当然対応させている。

　最後に，本書の改訂に際しては，多くの方のご助力を得た。特に，大学卒業前から伊藤塾（法学館）の書籍出版に従事していただいているオリガ・ベロスルドヴァ氏（新72期）には，司法修習中も予備試験から司法試験に合格した力を惜しみなく発揮していただいた。また，弁護士近藤俊之氏（旧54期）と永野達也氏（新65期）には，実務家としての観点から細部にわたって目を通していただいた。そして，予備試験，司法試験の合格者を中心とする伊藤塾の優秀なスタッフをはじめ弘文堂のみなさんの協力を得てはじめて刊行することができた。この場をお借りして，深く感謝を申し上げる次第である。

　　2020年３月

伊藤　真

はしがき

1 はじめに

　2011年から導入された予備試験も制度として定着し，合格者の数も，毎年大きく増えてきている。
　予備試験を受験する最大のメリットは，経済的・時間的負担がないことである。法科大学院に進学する道を選べば，少なからぬ経済的・時間的負担を強いられる。もちろん，法科大学院には独自の存在意義があるのだが，法科大学院に進学する経済的余裕がない学生や，法科大学院の講義を受ける時間的余裕がない社会人にとって，法科大学院を卒業することは法曹をめざすうえで大きな壁となって立ちはだかっていることだろう。しかし，法曹となるうえで各自の経済的事情や可処分時間の多さは本来関係ないはずである。予備試験は法曹を志すすべての者に門戸を開いている点で法曹の多様性を維持するため必要不可欠な制度であろう。
　予備試験受験のメリットは，経済的・時間的負担がないことだけではない。司法試験の合格率はおよそ20％程度であるが，予備試験合格者は司法試験において高い合格率を誇っている。予備試験合格者がはじめて司法試験を受験した平成24年度の司法試験では全体合格率の約3倍である68.2％を記録し，平成25年度は71.9％，平成26年度は66.8％，平成27年度は61.8％，平成28年度は61.5％と圧倒的な合格率を維持している。もちろん，この合格率は予備試験合格者がはじめて司法試験を受験した平成24年度から平成28年度にいたるまで5年連続で全法科大学院を差しおいて1位の合格率である。
　このように，予備試験にはいくつものメリットがあり，予備試験に合格することは，みずからの可能性を広げることにほかならない。そして，本書は，その予備試験合格への道を切り開くものである。
　本書を通して，法科大学院卒業生に勝るとも劣らぬ実力を身につけ，ひとりでも多くの受験生が予備試験に合格されることを切に望んでいる。

2 本書の特色

【1】 問題の厳選

　予備試験に合格するためには，短答式試験，論文式試験，口述試験のすべてに合格しなければならない。そして，そのなかで最大の難関が論文式試験である。論文式試験では，憲法，行政法，民法，商法，民事訴訟法，刑法，刑事訴訟法，法律実務基礎科目として刑事実務基礎科目と民事実務基礎科目，一般教養から出題される。したがって，論文式試験に合格するためには，これらの科目について十分な対策をしなければならない。
　しかし，闇雲に勉強をしては，すべての科目に十分に目をとおすことはできない。本書は，かぎられた時間のなかで最大の成果をあげるために，予備試験合格に直結するよう最良の問題を選定している。
　本書では短期間で高い学習効果が得られるように，予備試験においても圧倒的な合格実績をだし

ている伊藤塾の『伊藤塾 試験対策問題集』（弘文堂）や旧司法試験のなかから予備試験での出題可能性が高い問題を選定している。旧司法試験過去問はもちろん，ほかの問題も予備試験と遜色ない練りに練られた良問ばかりである。厳選されたこれらの問題に取り組むことによって本試験でも通用する真の実力を身につけられるであろう。

【2】 初学者への配慮

初学者にとっては，本書のような問題集を用いて問題演習を行うことは，ハードルが高いと思われるかもしれない。しかし，本書は，そのような受験生であっても十分に問題演習の効果が得られるようにこれまでにない工夫をしている。

まず，「第2部 応用編」ではそれぞれの問題に「思考過程」という項目を設けた。ここでは，予備試験合格者の思考を忠実に再現するのみならず，各問題を基本的知識についての言及や判例・学説の紹介など丁寧な説明をしている。予備試験合格者の思考をここまで丁寧に再現した問題集はほかにはないと自負している。

【3】 過去問の徹底的な分析

予備試験の論文式試験対策において，もっとも重要な位置を占めるのが，過去の予備試験問題の分析である。過去問の分析なくして試験対策の完成はありえない。そこで，本書では，これまで実施されたすべての予備試験過去問に対して徹底した分析を加えた。

実際に，過去問と同様の論点が出題されている科目もあることからして，過去問の徹底的な分析は合格のために非常に有意義であるといえる。

3 本書の構成

本書は大きく分けて2部構成になっている。以下で詳しく述べる「第1部 基礎編」と「第2部 応用編」をこなすことによって，予備試験合格に必要な重要論点が網羅できるものとなっている。予備試験合格にとって重要な鍵のひとつは重要論点の網羅である。問題選定にあたっては，基礎編と応用編で論点の重複がなるべく生じないように配慮している。

第1部の基礎編は，『伊藤塾 試験対策問題集』のなかから特に学習効果が高く予備試験対策に資する問題を厳選して収録している。基礎編は，予備試験において出題可能性が高い基本的論点を身につけてもらうことを意識して問題を選定している。基礎編の20問を通じて磐石な基礎を身につけてほしい。

第2部の応用編は，今まで実施された予備試験論文問題をすべて収録している。また，旧司法試験で良問とされ，予備試験の難易度に近いものを選定している。予備試験合格のためには，過去問を深く吟味することが必要不可欠であるから，これらを繰り返し学習してほしい。

【1】 第1部 基礎編
⑴ 問題

前述したように，第1部では試験対策問題集のなかから特に学習効果が高く予備試験対策に資する問題を厳選して収録している。応用編とあわせて1冊で論点を網羅しているため，基本的知識の

確認・論述の方法を基礎編で身につけて，応用編に進んでほしい。また，第1部では学習の便宜上分野別に問題を並べている。

　法律の学習において，メリハリづけはきわめて重要である。学習レベルや可処分時間に応じてマスターしておいたほうがよい問題が異なる。重要度は，論点の重要性，予備試験における出題可能性等を総合的に勘案して認定している。もっとも，問題を厳選しているため，重要度が低い問題はほとんどない。時間に余裕のある者はすべての問題に目をとおしておくべきであろう。ランクづけについては，以下のめやすに従ってほしい。

　　　　必ずおさえるべき問題　Aランク：予備試験に出題される可能性が十分に高い論点を含む問題。
　　　　　　　　　　　　　　　　　　　　必ず論証をおさえておくべき問題である。
　　　　まわりと差をつける問題　B⁺ランク：Aランクには及ばないものの，予備試験に出題される
　　　　　　　　　　　　　　　　　　　　可能性がある問題。ここについてもマスターしておく
　　　　　　　　　　　　　　　　　　　　必要がある。
　　　　一読しておくべき問題　Bランク：他の問題と比較して，論点の重要性はやや下がる問題。余
　　　　　　　　　　　　　　　　　　　　裕のある者は，論述の流れだけでもおさえておけるとよい。

⑵ 答案例

ア　論述部分

　各問題について答案例を付した。各答案例には，伊藤塾がこれまで築きあげてきた答案作成のノウハウが詰まっている。各答案例を吟味して，答案作成のノウハウを学んでもらいたい。

　また，答案例は，理想の答案を示すと同時に現実的な答案となるように心掛けた。答案はかぎられた時間および紙面で作成されるものである。予備試験では4頁以内の答案を作成しなければならない。そこで，答案例では多くの受験生の標準であると思われる1行30字程度をめやすに作成している。

　なお，答案例は数ある正解のなかのひとつでしかない。ここに掲載した答案例以外にも正解の道筋がある。答案例を分析するのみでなく，ほかにどのような正解の道筋があるかを考えてみることで，より問題に対する分析力や法的思考力が身につくことだろう。また，答案例以外の道筋については，優秀答案や答案作成上の注意点において言及している。ほかの道筋を考えるうえで参考にしてもらいたい。

　答案例の作成にあたって，心掛けている点を以下にまとめた。特に初学者は論述の参考にしてほしい。

㋐　流れのある答案となるように心掛けた

　答案の善し悪しは流れで決まる。そこで，本書では接続詞を多用して，論理的な文章を心掛けている。合格答案のイメージづくりの参考にしてほしい。

　特に初学者は，初期のうちからしっかりした答案のモデルに触れることが短期合格の秘訣である。おおいに参考にしてほしい。

　また，答案の論理の流れも，できるだけ単純なロジックを心掛けた。単純明快でわかりやすい答案ほどレベルが高いと考えられるからである。シンプルで読みやすい答案ほど評価が高い。そこで，論理の流れは次のように単純化している。これにより，理解が容易になり，さらに，理解した後の記憶の負担が劇的に減少する。ワンパターンとの批判もありうるであろうが，むしろパターン化したほうが，自分の考えを正確に伝えることができるし，問いに答えた答案を作りやすい。判決文のパターンをまねるべきである。

「たしかに，しかし，したがって（そこで），……」

「思うに，そうだとすれば，したがって，……」

「思うに，そうだとすれば，もっとも，そこで，……」等

(イ) 積極的に改行して余白部分を作り，視覚的に読みやすい答案をめざした

答案は読んでもらうものである。採点者は1通にそれほど時間をかけられず，しかも，かなりの数の答案を読まなければならない。読み手の負担を軽減する方策をとることは，読み手に対する礼儀である。まず視覚的に読みやすい印象を与えることはきわめて重要なことだと考えている。

「たとえば，」「本来ならば，」「また，」「さらに，」で改行するのは，日本語の使い方としておかしいであろうが，採点者の便宜を考えて，積極的に改行している。

(ウ) 法的三段論法を意識したナンバリングにした

法律文書の基本は，法的三段論法である。そこで，大前提として規範を立てる部分と，小前提として事実認定をする部分と，あてはめによる結論部分とを意識的に改行して項目立てを分けている。

特に初学者は，このナンバリングを参考に法的三段論法の書き方をマスターしてほしい。

イ　右欄のコメント

答案例の分析の手助けとして右欄にコメントを付した。右欄コメントでは論述の際の注意点や事実および事実に対する評価の部分などがわかるように記載している。答案例の分析に役立ててもらいたい。

以下は，コメントをするに際しての指針である。特に初学者であれば答案作成のノウハウとしてぜひ一読してほしい。

(ア) 問題文からの要件定立（オウム返し）

問題文：「……，甲は乙に対して売買代金の請求ができるか。」

書き方：「甲が乙に対して，売買代金の請求ができるためには，売買契約が成立していることが必要である。」など

よくないオウム返し（形式的オウム返し）の例：「甲は乙に対して売買代金の請求ができるか。まず，前提として，売買契約が成立しているかが問題となる。」

読み手（採点者）は，思わず「あなたに聞いているんですよ。」とツッコミたくなるであろう。

(イ) 問題点の抽出

事実から入る。

答案を作るにあたって，事案を解決するために論点を書くという姿勢が不可欠である。つまり，なぜ論点となるのか，という思考過程を示すのである。問題文を見てはじめて現場で考えて書くべき部分なので，書き手の実力がそのまま現れることになる。事実から離れて論点を展開すると，いかにも論点主義的な印象を与え，さらに，思いつきでしか論点を抽出しないため，論点落としや論点はずしの危険を伴うことになる。これらを避けるという点で大きなメリットとなる。

しかし他方で，文章が長くなる，あてはめと重複する可能性があるなどの短所もあるので，答案構成の段階でしっかりと考えてから書くべきである。

(ウ) 事案の問題提起

問題点の抽出をした後，事案の問題提起（当該事案固有の問題提起を伊藤塾ではそうよんでい

る）をしてから，論点の問題提起（抽象論）を展開するのが理想である。

　また，事案の問題提起に対応させて，三段論法の帰結を書くのが理想である。

⑴　**論点の問題提起**

　論点自体の問題提起のことで普遍的なものを伊藤塾ではこうよんでいる。これは事前に準備できる部分である。この問題提起のところだけを読んで，何の論点について論じるのかが明らかになるよう心掛けた（抽象的な問題提起を避けた）。

　また，できるだけ中立的な問題提起にした。つまり，問題提起部分のみを読んで特定の立場に立つことがわかってしまう表現は避けた。

　そして，条文解釈の姿勢を示すことを心掛けている。できるだけ条文の文言にひっかけて問題提起することが重要である。

　こうした点を意識して，普段から典型論点については事前の準備を怠らないようにしたい。

⑵　**原則**

　多くの場合，論証は原則から入って例外の必要性と許容性を論じることになる。この場合の原則をできるだけ示した。この原則には気を遣ってほしい。原則を間違えると法律がわかっていないと思われ，致命的な結果を招くことがある。

　また，例外とは，あくまで例外であるから，「……の場合には」，「……のときには」という留保が付くことに注意すべきである。

　原則の後には，必要性や不都合性などの価値判断が入る。なぜなら，原則の結論が正しいのであれば，例外や修正を示す必要がないからである。

⑶　**論証**

　できるかぎり，趣旨，本質，根拠，保護法益などの根本からの論証を心掛けた。そのほうが論証に厚みがでるからであるが，より根本的には法律家の命ともいうべき説得力がこの部分で試されることになるからである。本書では，その場での思いつきのような，場あたり的な理由づけは避けるようにしている。

　答案例の立場については，司法試験・予備試験が実務家登用試験であることを考慮して，判例・通説をベースにしている。さらに，試験対策という実践的な要請から書きやすさという点にも配慮している。そのため，学部の試験にも有用であろう。

⑷　**規範**

　論点の問題提起に対応させたかたちで書いてある。

　　問題提起：「……が許されるかが問題となる。」

　　書き方：「……は許されると解する。」または「……は許されないと解する。」

　　悪い例：問題提起は「許されるか。」なのに，「……は認められると解する。」「否定すべきである。」

など，問題提起に対応していないものがその典型である。自分の立てた問題提起に対応させないで規範を定立するのは，日本語の文章としておかしいという感覚をもつことが大切である。

⑸　**あてはめ**

　伊藤塾では創立当初から，あてはめの重要性を訴えてきた。具体的な問題を解決するために法律を使いこなすのだから，このあてはめ部分の重要性は明らかである。また，本試験では，問題文を見なければこの部分は書けないのだから，具体的に考えることができるかという本人の実力がそのまま反映される部分でもある。

まず，問題文の事実を省略しないことである。これは事案を解決するために規範を定立したのであるから当然である。

次に，問題文の事実に評価を加えて認定するのが理想である（事実→評価→認定）。法的三段論法の特長は，このように小前提たる事実認定にも評価が入る点である。事実を自分がどうみるのかを指摘できれば，採点者にアピールできる。ただ，スペースの関係で評価を加えながら事実を認定した答案例もある。なお，問題文にない事実を付け加えるのは厳禁である。

あてはめを規範に対応させることも大切である。規範定立したのに，それに対応させないのはあまりにもお粗末である。自分の定立した規範に従ってきちんとあてはめをすることである。これは自分の書いた文章に責任をもてということでもある。

(ケ) 三段論法の帰結

あてはめのあと，事案の問題提起に対応させて，三段論法の帰結を書くのが理想である。ただし，本書ではスペースの関係でできなかったものが多い点はご容赦いただきたい。

(コ) 形式的に問いに答える

問題文の問い掛けに形式的に答えることは答案の基本であるが，意外にできていない人が多い。この点は各自の答案ですぐに検証できる部分なので，早い時期から気を遣い，問いに答えられるようにしたい。

　　　問題文：「……は適法か。」

　　　書き方：「以上より，……は適法である。」「違法である。」

　　　悪い例：「以上より，……は許される。」「……は認められない。」など問いに答えていないもの

(サ) 条文・定義・趣旨の重要性

(i) 条文

あたり前のこととして軽視されがちであるが，すべての出発点は条文である。条文を正確に示すことも実力のうちということを認識してほしい。法令名や条文番号だけでなく，項や前段・後段・本文・ただし書まで正確に引用する方法を参考にしてほしい。

たとえば，民法でいうと，無権代理人の損害賠償責任（117条），解除の効果（545条1項），不法行為による損害賠償請求の3年の消滅時効（724条）などの引用は不正確である。それぞれ，117条1項，545条1項本文，724条1号と正確に引用する必要がある。不正確な条文引用は減点事由となることを認識しておいてほしい。

なお，答案例では，民法については，原則として法令名を省略し，民法以外の法令を引用する場合には，すべて法令名を記載することとしている。

(ii) 定義

定義が不正確だと，採点者に対して，マイナスの印象を与えてしまう。いわば不合格推定がはたらくといってもよいだろう。ただ，むやみに丸暗記するのではなく，定義のなかのどの言葉が本質的で重要なのかを意識して記憶するようにしてほしい。

(iii) 趣旨

定義とならんで，あるいはそれ以上に重要である。法律の解釈は趣旨に始まり趣旨に終わるといってもよいほどよく使うので，理解して正確に表現しなければいけない要素である。

論点を論述する際には，趣旨から論証できると説得的になり高い評価が得られるであろう。

(3) 優秀答案

まわりの受験生のレベルを知るひとつの手段として優秀答案を付した。優秀答案であるからもち

ろんよく論述できている部分もあるが，完璧な答案を試験時間内に作成することは至難の業であり，どのような答案でもミスや論述が不足している部分は存在する。優秀答案からはよいところはそのまま自己の糧とし，悪い部分は反面教師として学ぶ必要がある。

また，そのための一助として優秀答案にも右欄を付し，よい部分，悪い部分を明確に指摘した。これによってより深く優秀答案の分析ができることだろう。

なお，予備試験の場合，論述は4頁以内に収めなければならない。書くスピードは人によってさまざまであるから，試験時間内に自分がどれだけの分量を書くことができるかを知っておくことも重要である。

(4) 答案作成上の注意点

受験生が誤りがちなポイントや高得点を取るためのポイントについて記載している。答案例とは異なる見解からの論述についても言及している。

合格者が作成しているため，合格者であればどのように答案を作成するのかという視点も知ることができる。

(5) 答案構成例

答案構成にも2種類のものがある。実際に答案を書く際に，15分から20分くらいで作成するメモ書きとしての答案構成と，ある問題を学習した後に復習として作る答案構成である。本書の答案構成は後者にあたる。これは試験直前に，それまで勉強したことを総復習する際に，手軽に記憶を喚起できるように作成したものである。

【2】 第2部　応用編

(1) 問題

前述したように，第2部では，予備試験過去問，旧司法試験過去問を収録している。

(2) 思考過程

思考過程では，実際の予備試験合格者の思考をできるかぎり丁寧に記述した。実際に答案は，多くの思考を経たうえで作成されている。しかし，通常の問題集にはその思考過程が十分示されることはなく，どのような思考過程を経て答案例が作成されているのか不明であることが多い。また，実際の予備試験合格者の思考過程を知る機会はほとんどないが，予備試験合格者が，問題を見てどのような思考を経たうえで答案を作成しているのかを学ぶことは，予備試験対策としても非常に有意義である。

そこで，本書ではできるかぎり丁寧に思考過程を記述することで，予備試験合格者の思考過程を追体験してもらうことを試みた。この思考過程を徹底的に分析することで，予備試験合格者の思考過程を身につけてもらいたい。

(3) 答案例

応用編は，問題の難易度も比較的高度なものとなっており，答案例は，いちおうの完全解を想定しているが，合格レベルに達するには，ここまで書ける必要はない。答案例を目標にしつつ，自分であれば，いかなる答案を書くことができるのか，理想の答案を確立してほしい。

なお，応用編の答案例では，本試験における多くの受験生の標準であると思われる1行30字程度をめやすに作成している。

(4) 優秀答案

優秀答案は，すべて予備試験合格者が書いた答案である。予備試験平成23年から平成27年につい

ては，各年度の予備試験に合格した者のA評価の答案を採用している。また，平成28年については，予備試験合格者が，A評価相当である答案を意識して作成している。旧司法試験についても，予備試験合格者が作成した答案を優秀答案としている。

予備試験合格者といえども，時間内で完璧な答案を書くことは至難の業である。どの程度書ければA評価の答案に達するのかを知り，感覚を養ってほしい。また，合格者でもこの程度かと自信をもってもらってもよいだろう。

⑸ 出題趣旨

各問題に，問うている事柄や能力を明確にするために出題の趣旨を用意した。予備試験については，法務省が公表している出題の趣旨を掲載した。旧司法試験については，法務省公表の出題の趣旨に加えて，数ある問題のなかから当該問題を選出した理由についても言及している。

⑹ 優秀答案における採点実感

答案全体のよい部分や悪い部分，更には右欄では説明しきれなかった部分を優秀答案における採点実感で説明した。答案の採点官が実際に答案を読んだときにどのように評価する可能性があるかを示している。この部分から採点官は，答案のどのような部分を評価し，どのような部分を評価しないのかを学び取ってもらいたい。

⑺ 再現答案からみる合格ライン

予備試験の論文式試験に合格するためには，すべての科目においてA評価をとる必要はない。合格するためには，むしろE・F評価をとらないことが重要である。今までの予備試験をみると合格ラインは，B・C評価の答案といえる。ここまでの評価をとるためには，ほかの受験生が書いている論点に言及し，まわりに差をつけられない守りの姿勢が重要となる。

いかなる論点が書けていたからA評価であったのか，いかなる論点が書けていなかったからF評価だったのか，はたまた論点のみならず必要な点があったのかどうかについては多くの答案を分析する必要がある。

そこで，発刊年に実施された予備試験にかぎって，伊藤塾に集められた数多くの再現答案を読み，どれだけの水準に達していれば十分であるか受験生の相場の分析を試みた。

また，他の受験生が実際にかぎられた時間内で作成された答案がどのようなことを書いているかを知ることは非常に有意義なことである。「再現答案からみる合格ライン」を読んで，みずからの答案を合格答案にしてほしい。

【3】 論点・論証一覧

本書の末尾には，実際に答案で用いた論証を一覧にしてまとめている。読者の復習の際の便宜を考え，答案例から実際に用いられた論証を抜粋して末尾に記載することとした。

ちまたに出版されている論証集は，冗長にすぎるものが散見される。長い論証では，理解の助けにはなるものの，実際に現場で答案を書くときには，そのすべてを吐きだすことはできない。予備試験はかぎられた時間内での戦いであるから，実際にそのまま貼り付けることのできる論証を事前に準備することが合格のための重要なポイントとなる。

本書の論証一覧は，実際に答案例で用いられている論証をまとめているため，そのまま自分の答案に表すことも可能である。また，本書の論点・論証一覧をベースとしつつ，現場で書きやすいように自分なりのアレンジを加え，よりよい論証を事前に準備して，本番にのぞんでほしい。

4 本書の使い方

【1】初学者（まだ答案を書いたことがないか，書き方がわからない人）

まずは，答案のノウハウを熟読し，しっかりと理解・記憶してほしい。そのうえで，Aランクの問題を先に解いてみてほしい。

その際，いきなり答案構成をしたり，答案を書いたりすることは，非効率的で，およそ不可能である。まず，問題文と答案例を対照させて，どのように書いたらよいのかを分析してみる。右欄を参考にするとよい。

また，条文，定義，趣旨などの基本事項がいかに重要であるかを認識してほしい。もちろん重要性を認識したら，カードを作るなどして繰り返し覚える努力を惜しまないでほしい。

答案作成の方法がわかったら，実際に答案構成をしてみるか，答案を書いてみるとよい。わかったつもりでいたところが，いざ書いてみようとすると記憶が曖昧で書けないなど，自分の弱点が見えてくるはずである。弱点を突きつけられたとしてもそれに負けずに，一歩一歩確実にしていくことが今後の力となる。

そして，一度答案構成をしたり答案を書いた問題でも，何度か繰り返してやってみてほしい。それによってその問題が解けるだけではなく知識や答案の書き方が身についてくる。問題文の右上にCHECK欄を作ったのは，何回勉強したか自分で記録するためのものである。

【2】中級者以上（いちおう答案を書いたことがあるが，本試験や答練でよい評価を得られない人など）

まずは，問題を見て，答案を作成してほしい。少なくとも答案構成をしてほしい。問題文を読んで即座に思考過程や答案例を読むことはお勧めしない。実際に答案構成をし，答案を作成するなど各問題と深く向き合うことで，はじめて真の実力が身につく。したがって，時間があるかぎり，答案を実際に作成するのがよいだろう。特に，過去問については実際に答案を作成してほしい。

次に，自分の答案と答案例・優秀答案を見比べて，どこが違っているかを確認する。たとえば，事実を引用せずに，いきなり「それでは，……であろうか。」などと問題提起をしていないか（「それでは」は，前の文章を受けないので，論理が飛躍し，読み手に論述の流れが伝わらない危険性が高い〔「まず，前提として」も同じ〕）である。もちろん，これらを使ってはいけないということではない。本当に「それでは」でつながるのか，本当に「まず，前提」なのかを自分でチェックしてみることである。

また，抽象的な問題提起をしている，趣旨から論証できたのに，できがよくなかった，あてはめと規範が対応していない，問いに答えていない，など自分の欠点を見つけ，改善すべきところを探る。こうして自分の書いた答案を添削するつもりで比較検討するのである。欠点のない人はいないのだから，それを謙虚に認めることができるかどうかで成長が決まる。

そして，答案例や優秀答案から基本事項の大切さを読み取ってほしい。この点の再認識だけでもおおいに意味があると思う。答案作成にあたって，特別なことを書く必要はないということが具体的に実感できるであろう。ぜひ，基本事項の大切さを知ってほしい。人と違うことを書くと，大成功することもあるが，大失敗する危険もある。そのリスクに配慮して書かない勇気というものもある。また，たとえ加点事由でもあっても，基本事項を抜きにして突然書いてみてもほとんど意味がない。基礎点のないところに加えるべき点数などないことを知るべきである。

また，答案例・思考過程を読み過去問を分析することは予備試験合格にとって重要なことである。過去問の分析をすることにより，予備試験ではどのような問題が出題されるのか，ある問題に対してどこまで論述できなければならないのか，合格ラインに達する論述を行うためにはどのような学習をする必要があるのかということが明確になるだろう。ゴール（過去問＝本試験問題）から逆算して，どのような学習を行えばよいのかを考えることで，合格に直結する最短距離での学習ができるはずである。本書を有効に活用し，過去問を徹底的に分析してもらいたい。

最後に，自分の答案の表現の不適切さなどは，自分自身では気づかない場合が多い。本書の問題について答案を作成した後に，できれば合格者に答案を見てもらう機会をもてるとよい。また，受験生同士で答案の回し読みをすることも一定の効果があるので，ゼミを組んで議論するのもひとつの手であろう。ほかの人に答案を読んでもらうことによって，独りよがりの部分に気がつくこともしばしばある。ただし，ゼミの目的と終わりの時間をしっかりと決めて参加者で共有しておかないと，中途半端なものとなり時間の無駄に終わることがあるので注意してほしい。

5 おわりに

本書は，予備試験論文式試験における合格答案を書くためのノウハウが詰まっているテキストである。冒頭でも述べたが本書は，予備試験合格への道を切り開くものである。本書を十分に学習すれば，問題分析の仕方や予備試験合格者の思考，論述作成の方法などを知ることができ，民法はもちろん他の科目にもよい影響を与えることができるだろう。そういった意味では，本書はすべての科目に共通する分析の仕方，考え方，論述の仕方を示しているといってよい。

本書に収録されている問題と深く向き合い，本書を有効に活用することでひとりでも多くの受験生が予備試験に合格することを切に望んでいる。

なお，本書の制作に際して，多くの方のご助力を得た。特に2015年度に予備試験を合格し，翌2016年度に司法試験に合格した小川美月さん，加藤千晶さん，小泉遼平さん，小味真人さん，佐藤健太郎さん，光武敬志さん，横田直忠さん，渡邊俊彦さんの8名には，優秀な成績で合格した力をもって，彼等のノウハウを惜しみなく注いでいただいた。また，伊藤塾の書籍出版において従前から貢献していただいている近藤俊之氏（54期）と永野達也氏（新65期）には，実務家としての必要な視点をもってして内容をチェックしていただいた。そして，伊藤塾の誇る優秀なスタッフと弘文堂の皆さんの協力を得て，はじめて刊行することができた。ここに改めて感謝する。

2016年12月

伊藤　真

★ 参考文献一覧

　本書をまとめるにあたり多くの文献を参照させていただきました。そのすべてを記すことはできませんが主なものを下に掲げておきます。なお，本書はいわゆる学術書ではなく，学習用の教材ですので，その性質上，学習において必要な部分以外は引用した文献名を逐一明記することはしませんでした。ここに記して感謝申し上げる次第です。

　　伊藤滋夫編著・新民法（債権関係）の要件事実Ⅰ・Ⅱ（青林書院・2017）
　　大江忠・新債権法の要件事実（司法協会・2016）
　　大村敦志・道垣内弘人編・解説　民法（債権法）改正のポイント（有斐閣・2017）
　　潮見佳男・民法（全）［第2版］（有斐閣・2019）
　　潮見佳男・民法（債権関係）改正法の概要（きんざい・2017）
　　潮見佳男＝北居功＝高須順一＝赫高槻＝中込一洋＝松岡久和編著・Before/After 民法改正（弘文堂・2017）
　　潮見佳男＝千葉惠美子＝片山直也＝山野目章夫編・詳解　改正民法（商事法務・2018）
　　筒井健夫＝村松秀樹編著・一問一答　民法（債権関係）改正（商事法務・2018）
　　中田裕康＝大村敦志＝道垣内弘人＝沖野眞已・講義　債権法改正（商事法務・2017）
　　平野裕之・新債権法の論点と解釈（慶應義塾大学出版会・2019）
　　民法（債権法）改正検討委員会編・詳解　債権法改正の基本方針Ⅰ～Ⅴ（商事法務・2009～2010）
　　村田渉＝山野目章夫編著・要件事実論30講［第4版］（弘文堂・2018）
　　山本敬三・民法の基礎から学ぶ　民法改正（岩波書店・2017）

　　【総則】
　　内田貴・民法Ⅰ総則・物権総論［第4版］（東京大学出版会・2008）
　　近江幸治・民法講義Ⅰ民法総則［第7版］（成文堂・2018）
　　大村敦志・新基本民法1総則編　基本原則と基本概念の法［第2版］（有斐閣・2019）
　　川井健・民法概論1民法総則［第4版］（有斐閣・2008）
　　佐久間毅・民法の基礎1総則［第4版］（有斐閣・2018）
　　四宮和夫＝能見善久・民法総則［第9版］（弘文堂・2018）
　　中舎寛樹・民法総則［第2版］（日本評論社・2018）
　　星野英一・民法概論Ⅰ序論・総則［改訂版］（良書普及会・1993）
　　我妻榮・新訂　民法總則（民法講義Ⅰ）（岩波書店・1965）

　　【物権】
　　鎌田薫＝松岡久和＝松尾弘編・新基本法コンメンタール物権（日本評論社・2020）
　　近江幸治・民法講義Ⅲ担保物権［第2版補訂］（成文堂・2007）
　　川井健・民法概論2物権［第2版］（有斐閣・2005）
　　川井健・担保物権法（青林書院新社・1975）
　　佐久間毅・民法の基礎2物権［第2版］（有斐閣・2019）
　　鈴木禄弥・物権法講義［五訂版］（創文社・2007）
　　高木多喜男・担保物権法［第4版］（有斐閣法学叢書2）（有斐閣・2005）
　　星野英一・民法概論Ⅱ物権・担保物権［合本新訂版］（良書普及会・1983）
　　我妻榮（有泉亨補訂）・新訂　物権法（民法講義Ⅱ）（岩波書店・1983）
　　我妻榮・新訂　担保物権法（民法講義Ⅲ）（岩波書店・1968）

　　【債権総論】
　　内田貴・民法Ⅲ債権総論・担保物権［第3版］（東京大学出版会・2005）
　　近江幸治・民法講義Ⅳ債権総論［第3版補訂］（成文堂・2009）
　　大村敦志・新基本民法4債権編［第2版］（有斐閣・2019）
　　奥田昌道・債権総論［増補版］（悠々社・1992）

於保不二雄・債権総論［新版］（有斐閣・1972）

川井健・民法概論3債権総論［第2版補訂版］（有斐閣・2009）

潮見佳男・新債権総論Ⅰ・Ⅱ（信山社・2017）

中田裕康・債権総論［第3版］（岩波書店・2013）

中舎寛樹・債権法　債権総論・契約（日本評論社・2018）

野澤正充・債権総論［第2版］セカンドステージ債権法Ⅱ（日本評論社・2017）

平井宜雄・債権総論［第2版］［オンデマンド版］（弘文堂・2019）

平野裕之・債権総論（日本評論社・2017）

星野英一・民法概論Ⅲ債権総論［補訂版］（良書普及会・1978）

我妻榮・新訂　債権総論（民法講義Ⅳ）（岩波書店・1964）

【債権各論】

幾代通（徳本伸一補訂）・不法行為法（有斐閣・1993）

内田貴・民法Ⅱ債権各論［第3版］（東京大学出版・2011）

遠藤浩編・基本法コンメンタール債権各論Ⅱ（事務管理・不当利得・製造物責任法）［第4版］新条
　文対照補訂版（日本評論社・2005）

大村敦志・新基本民法5契約編・6不法行為編（有斐閣・2015〜2016）

川井健・民法概論4債権各論［補訂版］（有斐閣・2010）

澤井裕・テキストブック　事務管理・不当利得・不法行為［第3版］（有斐閣・2001）

四宮和夫・事務管理・不当利得　上巻（青林書院新社・1981）

四宮和夫・不法行為　中・下巻（青林書院・1987）

潮見佳男・基本講義　債権各論Ⅰ契約法・事務管理・不当利得［第3版］・Ⅱ不法行為法［第3版］
　（新世社・2017）

中田裕康・契約法（有斐閣・2017）

野澤正充・契約法［第2版］セカンドステージ債権法Ⅰ・事務管理・不当利得・不法行為［第2版］
　セカンドステージ債権法Ⅲ（日本評論社・2017）

平野裕之・コア・テキスト　民法Ⅴ契約法［第2版］・Ⅵ事務管理・不当利得・不法行為［第2版］
　（新世社・2018）

平野裕之・債権総論Ⅰ（契約法）・債権各論Ⅱ（事務管理・不当利得・不法行為）（日本評論社・2018,
　2019）

星野英一・民法概論Ⅳ契約［合本新訂版］（良書普及会・1994）

前田陽一・債権各論Ⅱ不法行為法［第3版］（弘文堂・2017）

我妻榮・新訂　債権各論上巻（民法講義V₁）・中巻一（民法講義V₂）・中巻二（民法講義V₃）・下巻
　一（民法講義V₄）（岩波書店・1954〜1972）

【親族相続】

大村敦志＝窪田充見編・解説　民法（相続法）改正のポイント（有斐閣・2019）

潮見佳男＝窪田充見＝中込一洋＝増田勝久＝水野紀子＝山田攝子編著・Before/After 相続法改正
　（弘文堂・2019）

潮見佳男・詳解　相続法（弘文堂・2018）

潮見佳男編著・民法（相続関係）改正法の概要（きんざい・2019）

堂薗幹一郎＝野口宣大・一問一答　新しい相続法（商事法務・2019）

前田陽一＝本山敦＝浦野由紀子・民法Ⅵ　親族・相続［第5版］（有斐閣・2019）

松川正毅＝窪田充見編・新基本法コンメンタール親族［第2版］（日本評論社・2019）

【その他】

池田真朗＝浦川道太郎＝瀬川信久＝安永正昭・基礎演習　民法（財産法）（有斐閣・1993）

潮見佳男＝道垣内弘人編・民法判例百選Ⅰ総則・物権［第8版］（有斐閣・2018）

窪田充見＝森田宏樹編・民法判例百選Ⅱ債権［第8版］（有斐閣・2018）

水野紀子＝大村敦志編・民法判例百選Ⅲ親族・相続［第2版］（有斐閣・2018）

注釈民法（1）～（26）（有斐閣・1964～1987）

新版注釈民法（1）～（28）（有斐閣・1989～2015）

新注釈民法（1）～（20）（有斐閣・2017～2019）

重要判例解説（有斐閣）

判例時報（判例時報社）

判例タイムズ（判例タイムズ社）

最高裁判所判例解説民事編（法曹会）

法務省事務当局作成の法制審議会民法（債権関係）部会席上配布資料（部会資料）

民法（債権関係）の改正に関する中間試案（中間試案）

民法（債権関係）の改正に関する中間試案の補足説明（中間試案補足説明）

目　次

《 伊藤塾合格エッセンス 》

　試験対策問題集シリーズに掲載されている問題やここで記載したような学習方法は，伊藤真塾長や伊藤塾で研究・開発した数多いテキストや講義のうちの一部を紹介したにすぎません。「伊藤塾の講義を体験してみたい」，「直近合格者の勉強方法をもっと知りたい」，「伊藤塾テキストを見たい」，「伊藤真塾長ってどんな人かな」……。そう思ったら，伊藤塾ホームページにアクセスしてください。無料でお得な情報が溢れています。

パソコン・スマホより → https://www.itojuku.co.jp/

伊藤塾ホームページにある情報の一例

　塾長雑感（塾長エッセイ）
　無料体験講座
　合格者の声―合格体験記・合格者メッセージ―
　合格後の活躍―実務家レポート―
　講師メッセージ
　伊藤塾の書籍紹介

　講座は，受験生のライフスタイルに合わせ，在宅（通信）受講と通学（校舎）受講，インターネット受講を用意しています。どの受講形態でも学習フォローシステムが充実しています。

第 1 部

基礎編

第1問 B+　制限行為能力者

　被保佐人Aは，保佐人Bの同意なくして，自己所有の絵画（200万円相当）をCへ売却し，これを引き渡した。

(1)　この絵画はAが被保佐人であることを黙って200万円で売買されていた。Aがそのうち150万円を競馬で浪費し，残りの50万円を生活費にあてていた場合に，自己が制限行為能力者であることを理由として売買を取り消そうとしたとき，Cはいかなる主張をなしうるか。

(2)　Bは，Aが自己の同意なく本件絵画を譲渡したことを知り，AC間の当該契約の取消しを主張した。しかしその後，Cは本件絵画に質権を設定し，質権者Dに対して，現実に引き渡した。その後，Cは，本件絵画をEへ売却した。その際Cは，Eに対して，Dには単に預けているだけだと言っており，Dに対して，本件絵画をEに売却した旨連絡していた。

　この場合の本件絵画をめぐるAD間およびDE間の法律関係について論ぜよ。

【論　点】

1　21条の「詐術」
2　制限行為能力者の取消しと現存利益
3　取消後の第三者
4　指図による占有移転と即時取得

答案構成用紙

答案例

第1　小問(1)について

1　本問において，被保佐人AとCとの絵画（200万円）の売買契約は，「重要な財産に関する権利の得喪を目的とする行為をすること」（13条1項3号）にあたる。

それゆえ，Aは，保佐人Bの同意またはこれに代わる許可を得ずになした当該契約を取り消しうる（13条4項）。

2　ところが，Aは，自己が被保佐人であることを黙って当該契約をなしている。

そこで，CはAの行為が「詐術」（21条）にあたり取り消しえないとの主張をなしえないか，いかなる場合に「詐術」にあたるかが条文上明らかでなく問題となる。

(1)　この点，21条の趣旨は，制限行為能力者制度の弊害を緩和し，可及的に取引の安全を図ろうとする点にある。このような趣旨にかんがみると，本条の「詐術」の概念は拡大して解釈する必要がある。

そこで，積極的術策を用いた場合のみならず，制限行為能力者であることを黙秘していた場合でも，他の言動などとあいまって相手方を誤信させ，または誤信を強めたものと認められるときも「詐術」にあたると解する。

(2)　本問では，Aは単に被保佐人であることを黙っていたにすぎないから，Cは，Aの行為が「詐術」にあたり取り消しえないとの主張をなしえない。

3　そうすると，Aの取消しにより，当該契約は遡及的に無効になる（121条）。

したがって，Cは，Aに121条の2第1項に基づく原状回復請求として，利得金の返還を請求できそうである。

ところが，121条の2第3項後段は制限行為能力者の返還義務の範囲を「現に利益を受けている限度」としている。そこで，CはAに対していかなる範囲で返還請求権の主張をなしうるか，現存利益の内容が問題となる。

(1)　この点，現存利益とは受けた利益がそのままのかたちで，またはかたちを変えて残っている場合をいう。

そこで，浪費してしまったときは現存利益が存しないが，生活費にあてたときには現存利益が残っているものと解する。

(2)　本問についてみると，Aは，150万円を競馬で浪費しているため，これに相当する額は現存利益が存しないが，50万円を生活費にあてているから，これに相当する額は現存利益として残っているといえる。

したがって，Cは，Aに対して，50万円の範囲で返還請求権の主張をなしうる。

第2　小問(2)について

1　本件絵画をめぐるAD間の法律関係について

➡条文の文言から認定

➡形式的結論

➡問題点の抽出

➡問題提起

➡趣旨

➡趣旨から解釈の方向性を示す

➡規範（問題提起に対応させる）

⇨最判昭和44年2月13日（判例シリーズ1事件）
➡あてはめ（規範に対応させる）・形式的に問いに答える

➡形式的帰結

➡問題点の抽出

➡問題提起

➡定義から

➡規範（問題提起に対応させる）
⇨前者につき，大判昭和14年10月26日（民集18巻1157頁），後者につき，大判昭和7年10月26日（民集11巻1920頁）
➡あてはめ（規範に対応させる）

➡三段論法の帰結（問題提起に対応させる）・形式的に問いに答える

（1）　本間において，AC間の売買契約によって本件絵画 45
の所有権は，いったんCに移転している。

しかし，保佐人Bが当該契約の取消しを主張してい
るから（120条1項），本件絵画の所有権は遡及的にA
に帰属することになる（121条）。

そうすると，Dは，無権利者Cから質権の設定を受 50
けたことになるから，本件絵画の質権（342条以下）
を取得しえないのが原則である。

（2）　しかし，Dは，Cのもとにある本件絵画に質権の設
定を受けており，保護されないのは不都合である。

そこで，このような取消後の第三者が保護されるた 55
めの法律構成が問題となる。

> ア　この点，取り消すまでは意思表示は有効であるか
> ら，取消しにより復帰的物権変動が生じたといえる。
>
> そこで，178条の趣旨にかんがみ，取消後の第三
> 者は，引渡しを受けた場合には保護されると解する。 60

イ　そうすると，Dは，現実の引渡し（182条1項）
を受けているから，本件絵画の質権を取得する。

2　本件絵画をめぐるDE間の法律関係について

（1）　本間において，Cは，Eに対して，本件絵画を売却
し，Dにはその旨連絡しているから，指図による占有 65
移転（184条）がなされたといえる。

それゆえ，Eは，Dと同様に，取消後の第三者とし
て保護され，本件絵画の所有権を取得する。

ところが，Eは，Dの質権に劣後するから，質権の
負担のある所有権を取得するのが原則である（178条）。70

（2）　しかしながら，CはEへ売却する際，Dには単に預
けているだけだと言っており，Eは質権の負担を知ら
ないといえるから，保護されないのは不都合である。

そこで，Eは本件絵画について質権の負担のない所
有権を即時取得できないか。指図による占有移転によ 75
り「占有を始めた」（192条）といえるかが問題となる。

> ア　即時取得の要件として占有開始を要求した趣旨は
> 原権利者の静的安全を保護する点にあるから，「占
> 有を始めた」といえるには，原権利者の権利を奪う
> ことが正当化される程度である必要がある。 80
>
> そこで，一般外観上従来の占有状態に変更を生ず
> る場合には，「占有を始めた」といえると解する。

イ　本間では，本件絵画は終始Dの直接占有下にある。

したがって，本問の指図による占有移転では，一
般外観上従来の占有状態に変更を生じておらず，85
「占有を始めた」とはいえない。

よって，Eが質権の負担のない所有権を即時取得
することはできない。　　　　　　　　　　　　　以上

➡58行目の復帰的物権変動を意識
して，「いったん」というター
ムはだしてほしい

➡原則（形式的帰結）

➡不都合性の指摘（問題点の抽
出）
➡論点の問題提起

➡自説
復帰的物権変動がキーワード
➡規範（論点の問題提起に対応さ
せる）

➡三段論法の帰結・形式的に問い
に答える

➡事実から指図による占有移転を
認定

➡59行目の規範に対応させる

➡原則（形式的帰結）
178条で対抗関係を指摘
➡不都合性の指摘（問題点の抽
出）

➡問題提起

➡趣旨（保護要件説）

➡規範（問題提起に対応させる）
占有改定につき，最判昭和35年
2月11日（判例シリーズ23事件）
➡本問の特殊性
➡三段論法の帰結（問題提起に対
応させる）

1　小問(1)について
(1)　AC間の売買目的物である絵画（200万円相当）は，「重要な財産」（13条1項3号）にあたるので，Aは制限行為能力を理由に取り消せるのが原則である（13条4項）。

← ○原則OK。条文上の文言，条文もしっかり示されている

(2)　これに対し，Cは，Aが売買の際に被保佐人であることを「黙って」いたことは「詐術」（21条）にあたり，取消はできないという主張をすることが考えられる。

← ○主張・反論スタイルである。問題点がしっかり抽出されている

　　そこで，本問のような単なる黙秘が「詐術」にあたるか問題となるも，否定すべきと解する。

← ○問題提起・結論OK

　　なぜなら，21条の趣旨は，制限行為能力者であっても積極的に詐術を用いるような者は保護に値しないということにあるのだから，単なる黙秘は「詐術」にあたらないと解すべきだからである。

← ○趣旨からの理由づけOK

(3)　したがって，Cは上記主張をなしえず，AC間の売買は遡及的に無効となり，CはAに絵画の返還義務，AはCに代金返還義務をそれぞれ負う（121条）。

← ○帰結OK

　　もっとも，Aは制限行為能力者であるから「現に利益を受けている限度」（121条の2第3項後段）で償還の義務を負うことになる。

← ○問題点の抽出OK

　　そこで，現存利益の範囲が問題となるが，121条の2第3項後段の趣旨である制限行為能力者保護の観点に鑑み，ギャンブルに費消したような場合には現存利益は無く，生活費など収入が無くても支出しなければならなかった場合には現存利益があると考える。

← ○問題提起および規範OK

(4)　本問において，Aは150万円を競馬で浪費しているので，生活費に充てた50万円のみを返還すればたりる。

← ○結論OK

2　小問(2)
(1)　AD間の法律関係について
ア　BのCに対する主張は120条1項により認められ，これによりAC間の売買は遡及的に無効となる（121条）。

← ○前提OK。条文も正確に引用している

　　したがって，無権利者であるCがその後絵画に質権を設定し，Dに引き渡したとしても，Dは何らの権利も取得しないのが原則である。

← ○原則OK

イ　しかし，これでは，所有の外形を信じたDに酷であり，取引の安全を害する。

← ○不都合性OK

　　思うに，取り消されるまでは売買は有効なのだから，取消により，復帰的物権変動が生じたと捉え，178条により権利の優劣を決すべきである。

← ○最低限の論証がなされている

ウ　本問においては，DはAよりも先に引渡を受けているのだから，その質権をAに対抗しうる。

← ○結論OK

(2)　DE間の法律関係について
ア　CE間の売買目的物である絵画には有効な質権が設定されている。

したがって，Eは質権の制限つき所有権を取得する 45
　のが原則である。

イ　しかし，これではCの「単に預けているだけだ」と
　いう言葉を信じたEに酷である。

　　　そこで，EはCから完全な所有権を即時取得（192
　条）しないか問題となる。 50

㈠　まず，前述の事実により，Eは「善意であり，か
　つ，過失がない」といえる。

㈡　次に，本問のような指図による占有移転（184
　条）が「占有を始めた」といえるか問題となる。

　　　この点，即時取得の趣旨は，取引の安全の確保と， 55
　原権利者の静的安全の保護という二つの利益の調整
　にある。

　　　この趣旨に鑑みれば，指図による占有移転の場合
　には，通知により原権利者の保護にかけることもな
　いので，取引の安全を図っても不利益はない。 60

　　　したがって，指図による占有移転は，「占有を始
　めた」といえると考える。

㈢　よって，Eは，Cから絵画の完全な所有権を即時
　取得することができる。

　　　　　　　　　　　　　　　　　　　　　　　以上 65

⬅〇原則OK

⬅〇不都合性OK

⬅〇問題提起OK

⬅〇文言にこだわる姿勢OK

⬅〇趣旨（保護要件説）から論じ
　ている

⬅△本問の特殊性（指図による占
　有移転と質権の負担のない所有
　権の即時取得）をふまえた論述
　ができるとなおよかった

答案作成上の注意点

　小問(1)では，まずはAの取消しの法的根拠を端的に示してほしい。そのうえで，Aの取消権の行使に対するCの主張としては，詐術（21条）の主張と，利得金の返還請求（121条の2第3項後段）の主張が考えられる。「詐術」については，文理上その意義が明らかにならないことを指摘し，21条の趣旨にさかのぼって解釈することを端的に論じてほしい。「現に利益を受けている限度」（121条の2第3項後段）については，意義を明らかにして，具体的にあてはめられれば十分である。

　小問(2)では，まず，AD間では，取消後の第三者保護の法的構成について自説を説得的に論じればよい。次に，DE間では，本問の指図による占有移転について即時取得の適用があるかを検討する。「占有を始めた」の意義については制度趣旨にさかのぼった解釈が求められる。判例（最判昭和35年2月11日）は，占有改定が「占有を始めた」場合にあたらないとする理由として，即時取得の成立には一般外観上従来の占有状態に変更を生ずるような占有の取得が必要であることを示している。その判断の分かれ目は，譲渡の公示の信頼性の高さや原権利者・譲受人それぞれの物支配の強さといったものがあげられる（佐久間毅『民法の基礎2物権』147頁以下）。指図による占有移転については，肯定判例（最判昭和57年9月7日民集36巻8号1527頁）と否定判例（大判昭和8年2月13日法律新聞3520号11頁等）に分かれており，具体的事案によって「占有を始めた」場合にあたるかの判断が分かれうることに注意してほしい。本問においては，質権者であり現に本件絵画を直接占有しているDとの関係が問題になっている点を適切に評価できるとよかった。

答案構成

第1　小問(1)
1　AC間の売買契約は13条1項3号
　　それゆえ，Aは取り消しうる（13条4項）
2　ところが，Aは黙って契約
　　そこで，「詐術」（21条）の意義
　(1)　21条の趣旨は，取引安全を図る点
　　　そこで，黙秘していても他の言動とあいまって相手方を誤信させ，誤信を強めた場合「詐術」
　(2)　Aは被保佐人であることを黙っていたにすぎないから，「詐術」にあたらず
3　とすると，遡及的に無効（121条）
　　したがって，利得金の返還請求できそう
　　ところが，「現に利益を受けている限度」（121条の2第3項後段）
　　そこで，この現存利益の内容が問題
　(1)　浪費したとき現存利益なし，生活費にあてたとき現存利益あり
　(2)　本問では，150万円については現存利益なし，50万円については現存利益あり
　　　よって，Cは50万円返還請求できる
第2　小問(2)

1　AD間
　(1)　本問では，取消しで，所有権は遡及的にAに帰属（121条）
　　　すると，Dは原則質権を取得できない
　(2)　そこで，取消後の第三者の保護の構成が問題
　　ア　復帰的物権変動
　　　そこで，引渡しを受ければ保護
　　イ　Dは現実の引渡しにより，質権取得
2　DE間
　(1)　Eは，指図による占有移転（184条）により絵画の所有権を取得
　　　ところが，質権の負担つき（178条）
　(2)　しかし，Eは質権設定知らず
　　　そこで，本問指図による占有移転が「占有を始めた」（192条）にあたるか
　　ア　即時取得に占有を要求した趣旨は，原権利者の静的安全を保護する点
　　　　そのため，外観上の占有変更が必要
　　イ　本件絵画は終始Dの直接占有下であり，外観上占有状態の変更なし
　　　よって，即時取得できない　　　以上

【参考文献】
試験対策講座・スタートアップ民法・民法総則2章1節③【6】，5章1節①【4】(2)(b)(iv)。試験対策講座・物権法2章7節②【5】(1)。判例シリーズ1事件。

第2問A　虚偽表示

　　Aは，債権者からの差押えを免れるため，Bと通謀のうえ，売買を仮装してその所有土地（以下「本件土地」という）の登記名義をBに移転するとともに，本件土地を引き渡した。その後，Bは，勝手に，自己に登記名義があることを奇貨として，上記事情を知らないCに本件土地を売却したが，Cが税金の負担を嫌って登記名義を取得することを避けたため，登記名義はBのままとされた。その後，Aは，Dとの間で，本件土地につき売買契約を締結した。なお，本件土地についての登記名義は，いまだBにある。

　　本件土地の帰属をめぐるA，C，D三者の法律関係を論ぜよ。

【論　点】
1　94条2項の「善意」と無過失の要否
2　94条2項の「第三者」と登記の要否
3　虚偽表示と二重譲渡（本人からの取得者と虚偽表示における第三者との関係）

答案構成用紙

答案例

第1　AC間の法律関係について

　　本問において，Cとしては，Aに対して，本件土地の所有権（206条）を主張することが考えられる。

　1　まず，Aは，Bと通謀のうえ，売買を仮装して本件土地をBに譲渡しているところ，これは「相手方と通じてした虚偽の意思表示」であるから，無効である（94条1項）。

　　　そうすると，Cは，無権利者Bから本件土地の売却を受けたにすぎないから，本件土地を承継取得しえないのが原則である。

　2　しかしながら，CはAB間の虚偽表示を知らないで本件土地の売却を受けたので，Cを保護する必要がある。

　　　そこで以下，Cが「善意の第三者」（94条2項）として保護されないかを検討する。

　（1）　まず，本件土地の売却を受けたCは，虚偽表示の目的につき法律上の利害関係を有するにいたった者といえるから，「第三者」にあたりうる。

　（2）　ところが，Cは，上記事情を知らないにすぎず，知らなかったことについての過失の有無は不明である。

　　　そこで，94条2項の第三者は条文の文言どおり「善意」で足りるのか，無過失をも要求するのかが問題となる。

　　　　ア　この点，虚偽表示においては，みずから虚偽の外形を作出した本人の帰責性は大きい。

　　　　　　そうだとすれば，利益衡量上，第三者が保護される範囲をより広く解釈すべきである。

　　　　　　したがって，94条2項の第三者は，条文の文言どおり「善意」で足りると解する。

　　　　イ　そうすると，Cは，AB間の虚偽表示を知らないので，「善意」の第三者といえる。

　（3）　そうだとしても，Cはいまだ登記を具備していない。

　　　　そこで，このようなCは，なお「第三者」として保護されるのか，94条2項の「第三者」は登記を具備している必要があるか，明文がなく問題となる。

　　　　ア　この点，94条2項の「第三者」は承継取得者に近く，本人とは前主と後主の関係に立つから，対抗要件としての登記（177条）は不要と解される。

　　　　　　また，虚偽表示においては，本人の帰責性は大きいから，利益衡量上，権利保護資格要件としての登記も不要と解される。

　　　　　　したがって，94条2項の「第三者」は，登記を具備している必要がないものと解する。

　　　　イ　そうすると，Cは，登記を具備しなくても，「第三者」として保護される。

　3　よって，Cは，Aに対して，本件土地の所有権を主張

➡考えられる主張

➡事実から認定

➡原則

➡価値判断（保護の必要性）

➡94条2項の検討

➡「第三者」の意義につき，大判大正9年7月23日（民録26輯1171頁）

➡問題点の抽出

➡論点の問題提起

➡利益衡量の視点

➡解釈の方向性

➡論点の結論（論点の問題提起に対応させる）
⇨大判昭和12年8月10日（新聞4181号9頁）
➡あてはめ・三段論法の帰結

➡問題点の抽出

➡問題提起

➡対抗要件としての登記について

➡権利保護資格要件としての登記について

➡論点の結論（問題提起に対応させる）
⇨最判昭和44年5月27日（民集23巻6号998頁）（ただし，類推適用事例）

➡三段論法の帰結（問題提起に対応させる）

➡問いに答える

することができる。　　　　　　　　　　　　　　　45

第2　CD間の法律関係について

　本問において，Dも，Aとの売買契約により本件土地を
譲り受けている。

　　　　　　　　　　　　　　　　　　　　　　　➡問題点の抽出

　そこで，CDのいずれが本件土地の帰属について優先す
るのか，94条2項で保護される「第三者」と仮装譲渡人か
らの譲受人との優劣が問題となる。　　　　　　　50

　　　　　　　　　　　　　　　　　　　　　　　➡問題提起

1　この点，仮装譲渡人も，94条2項の「第三者」が登記
　を具備するまでは実体法上の無権利者となるわけではな
　いから，あたかも仮装譲渡人を起点とした二重譲渡があ
　ったのと同様に考えられる。　　　　　　　　55

　　そこで，94条2項で保護される「第三者」と仮装譲渡
　人からの譲受人は，いずれか先に登記を具備したほうが
　優先すると解する（177条）。

　　　　　　　　　　　　　　　　　　　　　　　➡法律構成

　　　　　　　　　　　　　　　　　　　　　　　➡結論（問題提起に対応させる）

　　　　　　　　　　　　　　　　　　　　　　　⇨最判昭和42年10月31日（民集21
　　　　　　　　　　　　　　　　　　　　　　　巻8号2232頁）（対抗関係説）

2　そうすると，本件土地の登記名義はいまだBにあるか
　ら，CもDも，本件土地の帰属について優先しない。60

　よって，CDのうち先に本件土地の所有権移転登記を
取得した者が他方に対し土地所有権を対抗できる。

　　　　　　　　　　　　　　　　　　　　　　　➡あてはめ・三段論法の帰結（問
　　　　　　　　　　　　　　　　　　　　　　　題提起に対応させる）

　　　　　　　　　　　　　　　　　　　　　　　➡問いに答える

第3　AD間の法律関係について

1　Dが先に本件土地の所有権移転登記を取得した場合

　　この場合，Dに本件土地の所有権が帰属することにな
　るので，AD間の法律関係に何らの問題は生じない。65

　　　　　　　　　　　　　　　　　　　　　　　➡場合分け1

　　　　　　　　　　　　　　　　　　　　　　　➡問いに答える

2　Cが先に本件土地の所有権移転登記を取得した場合

　　この場合，Dは，Cに対して本件土地の所有権を対抗
　できないことになるので，本件土地の所有権が帰属しえ
　なかったことについて，Aに対して履行不能に基づく損70
　害賠償請求（415条1項本文），解除（542条1項1号）
　の主張をすることが考えられる。

　　　　　　　　　　　　　　　　　　　　　　　➡場合分け2（こちらがメイン）

　　　　　　　　　　　　　　　　　　　　　　　➡考えられる主張
　　　　　　　　　　　　　　　　　　　　　　　他人物売買ではないことに注意
　　　　　　　　　　　　　　　　　　　　　　　（平野［契約］189頁参照）

⑴　まず，上記の場合，AのDに対する所有権移転義務
　は，その全部が契約その他の債務の発生原因および取
　引上の社会通念に照らして履行不能といえる（412条75
　の2第1項，542条1項1号）。

　　したがって，Dは，解除を主張することができる。

　　　　　　　　　　　　　　　　　　　　　　　➡二重譲渡と履行不能につき，大
　　　　　　　　　　　　　　　　　　　　　　　判大正2年5月12日（民録19輯
　　　　　　　　　　　　　　　　　　　　　　　327頁），最判昭和35年4月21日
　　　　　　　　　　　　　　　　　　　　　　　（民集14巻6号930頁）等参照

⑵　また，AはBに連絡するなどして，本件土地の登記
　をDに移転することが可能であったにもかかわらず，
　これを怠った。そうだとすると，上記履行不能は，A80
　の「責めに帰することができない事由」によるものだ
　とはいえない（415条1項ただし書参照）。

　　よって，Dは，Aに対して履行不能に基づく損害賠
　償請求の主張をすることもできる。

　　　　　　　　　　　　　　　　　　以上 85

　　　　　　　　　　　　　　　　　　　　　　　➡問いに答える

1 CD間の法律関係

　Cは本件土地をBから購入し，一方，Dは本件土地を真実の所有者Aから購入している。

　そこで，CはDに対して本件土地の所有権を主張することができるかを検討する。　　　　　　　　　　　　5

（1）まず，本件土地はAB間で「通謀」の上，「売買仮装」されたものであるから，AB間の本件土地に関する売買契約は「相手方と通じてした虚偽の意思表示」（94条1項）にあたる。

　　そして，Cは「上記事情を知らない」のであるから，　10「善意の第三者」にあたり，94条2項の保護を受ける地位にあるといえる。

　　なぜなら，通謀虚偽表示においては真の権利者の帰責性が大きいので，94条2項の「善意」は単に善意であればよく，過失の有無は問われないと解されるからである。15

（2）もっとも，Cは本件土地に関する登記を有していない。

　　そこで，かかる場合でも，CはDに対して自らの所有権を主張できるのか，94条2項の「善意の第三者」と真の権利者からの譲受人の優劣関係をどのように決定するべきかが問題となる。　　　　　　　　　　　　　　20

　ア　思うに，この場合の善意の第三者と真の権利者からの譲受人との関係は，真の権利者から二重譲渡を受けた場合と同視できる。

　　そこで，二重譲渡の場合と同じく，善意の第三者と真の権利者からの譲受人との登記の先後によって優劣　25関係を決定するべきと考える。

　イ　これを本問についてみると，本件土地の名義はBにあり，CもDも本件土地に関する登記を有していない。

　　したがって，CはDより先に登記を備えない限り，Dに対して自らの所有権を主張できない。　　　　　　30

2 AC間の法律関係

　CはBから本件土地を購入しているので，CがAに対して本件土地の所有権を主張できるかを検討する。

（1）1での検討のように，Cは「善意の第三者」（94条2項）にあたる。　　　　　　　　　　　　　　　　　35

（2）もっとも，Cは本件土地に関する登記を有していない。

　　そこで，Cは登記がなくても所有権を主張することができるか，善意の第三者が真の権利者に対して権利を主張するのに登記が必要かが問題となる。

　ア　思うに，虚偽表示においては真の権利者の帰責性が　40大きいので，真の権利者を保護する必要性は低い。

　　また，真の所有者と善意の第三者とは売買に関して前主後主の関係と同視できる。

　　そこで，善意の第三者が真の権利者に対して権利を

←○問題点の抽出OK

←○Cの考えられる主張OK

←○問題文の事実を的確に引用し，条文にあてはめる姿勢OK

←△原則論を示してほしい

←○この程度でもよいであろう

←○問題点の抽出OK
←○問題提起OK

←○最低限の法律構成がなされている。なお，余力があれば，実質論も展開してほしい

←○結論OK

←○あてはめOK

←○問いに答える姿勢OK

←○Cの考えられる主張OK

←○問題点の抽出OK
←△問題の所在が示されているが，条文の文言（「善意の第三者」または「第三者」）を引用して問題提起をしてほしい
←○以下，最低限度の論証がなされている

←○結論OK

主張するのに登記は必要ないと考える。　　　　　　　　　　45

　　イ　これを本問についてみると、Cは、本件土地に関す
　　　る登記名義を有していないものの、Aに対して自らの
　　　所有権を主張できる。

　　　　したがって、Cは、Aに対して自らの所有権を主張
　　　できる。　　　　　　　　　　　　　　　　　　　　　50

３　AD間の法律関係

(1)　Dは、本件土地をAから購入しているので、Aに対し
　　て契約当事者として、自らの所有権を主張できる。

(2)　もっとも、１で述べたようにCがDよりも先に登記を
　　備えてしまった場合、AのDに対する本件土地の引渡義　55
　　務は契約その他の債務の発生原因及び取引上の社会通念
　　に照らして履行することができなくなる（412条の２第
　　１項）。

　　　そして、Aの引渡義務が履行不能になったことは、A
　　が通謀虚偽表示（94条１項）を行ったことによるから、　60
　　Aは引渡義務につき「債務者の責めに帰することができ
　　ない事由」（415条１項ただし書）があるとはいえない。

　　　したがって、この場合、Dは、Aに対して履行不能に
　　基づく損害賠償を請求できる（415条１項本文）。

　　　　　　　　　　　　　　　　　　　　　　　以上　65

▶◯あてはめOK

▶◯問いに答える姿勢OK

▶◯前提OK。よい指摘である

▶◯よく理解している

▶△解除（542条１項１号）につ
いても触れてほしい。なお、条
文にあてはめる姿勢はよい

▶◯問いに答える姿勢OK

答案作成上の注意点

　AC間の法律関係については，①94条2項の「善意」に無過失まで含まれるか，②94条2項の「第三者」として保護されるためには登記が必要かが問題となる。ただし，虚偽表示は原則として無効であるから（94条1項），この①②の論点にいきなり飛びつくのではなく，原則論をふまえて論述をする必要がある。

　CD間の法律関係については，本人（真の権利者）Aからの取得者Dと虚偽表示における第三者Cとの関係が問題となる。この点は，対抗関係説（通説・判例〔最判昭和42年10月31日民集21巻8号2232頁〕）と対抗関係否定説（第三者優先説・四宮説）とに分かれる。理論上は，善意の第三者Cによる権利取得の法律構成に関係してくる。通説である法定承継取得説，有力説である順次取得説（四宮説），どちらの立場を採用してもかまわないが，法律構成についても矛盾なく論述する必要がある。

　AD間の法律関係については，Cが先に所有権移転登記を取得した場合が特に問題となる。答案例のように場合分けせず，この場合だけを論じてもよいであろう。

答案構成

第1　AC間の法律関係

1　AB間の売買は「相手方と通じてした虚偽の意思表示」として無効（94条1項）

　　すると，Cは無権利者Bから譲り受けたにすぎず，承継取得しえないのが原則

2　しかし，AB間の虚偽表示を知らないで譲り受けたCを保護する必要

(1)　まず，Cは「第三者」（94条2項）

(2)　ところが，Cの過失の有無は不明

　　そこで，「善意」で足りるのか

　ア　利益衡量上，第三者が保護される範囲をより広く解釈すべき

　　したがって，「善意」で足りる

　イ　すると，CはAB間の虚偽表示を知らないので，「善意」の第三者

(3)　としても，Cは，登記具備せず

　　そこで，94条2項の「第三者」は登記を具備している必要があるか

　ア　「第三者」は承継取得者に近く，前主と後主の関係に立つから，対抗要件としての登記（177条）は不要

　　また，利益衡量上，権利保護資格要件としての登記も不要

　　したがって，登記の具備は不要

　イ　すると，Cは「第三者」として保護

3　よって，Cは，Aに対し，土地の所有権を主張することができる

第2　CD間の法律関係

　「第三者」と仮装譲渡人からの譲受人との優劣が問題

1　仮装譲渡人も，「第三者」が登記を具備するまでは無権利者となるわけではないから，仮装譲渡人を起点として二重譲渡があったのと同様に考えられる

　　そこで，いずれか先に登記を具備したほうが優先すると考える（177条）

2　すると，CもDも，土地の帰属について優先しない

　　よって，先に土地の所有権移転登記を取得した者が他方に所有権を対抗できる

第3　AD間の法律関係

1　Dが先に所有権移転登記を取得した場合

　　法律関係に何らの問題も生じない

2　Cが先に所有権移転登記を取得した場合

　　Dは，Aに対し履行不能に基づく損害賠償請求（415条1項本文），解除（542条1項1号）の主張

(1)　まず，契約その他の債務の発生原因および取引上の社会通念に照らして履行不能（412条の2第1項）

　　したがって，Dは，解除を主張可能

(2)　また，債務者Aに帰責事由あり

　　よって，Dは，履行不能に基づく損害賠償請求の主張も可能　　　　　　　以上

【参考文献】
試験対策講座・スタートアップ民法・民法総則4章2節④。試験対策講座・債権総論2章3節②。試験対策講座・債権各論1章4節②。

第3問 B⁺ 詐欺

> 　Aは，その所有する土地をBに売却したが，Aから代理権を与えられていないAの配偶者Cも，Aの代理人と称してその土地をDに売却し，引き渡した。その後Aは，Bによる詐欺にかかっていたことに気づき，土地売買契約にかかる意思表示を取り消した。しかし，Bは，すでに詐欺の事実につき善意・無過失のEにその土地を転売していた。なお，登記は依然としてAのもとにある。
> 　Eは，Dに対して，土地の明渡しを求めることができるか。

【論　点】

1　96条3項の「第三者」の意義
2　96条3項の「第三者」と登記の要否
3　日常家事代理と110条

答案構成用紙

答案例

第1　本問において，EがDに対して土地の明渡しを求める
　　ためには，①Eが本件土地の所有権を取得し，②Dに対し
　　て本件土地所有権を対抗できる必要がある（177条）。
第2　①Eの所有権の取得について
　1　本問において，Aは，Bに対して，本件土地を売却し
　　ているものの，Bの「詐欺」を理由として本件売買契約
　　にかかる意思表示を取り消している（96条1項）。
　　　したがって，Bは取消しによる契約の遡及的無効（121
　　条）により無権利者となるから，EはBから本件土地を
　　承継取得しえないのが原則である。
　2　しかしながら，詐欺の事実につき善意・無過失で本件
　　土地の売却を受けたEを保護する必要がある。
　　　そこで以下，Eが「善意でかつ過失がない第三者」（96
　　条3項）として保護されないかを検討する。
　（1）　まず，Eは，Aの詐欺取消前に利害関係に入ってい
　　るから，「善意でかつ過失がない第三者」として保護
　　されそうである。
　（2）　そうだとしても，Eは，登記を具備していない。
　　　そこで，このようなEはなお「第三者」として保護
　　されるのか，96条3項の「第三者」は登記を具備して
　　いる必要があるか，明文がなく問題となる。

> 　ア　この点，96条3項の「第三者」は承継取得者に近
> 　　く，いわゆる本人と非両立の関係に立つものではな
> 　　いから（前主と後主の関係），対抗関係には立たな
> 　　い。そうだとすれば，対抗要件としての登記（177
> 　　条）は不要であると解される。
> 　　　また，被詐欺者には，詐欺されたことにつき少な
> 　　からず帰責性が存する。さらに，「第三者」は善意
> 　　無過失の者にすでに限定されていることからすれば，
> 　　利益衡量上，権利保護資格要件としての登記も不要
> 　　であると解される。
> 　　　したがって，96条3項の「第三者」は，登記を具
> 　　備している必要がないと解する。

　　イ　そうすると，Eは，登記を具備していなくても，
　　　「第三者」として保護される。
　3　よって，Eは，本件土地の所有権を取得する。
第3　②Dへの所有権の対抗について
　1　DとしてはAの代理人Cとの間で本件土地の売買契約
　　を締結した結果，登記なくしてEは自己に対抗できない
　　と主張することが考えられる。
　　　ところが，Cは，Aの代理人と称しているものの，A
　　から代理権（任意代理権）を授与されていない。
　　　また，761条本文は「日常の家事」に関して夫婦相互
　　間に法定代理権を付与したものと解されるところ（判例

右欄（注釈）

➡要件の定立
　①，②とナンバリングすること
　で予測可能性をだす

➡①について

➡原則

➡価値判断（保護の必要性）

➡96条3項の検討

➡争いのない点はあっさりと

➡問題点の抽出
➡問題提起

➡対抗要件としての登記について

➡権利保護資格要件としての登記
　について

➡論点の結論（問題提起に対応さ
　せる）
⇨最判昭和49年9月26日（判例シ
　リーズ6事件）
➡三段論法の帰結（問題提起に対
　応させる）
➡要件①の結論
➡②について

➡任意代理権から検討

⇨最判昭和44年12月18日（判例シ
　リーズ7事件）

に同旨），土地の売却は，客観的にみて，個々の夫婦が 45
それぞれの共同生活を営むうえにおいて通常必要とされ
る事務とはいえないから，「日常の家事」にはあたらな
い。

　　したがって，Cの本件土地売却行為は，Aの追認（116
条本文）なきかぎり，無権代理行為としてAに効果帰属 50
しないのが原則である（113条1項）。

2　　しかし，Dがいっさい保護されないとすると，取引の
安全の要請を害することになり，不都合ともいえそうで
ある。

　　そこで，第三者は，761条本文の法定代理権を基本代 55
理権とし，110条の表見代理の成立によって保護されな
いかが問題となる。

(1)　たしかに，広く一般的に110条の表見代理の成立を
認めると，夫婦の財産的独立（夫婦別産制，762条1
項）を著しく損なうことになる。したがって，761条 60
本文の法定代理権を基本代理権として110条を直接適
用することはできない。

　　しかし，他方で，第三者の信頼をいっさい保護しな
ければ，取引の安全の要請に反することになる。

　　そこで，夫婦別産制と取引の安全の要請との調和の 65
観点から，第三者において当該行為が当該夫婦の日常
家事に関する法律行為の範囲内に属すると信ずるにつ
き正当な理由があるときにかぎり，110条の趣旨を類
推適用して，第三者は保護されると解する。

(2)　これを本問についてみると，土地の売却は，社会通 70
念上，きわめて高額な取引行為であるといえる。

　　そうだとすると，Dにおいて本件土地売却行為がA
とCの日常家事に関する法律行為の範囲内に属すると
信ずるにつき正当な理由があるとはいえないから，
110条の趣旨を類推適用できない。 75

　　したがって，Dは，いっさい保護されない。

3　　よって，Dは，Eが本件土地の登記を備えていないこ
とを主張できない。

第4　以上より，Eは，Dに対して，本件土地の明渡しを求
めることができる。 80

　　　　　　　　　　　　　　　　　　　　　　　以上

➡原則
　法的思考過程を明示

➡不都合性の指摘

➡論点の問題提起

➡反対利益（夫婦別産制）に配慮

➡価値判断（取引の安全）

➡規範（論点の問題提起に対応させる）
　この規範は正確に覚えてほしい

⇨前掲最判昭和44年12月18日

➡あてはめ（事実〔土地売却〕に
　評価〔高額〕を加える）

➡三段論法の帰結

➡要件②の結論

➡形式的に問いに答える

優秀答案

1(1)　本問において，EがDに対して土地の明渡しを求めることができるためには，まずEが当該土地の所有権を有することが必要である。　　　

そこで，Eは，当該土地の所有権を有しているといえるのか。　　　　　　　　　　　　　　　　　　　　　　　　　　　　5

(2)ア　この点，AB間の売買契約は詐欺取消し（96条1項）されており，遡及的に無効となるから（121条），無権利者Bからの譲受人であるEも当該土地の所有権を有しないのが原則である。

イ　しかし，Bが所有権を有すると信じたEが一切保護　　10
されないのでは取引の安全を害する。

(3)ア　そこで，Eは「第三者」（96条3項）にあたり，所有権を取得しないか。まず，「第三者」の意義が条文上明らかでなく問題となる。

思うに，同条の趣旨は，取消の遡及効により害さ　　15
れる者を保護し，もって取引の安全を図る点にある。

そうだとすれば，「第三者」とは，遡及効により害される取消前の第三者をいうと解する。

イ　また，「第三者」として保護されるためには登記が必要かが問題となるも，否定すべきである。　　　　20

なぜなら，真の権利者と第三者は前主・後主の関係にあるから，当事者類似の関係にあるからである。

(4)　これを本問についてみると，Eは，Aが「取り消」す前に，Bが「すでに」Eに転売していることから，取消前の第三者にあたる。　　　　　　　　　　　　　25

また，Eは，詐欺の事実につき「善意でかつ過失がない」といえる。

さらに，「登記は依然としてAのもとにある」ことから，Eは登記を有していないが，「第三者」として保護されるためには登記は不要である。　　　　30

よって，Eは「善意でかつ過失がない第三者」（96条3項）として保護され，所有権を取得している。

2(1)　そうだとしても，DはAの代理人と称するCから当該土地を譲り受けていることから，当該土地の所有権を有していると主張して，Eの明渡しを拒絶できないか。　　35

ア　この点，Dが当該土地の所有権を取得するためには，Cが代理権を有し，Aに当該売買契約の効果が帰属することが必要である。

イ　しかし，Cは，代理権がないにもかかわらずAの代理人と称しているにすぎず，任意代理権を与えられて　　40
いない。

ウ　また，761条は夫婦相互間に法定代理権を与えたものと解されるところ，土地の売買は，「日常の家事」すなわち個々の夫婦が共同生活を営む上で必要とされ

⬅○要件の定立OK

⬅○問題提起OK

⬅○原則OK。条文引用も正確である

⬅○不都合性OK

⬅△本問では大きく展開する必要はないであろう

⬅○こちらは実益のある論点である。ただ，事実をしっかりと示すべき

⬅○結論OK

⬅○問題点の抽出OK

⬅○端的の定立OK

⬅○端的な認定である

⬅○端的な認定である

る事務にはあたらない。　　　　　　　　　　　　　45

(2)ア　以上より，Cの行為は無権代理行為であり，追認
　　（116条本文）なき限り，Aには効果帰属しないのが
　　原則である。

　イ　もっとも，Cに代理権があると信じたDが一切保護
　　されないのでは取引の安全を害する。　　　　　　　50

(3)　そこで，761条の法定代理権を基本代理権として110条
　　により保護されないか。

　ア　確かに，761条の法定代理権を基本代理権として110
　　条を適用すると，代理権があると信ずるにつき正当な
　　理由があれば保護されることになり，夫婦別産制（762　55
　　条）の趣旨を没却する。

　　　しかし，他方で，前述のように，第三者の取引の安
　　全を図る必要もある。

　イ　そこで，夫婦別産制と第三者の取引の安全の調和の
　　観点から，第三者において，当該行為が当該夫婦の日　60
　　常家事の範囲内であると信ずるにつき正当な理由があ
　　る場合には，110条の趣旨を類推して保護されると解
　　すべきである。

　ウ　本問で，土地の売買は財産的価値が高く，巨額な資
　　金が移動するから，通常，日常家事の範囲内であると　65
　　信ずるにつき正当な理由があるとはいえず，Eは保護
　　されない。

　　　よって，当該売買契約の効果はAには帰属せず，D
　　は所有権を取得しない。

3　以上より，DはEの明渡請求を拒絶できず，EはDに対し　70
　て，土地の明渡しを求めることができる。

　　　　　　　　　　　　　　　　　　　　　　　以上

◀○原則OK

◀○不都合性OK

◀○問題提起OK

◀○以下，対立利益を示しつつ論
　証している

◀△762条1項が正確。762条2項
　は，帰属不明財産の夫婦共有の
　推定を定めている

◀○規範OK

◀○規範に対応させてあてはめを
　している

◀○問いに答える姿勢OK

答案作成上の注意点

　第1に，Eの所有権取得の有無を検討することとなる。本問では，詐欺取消し→遡及的無効→Bは無権利者→Eは承継取得しえない，という原則をしっかり論じることが重要である。次に，「善意でかつ過失がない第三者」（96条3項）の該当性を検討することになる。この点については，取消前の第三者が「第三者」に含まれることに争いはないため，端的に認定すれば足りる。これに対し，対抗要件または権利保護資格要件としての登記の要否については，自説を展開しておく必要がある。

　第2に，Dの所有権取得を検討する。まず，Cの代理行為の効果がAに帰属するか，Cの代理権の存否を検討することが必要となる。ここでは，「日常の家事」（761条本文）の解釈論を展開し，法定代理権を認めたうえで，その範囲外であることを認定することとなる。そして範囲外であるからAに効果帰属しないという原則をしっかり論じておくべきである。次に，Dを保護する価値判断を示して上記の法定代理権を基本代理権とした表見代理（110条）の成否を論じる。判例の立場である110条趣旨類推説は，通常の表見代理とは信頼の対象が異なることに注意が必要である。

答案構成

第1　EがDに対し土地の明渡しを求めるには，①Eが土地所有権を取得，②Dに土地所有権を対抗できる必要がある（177条）
第2　①Eの所有権取得
　1　Aは詐欺取消し（96条1項）
　　　したがって，EはBから土地を承継取得できないのが原則（121条）
　2　しかし，善意・無過失のEを保護する必要
　　⑴　まず，Eは，詐欺取消前に利害関係に入っているから，「善意でかつ過失がない第三者」（96条3項）として保護されそう
　　⑵　としても，Eは，登記を具備せず
　　　　そこで，「第三者」（96条3項）は登記を具備する必要があるか
　　　ア　「第三者」は，対抗関係には立たず
　　　　　とすれば，対抗要件（177条）不要
　　　　　しかも，96条3項の趣旨から，権利保護資格要件も不要
　　　　　したがって，「第三者」（96条3項）は，登記の具備不要
　　　イ　とすると，Eは「第三者」として保護
　3　よって，Eは，土地所有権を取得
第3　②Dへの所有権対抗

　1　Dは，登記なくしてEは自己に対抗できないと主張
　　　ところが，Cは，Aから代理権（任意代理権）を授与されず
　　　また，761条本文は「日常の家事」に関し法定代理権を付与したものと解されるが，土地の売却は「日常の家事」にあたらず
　　　したがって，Aの追認（116条本文）なきかぎり，無権代理としてAに効果帰属しないのが原則（113条1項）
　2　しかし，取引安全の要請
　　　そこで，第三者は，110条の表見代理により保護されないか
　　⑴　たしかに，夫婦別産制（762条1項）
　　　　しかし，取引安全の要請
　　　　そこで，両者の調和から，日常家事行為の範囲内と信ずるにつき正当な理由がある場合，110条の趣旨の類推適用
　　⑵　Dにおいて土地売却行為がAとCの日常家事行為の範囲内と信ずるにつき正当な理由はなく，110条の趣旨を類推適用できず
　　　　したがって，Dはいっさい保護されず
　3　よって，Dは，登記不存在を主張できず
第4　以上より，Eは，Dに対し，土地の明渡しを求めることができる　　　　　　　　以上

【参考文献】
試験対策講座・スタートアップ民法・民法総則4章2節⑥，6章5節③。判例シリーズ6事件，7事件。

第4問 A 代理人の権限濫用

以下の事例において，Xは，Yに対して，抵当権設定登記の抹消登記手続を請求することができるか。

(1) Aが死亡し，妻Bと20歳の息子Xが甲土地とその他の財産を相続したが，遺産分割の結果，Xが甲土地を取得することになった。甲土地につきX名義の登記がなされないうちに，Bが勝手にBの単独所有の登記をしたうえで，Yのために抵当権を設定して登記を経由した。

(2) Aが死亡し，妻Bと未成年の子Xが甲土地とその他の財産を相続した。BとXの特別代理人との遺産分割協議により，Xが甲土地を取得することになった。ところで，Bの弟Cは，Aの死亡後，諸事にわたりBおよびXの面倒をみてきたが，Yから融資を受けるにあたって，Bに担保の提供を依頼した。甲土地につきX名義の登記がなされたが，BはXを代理して甲土地にYのために抵当権を設定して登記を経由した。その後，Xは，成人した。

【論 点】
1 遺産分割と登記
2 親権者と子との利益相反行為
3 親権者による代理権の濫用

答案構成用紙

答案例

第1　小問(1)について

　　本問において，XがYに対して抵当権設定登記の抹消登記手続を請求することができるためには，BY間における甲土地の抵当権設定契約が無効である必要がある。

　　そこで，上記契約の有効性を，分割前のBXの持分（900条1号参照）に分けて，検討する。

1　分割前のXの持分について

　　まず，Bは自己の持分を超えるXの持分について無権利者にすぎないし，登記に公信力はない（192条参照）。

　　そうだとすれば，当該持分について，BY間における抵当権設定契約は無効であるといえる。

　　よって，当該持分について，Xは，Yに対して，抵当権設定登記の抹消を請求することができる。

2　分割前のBの持分について

(1)　まず，Yは遺産分割後に抵当権の設定を受けている。ところが，909条ただし書は取引の安全を図るべく遡及効に制限を加えた規定であるから，「第三者」とは遺産分割前に利害関係を有するにいたった第三者をいう。そうすると，Yは「第三者」にはあたらない。

　　それゆえ，遺産分割の遡及効（909条本文）によってBは無権利者となり，Yは保護されないとも思える。

(2)　しかしながら，Xが遺産分割により得た物権をいつまでも登記なくして第三者に対抗しうるとすると，取引の安全を著しく害することになる。

　　そこで，遺産分割後の第三者を保護する法律構成が問題となるも，899条の2第1項に基づき，分割によって相続分を超える権利を取得した相続人は，その登記を経なければ，分割後に当該不動産につき権利を取得した第三者に対し，自己の権利の取得を対抗することができない。

　　本問では，Xは，分割前のBの持分の承継は900条1号の法定相続分を超える部分の承継にあたるところ，登記を経ていないので，Yに対し，自己の権利の取得を対抗できない。

　　そうだとすれば，当該持分について，BY間における抵当権設定契約は，有効であるといえる。

　　よって，当該持分について，Xは，Yに対して，抵当権設定登記の抹消を請求することができない。

第2　小問(2)について

　　本問で，XがYに対して抵当権設定登記の抹消登記手続を請求することができるためには，BがXを代理して締結した抵当権設定契約がXに効果帰属しないことが必要である。

　　そこで，Bの代理行為がXに効果帰属するかを検討する。

→問題文からの要件定立（オウム返し）

→遺産分割の問題は，持分を分けて検討するとよい（答案作成上の注意点参照）
→Xの持分
→無権利者という認定はほしい

→2行目の定立した要件に対応させる

→形式的に問いに答える

→Bの持分
→問題点の抽出
→「第三者」の文言解釈はあっさり

→結論
→自説からの形式的帰結

→不都合性の指摘。「取引の安全」がキーワード

→問題提起

→あてはめ

→最初に定立した2行目の要件に対応させる

→形式的に問いに答える

→問題文からの要件定立（オウム返し）

1　まず，Bの有する代理権は，原則として，Xのいっさ 45
いの財産に関する行為に及ぶ（824条本文）。

➡824条本文は指摘してほしい

したがって，Bの代理行為は，Xに効果帰属するのが
原則である。

➡原則
　法的思考過程を明示

2　ところが，Bの代理行為が利益相反行為（826条1項）
にあたれば，その効果がXに帰属しないことになる（113 50
条1項）。

➡問題点の抽出

そこで，BがXを代理してXの所有する不動産をCの債
務の担保に供する行為（物上保証行為）は利益相反行為
にあたるか，利益相反行為の判断基準が問題となる。

➡問題提起

(1)　この点，子の利益と取引関係に入った第三者の利益 55
との調和を図るため，利益相反行為にあたるか否かは，
親権者が子を代理してした行為自体を外形的客観的に
考察して判定すべきと解する。

➡規範（問題提起に対応させる）

➡最判昭和42年4月18日（民集21
巻3号671頁）
➡あてはめ

(2)　そうすると，Bの物上保証行為は，外形的客観的に
考察すると，子Xに不利益とはなるが，親権者Bには 60
利益とならないから，利益相反行為にはあたらない。

3　しかしながら，Bの代理行為が「代理権の範囲内の行
為」であるとしても，BはCの利益を図る目的で代理権
を行使したといえるから，Xの利益を保護する必要があ
る。 65

➡不都合性の指摘（価値判断）

(1)　そこで，親権者が「自己又は第三者の利益を図る目
的で」代理権を濫用した場合，「相手方がその目的を
知り，又は知ることができたときは，その行為は，代
理権を有しない者がした行為とみなす」（107条）。

(2)　この点，利益相反行為にあたらない行為については， 70
親権者の広範な裁量（824条本文参照）に委ねられて
いる。

➡規範

そこで，それが子の利益を無視して自己または第三
者の利益を図ることのみを目的とするなど，親権者に
子を代理する権限を授与した法の趣旨に著しく反する 75
と認められる特段の事情が存しないかぎり，「代理人
が自己又は第三者の利益を図る目的で代理権の範囲内
の行為をした場合」にあたらないと解する。

➡最判平成4年12月10日（判例シ
リーズ9事件）
➡あてはめ（規範に対応させる）

(3)　本問で，CがAの死亡後，諸事にわたりBとXの面倒
をみてきたことからすると，Bの物上保証行為には合 80
理性が認められる。

そうだとすると，上記特段の事情は存しないから，
Bの物上保証行為は代理権の濫用にはあたらない。

➡三段論法の帰結

4　よって，Bの上記行為はXに効果帰属することになる。
以上より，Xは，Yに対して，抵当権設定登記の抹消 85
登記手続を請求することができない。

➡40行目の要件に対応させる
➡形式的に問いに答える

以上

1　小問(1)について

　　XがYに対して，抵当権設定登記の抹消を請求できるた
めには，BY間の抵当権設定契約が無効である必要がある。

(1)　まず，遺産分割前のXの持分については，Bはそもそ
　も無権利者であり，登記に公信力が認められていない現
　行法では（192条参照），BY間の抵当権設定契約も無効
　である。

　　　したがって，Xは，当該持分について登記の抹消を請
　求することができる。

(2)　次に，遺産分割前のBの持分についても，Bは権利者
　でないため，BY間の抵当権設定契約は原則として無効
　である。

　　　また，909条ただし書は遺産分割前の第三者について
　の規定であるので，Yは909条ただし書によっては保護
　されない。

　　　しかし，これでは，Bの単独所有の外形を信じたYに
　酷である。

　　ア　この点，899条の2第1項により，相続による権利
　　　の承継は法定相続分を超える部分については，対抗要
　　　件を備えなければ，第三者に対抗することができない。

　　イ　本問においては，遺産分割前のBの持分は900条1
　　　号の法定相続分を超える部分の承継にあたるところ，
　　　Yが先に登記を備えているから，Yは抵当権をXに対
　　　抗しうる。

　　　　したがって，Xは，当該持分について登記の抹消を
　　　請求することができない。

(3)　以上より，Xは，分割前の自己の持分の範囲で，抵当
　権設定登記の抹消を請求することができる。

2　小問(2)について

　　XがYに対して，抵当権設定登記の抹消を請求できるた
めには，Bの行為がXに帰属しないことが必要である。

　　しかし，BはXの法定代理人であるから，BがXを代理し
た行為は，Xに帰属するのが原則である（824条本文）。

　　そこで，Xとしては，以下のような主張をすることが考
えられる。

(1)　まず，Xは，Bの抵当権設定契約は利益相反行為（826
　条1項）にあたり効果不帰属であると主張することが考
　えられる。

　　　そこで，法定代理人が子を代理して，第三者のために
　抵当権を設定した行為が利益相反行為にあたるかが問題
　となるも，否定すべきと解する。

　　　なぜなら，利益相反行為にあたるか否かは，取引の安
　全に鑑み，外形を基準とすべきであるところ，本問にお
　いて外形上，Xの不利益とはなるが，Bの利益とはなら

5

10

15

20

25

30

35

40

⇦○　要件の定立OK

⇦○　持分を分けて検討する姿勢OK
　（答案作成上の注意点参照）

⇦○　問いに答える姿勢OK

⇦○　原則OK

⇦○909条ただし書の理解OK

⇦○　不都合性OK

⇦○　あてはめOK

⇦○　問いに答える姿勢OK

⇦○　問いに答えている

⇦○　要件の定立OK

⇦○　原則OK。条文の指摘も正確
　である

⇦○　問題提起および結論OK

⇦○　理由づけからあてはめへと，
　うまく流している

ないからである。 45

(2) 次に，Xは107条を根拠に，Bの抵当権設定契約は代理
権濫用にあたり，効果不帰属であると主張することが考
えられる。

ア　この点，107条によると，相手方が，濫用の事実を
知りまたは知ることができたときは，効果不帰属とな 50
る。 ⬅○規範定立OK

これを本問についてみると，Bの行為が代理権の濫
用にあたるとすると，Y銀行は甲土地がX所有のもの
であることを容易に知りえた以上，効果不帰属となる
とも思える。 55 ⬅○あてはめOK

イ　しかし，親権者には広範な代理権が与えられている
ことに鑑みれば，自己の利益を図ることのみを目的と
したなど特段の事情の存しない限り，「自己又は第三
者の利益を図る目的」があったとはいえないと解すべ
きである。 60 ⬅○規範定立OK。なお，判例の
正確な規範は答案例参照

これを本問についてみると，Cは，諸事に渡りBお
よびXの面倒をみていることからすれば，Bには上記
のような特段の事情が存しないことは明白である。 ⬅○あてはめOK

したがって，Bの抵当権設定契約は代理権濫用には
あたらず，Xに効果帰属することになる。 65

ウ　よって，BY間の抵当権設定契約は有効である。 ⬅○結論OK

(3) 以上により，Xは抵当権の抹消を請求することができ ⬅○問いに答えている
ない。

以上

答案作成上の注意点

　小問(1)については，遺産分割と登記の問題を論じることになる。この点を対抗問題として処理する判例の立場に立った場合，もともとXが有していた持分と，それ以外の持分については扱いを異にするので，答案上も分けて論じるのがわかりやすい。

　小問(2)については，まず原則論（824条本文）を示したうえで，親権者の利益相反行為（826条1項）について検討する必要がある。本問の事例の場合，利益相反行為にあたるとするのは困難なため，親権者の利益相反行為に触れなくてよいとも思える。しかし，一方で，親権者の代理権濫用における子を保護するための法的構成は，形式的基準の欠点を補う関係から論じられてきたともいえるため，前提として一言触れておくべきである。

　次に，親権者の代理権の濫用については，107条が規定されているところであるが，任意代理の場面の議論を前提として，特殊性を考慮する必要がある。本問では，結論として，濫用ではないと認定すべきであるが，問題文の事実を使いきり，説得的にあてはめることが重要となる。あてはめが不十分であると，結局，論証部分すら理解していないことを露呈してしまうからである。

答案構成

第1　小問(1)
　1　分割前のXの持分
　　　まず，BはXの持分につき無権利者
　　　そうだとすれば，BYの抵当権設定契約は無効
　　　よって，当該持分につき，Xは，Yに抹消請求できる
　2　分割前のBの持分
　(1)　「第三者」（909条ただし書）とは遺産分割前に利益関係を有するにいたった第三者をいい，Yはあたらず
　(2)　しかし，取引の安全
　　　そこで，899条の2第1項に基づき，相続人は，登記がなければ，分割後の第三者に対抗できない
　　　本問で，Xは，900条1号の法定相続分を超える部分の承継にあたるところ，登記がないので，Yに，自己の権利を主張できない
　　　そうだとすれば，BY間の契約は有効
　　　よって，当該持分につき，Xは，Yに抹消請求できない
第2　小問(2)
　1　まず，Bの代理権は，原則，Xのいっさいの財産に関する行為に及ぶ（824条本文）

　　　よって，Xに効果帰属するのが原則
　2　ところが，Bの代理行為が利益相反行為（826条1項）なら，Xに効果帰属せず（113条1項）
　(1)　子と第三者の利益の調和から，親権者の行為自体を外形的客観的に考察
　(2)　そうすると，Bの行為は，親権者Bには利益ではなく，利益相反行為ではない
　3　しかし，Xの利益を保護する必要
　(1)　そこで，親権者が代理権を濫用した場合，107条を適用
　(2)　もっとも，広範な裁量（824条本文）
　　　そこで，親権者に代理権を授与した法の趣旨に著しく反する特段の事情なきかぎり，「自己又は第三者の利益を図る目的」にあたらない
　(3)　本問では，Cは，Aの死亡後，諸事にわたりBとXの面倒をみてきた
　　　すると，親権者に代理権を授与した法の趣旨に著しく反する特段の事情なし
　　　したがって，Bの物上保証行為は，Bによる代理権の濫用にあたらず
　4　よって，Bの行為はXに効果帰属
　　　以上より，XはYに抹消登記手続請求できない　　　　　　　　　　　　　　　以上

【参考文献】
試験対策講座・物権法2章4節④【4】(4)。試験対策講座・親族・相続4章1節③【2】・【3】。判例シリーズ9事件，18事件関連判例(2)。

第5問 A 無権代理

AはBとの間で，父親Cから代理権を授与されていないにもかかわらず，授与されたと誤信して，Cの代理人としてC所有の建物の売買契約を締結した。なお，Bは，Aに代理権がないことを知らないことにつき重大な過失があったものとする。

以下の各事例において，Bは，Aに対し建物明渡請求することができるかについて論ぜよ。

(1)　その後，Cが死亡し，Aと母親Dが相続人となった。BがAおよびDから建物の明渡しを望んでいたところ，Dは，夫であるCが亡くなった以上，もはや建物は不要と考えて，AB間の売買契約を追認した。

(2)　その後，Cが死亡し，Aが単独で相続人となった。Cが生前にAの無権代理の事実を知り，追認の拒絶をしていた。

【論　点】

1　無権代理人が本人を共同相続した場合

2　本人による追認拒絶後の無権代理人の本人相続

答案構成用紙

答案例

第1　小問(1)について

1　本問において，AB間の建物の売買契約は，AがCから代理権を授与されていないのにCの代理人として締結されている。

　　そうすると，上記売買契約は，無権代理行為として，Cに効果帰属しないのが原則である（113条1項）。 ⟵ 5

　　また，Bは，Aに代理権がないことを知らないことにつき重大な過失があり，Aは代理権の不存在を知らないから，Aに対して無権代理人としての責任を追及することはできない（117条2項2号）。 ⟵ 10

　　したがって，Bは，所有権を取得せず，Aに対し建物明渡請求をすることができないようにも思える。

2　そうだとしても，その後，Cが死亡し，無権代理人Aと母親Dが相続人となっている。

　　そこで，無権代理人が他の共同相続人とともに本人を共同相続（898条，899条）した場合の効果が問題となる。 ⟵ 15

> (1)　この点，相続により無権代理人としての地位と本人としての地位が融合することを前提として，無権代理人の相続分に相当する部分において無権代理行為は当然に有効となるとの見解がある。 ⟵ 20
>
> 　　しかし，これでは，他の共同相続人の利益を損ない，法律関係を複雑にするのみならず，相手方の取消権（115条本文）を相続という偶然の事情で奪うことになり，妥当でない。
>
> (2)　そもそも相続とは，現に存在していた地位の承継であるから，無権代理人には無権代理人の資格と本人の資格が併存すると解される（地位併存説）。 ⟵ 25
>
> 　　そして，無権代理人は，本人の有していた無権代理行為の追認権を他の共同相続人とともに不可分的に承継し，追認権の準共有関係（264条本文）が生じる。 ⟵ 30
>
> 　　そこで，他の共同相続人全員の追認がないかぎり，無権代理行為は当然に有効になるものではないと解する（264条・252条本文）。
>
> (3)　もっとも，他の共同相続人が全員追認しているのに，無権代理行為を行った無権代理人の追認拒絶で追認の効果を否定することは不当である。 ⟵ 35
>
> 　　そこで，他の共同相続人が全員追認をしている場合に無権代理人が追認を拒絶することは，信義則（1条2項）に反し許されないと解する。

(4)　そうすると，他の共同相続人DはCB間の売買契約を追認しているから，Aが追認を拒絶することは信義則に反し許されないことになる。 ⟵ 40

3　したがって，Bは，所有権に基づき，Aに対し建物明渡請求をすることができる。

右側注釈：

➡問題点の抽出

➡原則

➡「過失」（117条2項2号本文）の意義につき，百選I34事件70頁以下参照

➡形式的結論

➡問題点の抽出

➡論点の問題提起

➡反対説（地位融合説）

➡批判

➡自説（地位併存説）

➡「不可分的に承継」がキーワード

➡規範（論点の問題提起に対応させる）

➡不都合性の指摘

➡規範

⇨最判平成5年1月21日（判例シリーズ11事件）

➡あてはめ（規範に対応させる）

➡形式的に問いに答える

第2 小問(2)について　　　　　　　　　　　　　　45

1　本問において，Cは，生前にAの無権代理の事実を知
　　り，追認の拒絶（113条2項本文）をしている。　　　　→問題点の抽出

　　　そうすると，Cが無権代理行為を追認拒絶したことに
　　より，無権代理行為の効力がCに及ばないことになる。　→形式的結論

　　　また，Bは，前述のように，Aに対して無権代理人と　50
　　しての責任を追及することもできない（117条2項2号）。　→7行目とのリンク

　　　したがって，Bは，所有権を取得せず，Aに対し建物　→形式的結論
　　明渡請求をすることができないようにも思える。

2　そうだとしても，その後，Cが死亡し，Aが単独で相　→問題点の抽出
　　続人となっている（896条本文）。　　　　　　　　　55

　　　そこで，Aは上記売買契約を追認したことにならない　→問題提起
　　か，追認拒絶後死亡した本人を無権代理人が相続した場
　　合の無権代理行為の効果が問題となる。

　(1)　たしかに，資格が併存するにいたった以上，小問(1)　→自説（25行目）からの形式的帰
　　　と同様，無権代理人の追認拒絶の援用は信義則上許さ　60　　結
　　　れないとも考えられる。

　　　　しかし，追認拒絶後の場合は，本人が効果帰属を明　→拒絶のない場合との違い
　　　確に拒絶した地位を承継したのであって，拒絶のない
　　　場合とは決定的な違いがあるといえる。

　(2)　この点，本人の追認拒絶によって，無権代理行為の　65
　　　無効の確定という効果が生じ，追認権は消滅する。
　　　　そして，相続とは現に存在していた地位の承継をも　→25行目とリンク
　　　たらすにすぎないから，その後に無権代理人が本人を
　　　相続しても，追認権が存在しないことに変わりはない。
　　　　そこで，この場合には，無権代理行為が有効になる　70　→規範（問題提起に対応させる）
　　　ものではないと解する。　　　　　　　　　　　　　　⇒最判平成10年7月17日（民集52
　　　　　　　　　　　　　　　　　　　　　　　　　　　　　巻5号1296頁）

　(3)　そうすると，Aは，上記売買契約を追認したことに　→三段論法の帰結（問題提起に対
　　　ならない。　　　　　　　　　　　　　　　　　　　　　応させる）

3　したがって，Bは，所有権を取得せず，Aに対し建物　→形式的に問いに答える
　　明渡請求をすることはできない。　　　　　　　　　75

　　　　　　　　　　　　　　　　　　　　　　　　以上

1 小問(1)について

(1) Bが，Aに対し建物明渡請求することができるには，Bが建物所有権を取得している必要がある。

⟵○ 要件の定立OK

この点，本問における，AB間の，C所有の建物売買契約締結は，Aによる無権代理行為である。 5

したがって，本人たるCによる追認がないのだから，契約の効果はCに帰属せず（113条1項），Bは建物所有権を取得しないのが原則である。

⟵○ 原則OK

(2) ところが，その後Cが死亡しており，AとDとがCを相続している。そして，本人たるCの追認権を相続した（896条）Dは，Aの無権代理契約を追認している。 10

⟵○ 以下，問題点の抽出OK。なお，896条本文が正確。共同相続を強調するならば，898条，899条となる

とすると，BがAに無権代理行為の追認を催告した場合（114条）に，Aが追認を拒絶できるのでなければ，Aの無権代理行為の効果は相続人AおよびDに帰属し，Bは建物所有権を取得することになる。 15

そこで，無権代理人が本人を相続した場合の追認拒絶の可否が問題となる。

⟵○ 問題提起OK

ア この点，無権代理人が本人を相続した場合には当該無権代理行為が当然に有効となるとの見解がある。

⟵○ 他説OK

この見解によれば，BはAに追認の催告の必要すらなく，当然に建物所有権を取得することになる。 20

⟵○ 他説からの帰結OK

しかし，これでは，Cの追認権がDとの関係では相続の対象となりつつも，Aとの関係では消滅するということになり，不自然である。

⟵○ 他説批判OK

むしろ，無権代理人であっても，追認権を相続すると解すべきである。 25

⟵○ 以下，十分な自説の展開である

したがって，無権代理行為も追認がなければ有効とはならないと考える。

イ とはいえ，自ら無権代理行為をした無権代理人が追認を拒絶するような矛盾挙動は認めるべきではない。 30

そこで，このような追認拒絶は信義則（1条2項）に反するとして，無権代理人は追認を拒絶できないと解すべきである。

ウ 本問では，Aは，自ら無権代理行為をした無権代理人である。 35

⟵○ あてはめOK

したがって，Aは，Bが追認を求めた場合に，追認を拒絶することはできない。

(3) 結局，BはAの無権代理行為について，AおよびDより追認を得られることになるので，Aの無権代理行為はCを相続したAおよびDに効果が帰属することになる（113条1項）。 40

よって，Bは建物所有権を取得するので，BのAに対する建物明渡請求は認められる。

⟵△ 「BのAに対する」「は認められる」→「BはAに対し」「することができる」として，形式的に問いに答えるべき

2 小問(2)について

(1)　本問においても，AB間の，C所有の建物売買契約締　45
　　結は，Aによる無権代理行為である。
(2)　ところが，本問では，Cは，生前にAの無権代理行為　　⇐○問題点の抽出OK
　　の追認を拒絶している。
　　　　しかし，Cの死亡後，BがAに対して重ねて無権代理　　⇐○なぜ問題にするのかという思
　　行為の追認の催告ができるのならば，無権代理人たるA　50　考過程がしっかりと示されてい
　　は追認を拒絶できないのだから，結果としてBのAに対　　る
　　する建物明渡請求は認められることになる。
　　　　そこで，本人が生前に追認拒絶した無権代理行為につ　　⇐○問題提起OK
　　いて，相手方が相続人たる無権代理人に重ねて追認を求
　　めることができるかが問題となる。　　　　　　　　　　55
　ア　この点，本人の追認拒絶があれば，無権代理行為は　　⇐○他説OK
　　確定的に無効となり，本人の追認権も確定的に消滅す
　　るので，相手方は相続人に追認の催告はできなくなる
　　との見解もある。
　　　　たしかに，相続人一般についていえば，相続がある　60
　　たびに相手方に追認の催告を認めることになり，妥当
　　でない。
　　　　しかし，このことは相続人が無権代理人の場合に限　　⇐○他説批判OK
　　り追認の催告を認めてもよいと解することと，相容れ
　　ないわけではない。　　　　　　　　　　　　　　　　65
　イ　思うに，無権代理と類似した法律関係である他人物　　⇐○現場で他人物売買との均衡を
　　売買において，他人物売主が目的物所有権を取得した　　考えたのであろう
　　ときは，その所有権は買主に当然に移転する（判例に
　　同旨）。
　　　　そして，この効果は，もとの所有者が当該他人物売　70
　　買についての追認を拒絶していたとしても，失われる
　　ものではないと解する。
　　　　そうすると，無権代理の場合もこれと同様の結論が
　　得られるのが公平にかなう。
　　　　よって，本人が生前に追認を拒絶していた場合であ　75　⇐○論点の結論OK
　　っても，相手方は相続人たる無権代理人に重ねて追認
　　の催告ができ，無権代理人は信義則上追認を拒絶でき
　　ないとするべきである。
　ウ　本問についてみるに，Aは相続人たる無権代理人な　　⇐○あてはめOK
　　ので，BはAに重ねて追認の催告ができ，Aはこれを　80
　　拒絶できない。
(3)　結局，BはAの無権代理行為について，Aより追認を
　　得られることになるので，Aの無権代理行為はCを相続
　　したAに効果が帰属することになる（113条1項）。
　　　　よって，Bは建物所有権を取得するので，BのAに対　85　⇐△42行目以下と同じ
　　する建物明渡請求は認められる。
　　　　　　　　　　　　　　　　　　　　　　　　以上

答案作成上の注意点

　小問(1)については，まず無権代理人と本人の地位が併存することを簡潔に論じ，追認権が不可分的に帰属し，共同相続人全員が追認しないかぎり，無権代理行為は有効とはならないという原則論を示す必要がある。そのうえで，無権代理人以外の他の共同相続人が追認している場合に，無権代理人が追認拒絶できるかを問題とすることになる。無権代理人の追認拒絶という論点に飛びつくのではなく，なぜ問題にするのかという思考過程が伝わるような流れで答案を構成すべきである。

　小問(2)については，参考とすべき最判平成10年7月17日（民集52巻5号1296頁）が有名であるため，用意していなかったならばこれを機に絶対におさえておいてほしい。判例は，本人が追認拒絶すれば無権代理行為の効力が本人に及ばないことが確定し，本人であってももはや追認により有効とする余地がないと論じている。答案上もこのような理由づけで簡潔に論証すれば十分である。

答案構成

第1　小問(1)
1　AB間の建物売買契約は，AがCの代理権授与なくC代理人として締結
　　すると，無権代理行為として，Cに効果帰属しないのが原則（113条1項）
　　また，Bに重過失があり，Aも代理権不存在を知らないためAに対し無権代理人の責任追及できず（117条2項2号）
　　したがって，Bは，所有権を取得せず，Aに建物明渡請求できないとも思える
2　としても，Aと母親Dが共同相続
　　そこで，無権代理人と他の共同相続人が本人を共同相続した場合の効果が問題
　(1)　この点，地位融合説を前提に，無権代理人の相続部分において無権代理行為は当然に有効となるとの見解
　　　しかし，法律関係を複雑にし，相手方の取消権（115条本文）を奪う
　(2)　そもそも，地位併存説
　　　そして無権代理人は，本人の追認権を他の共同相続人と不可分的に承継し，準共有関係（264条本文）
　　　そこで，他の共同相続人全員の追認なきかぎり，無権代理行為は当然に有効となるものではない
　(3)　もっとも，他の共同相続人全員の追認があるのに，無権代理人が追認拒絶することは信義則（1条2項）に反する

　(4)　すると，Dは追認しているから，Aが追認拒絶することは信義則に反する
3　したがって，Bは，所有権に基づき，Aに建物明渡請求できる
第2　小問(2)
1　Cは，生前に追認拒絶（113条2項本文）
　　すると，Cが追認拒絶することで，無権代理行為の効力はCに及ばない
　　また，無権代理人の責任も追及できず
　　したがって，Bは，所有権を取得せず，Aに建物明渡請求できないとも思える
2　としても，無権代理人Aが単独相続
　　そこで，追認拒絶後死亡した本人を無権代理人が相続した場合の効果が問題
　(1)　たしかに，無権代理人の追認拒絶の援用は信義則上許されないとも
　　　しかし，本人が効果帰属を明確に拒絶した後の地位承継であり，拒絶のない場合とは決定的に違う
　(2)　本人の追認拒絶により，無権代理行為の効果が確定し，追認権は消滅
　　　そこで，この場合，無権代理行為が有効になるものではない
　(3)　すると，Aは，売買契約を追認したことにならない
3　したがって，Bは，所有権を取得せず，Aに建物明渡請求できない
　　　　　　　　　　　　　　　　　　　　　以上

【参考文献】

　試験対策講座・スタートアップ民法・民法総則6章4節④【1】(2)。判例シリーズ11事件。

第6問 A　時効

　　Aは自己の所有する甲地を2020（令和2）年にBに譲渡したが，所有権移転登記はなされなかった。その後にBは甲地に乙建物を建て，所有権保存登記をした。2022年にBは乙建物をCに譲渡し，甲地についてBC間で賃貸借契約が締結されたが，乙建物の所有権移転登記はなされていない。その後，2031年に，Aは甲地を以上の事情につき善意のDに譲渡し所有権移転登記がなされた。このような事情のもと，2033年現在において，DがB・Cに甲地所有権に基づき乙建物の収去と甲地の明渡しを請求してきた場合，これに対して，B・Cの主張としていかなるものが考えられるか。

【論　点】

1　自己物の時効取得の可否
2　取得時効と登記
3　建物登記名義人に対する建物収去土地明渡請求の可否
4　不動産賃借権の時効取得の可否

答案構成用紙

答案例

第1　Bの主張について
　1　まず，Bとしては，Dによる甲地の所有権の取得を否
　　定するという主張が考えられる。
　　(1)　本問では，Aは，BとDに対し甲地を譲渡している。
　　　　そうすると，BとDは対抗関係に立つから，登記を
　　　先に備えたDがBに優先するのが原則である（177条）。
　　(2)　しかしながら，Bは2020年から甲地を占有している
　　　から，Bを時効取得によって保護する必要がある。
　　　　とはいえ，甲地はAから譲り受けた自己の物である。
　　　そこで，Bは甲地を時効取得できないのではないか，
　　　162条は「他人の物」と規定していることから，自己
　　　の物についても時効取得できるかが問題となる。
　　　　ア　この点，時効制度の趣旨は，永続した事実状態を
　　　　　尊重し，社会の法律関係の安定を図る点にある。
　　　　　　そうであれば，永続した事実状態こそが重要であ
　　　　　り，対象物が自己の物か他人の物かは重要ではない。
　　　　　　しかも，162条が「他人の物」と規定したのは，
　　　　　通常自己の物に時効の援用を認める必要がないから
　　　　　にすぎない。したがって，自己の物についても時効
　　　　　取得できると解する。
　　　　イ　そうすると，Bは，善意・無過失であるならば，
　　　　　甲地を時効取得（162条2項，145条）できる。
　　(3)　そうだとしても，Bは時効取得の登記をしていない。
　　　　そこで，時効取得者は，第三者に対して，時効取得
　　　を登記（177条）なくして対抗できるかが問題となる。
　　　　ア　この点，永続した事実状態の尊重という時効制度
　　　　　の趣旨と公示による取引の安全の確保という登記制
　　　　　度の趣旨との調和を図る必要がある。
　　　　　　そこで，時効取得者は，時効完成前の第三者に対
　　　　　しては，時効取得を登記なくして対抗できるが，時
　　　　　効完成後の第三者に対しては，時効取得を登記なく
　　　　　して対抗できないと解する。
　　　　イ　そうすると，Bの時効完成は2030年であるから，
　　　　　Dは時効完成後の第三者にあたる。
　　　　　　したがって，Bは，Dに対して，時効取得を登記
　　　　　なくして対抗できない。
　2　次に，Bとしては，乙建物をCに譲渡したから，建物
　　収去土地明渡請求の相手方とならないという主張が考え
　　られる。
　　　　そこで，建物収去土地明渡請求の相手方が問題となる。
　　(1)　たしかに，建物を収去して土地所有権に対する侵害
　　　状態を除去しうべき地位にあるのは，建物所有者であ
　　　るから，この者が建物収去土地明渡請求の相手方とな
　　　るのが原則である。

➡「主張」という問いにこだわる

➡二重譲渡を認定

5　➡原則

➡保護の必要性

➡問題点の抽出

10　➡問題提起

➡趣旨

15　➡趣旨からの帰結

➡許容性

➡論点の結論（問題提起に対応さ
せる）
20　⇨最判昭和42年7月21日（百選Ⅰ
45事件）
➡三段論法の帰結（問題提起に対
応させる）

➡論点の問題提起

25

➡それぞれの制度趣旨は正確にあ
げてほしい

➡規範（論点の問題提起に対応さ
せる）
30　⇨前者につき，大判大正7年3
月2日（民録24輯423頁），後者に
つき，大連判大正14年7月8日
（民集4巻412頁）
➡あてはめ

35　➡三段論法の帰結

➡やはり「主張」という問いにこ
だわる

40　➡論点の問題提起

➡原則

　　　　しかし，相手方を建物所有者にかぎると，建物譲渡　45
　　人は建物譲渡を理由に容易に建物収去の義務を逃れ，
　　土地所有者に酷な結果が生じうる。
　(2)　そもそも土地所有者と建物譲渡人の関係は，土地所
　　有者が地上建物の譲渡による所有権の喪失を否定して
　　その帰属を争う点で，あたかも建物の物権変動におけ　50
　　る対抗関係（177条）にも似た関係といえる。
　　　　そこで，みずからの意思に基づいて所有権の登記を
　　有するものは，引き続き上記登記名義を保有するかぎ
　　り，所有権の喪失を主張して建物明渡義務を免れるこ
　　とはできない。　55
　(3)　これを本問についてみると，Bは，みずからの意思
　　に基づいて乙建物の保存登記をし，その後建物をCに
　　譲渡したにもかかわらず登記名義を保有している。
　　　　よって，Bは建物収去土地明渡請求の相手方となる。
第2　Cの主張について　60
　1　まず，Cとしては，Dに対し，甲地の賃借権を占有権
　　原として主張することが考えられる。
　　　　しかし，Cは，真の所有者Dとの関係では不法占有者
　　であるから，Dに対し賃借権を主張することができない。
　2　次に，Cとしては，Dに対し甲地の賃借権を163条・　65
　　162条2項により時効取得するという主張が考えられる。
　　　　そこで，不動産賃借権が163条にいう「財産権」にあ
　　たるかが問題となる。
　(1)　たしかに，債権は，通常1回の行使によって消滅す
　　る権利であるから，永続した事実状態の尊重という時　70
　　効制度の趣旨になじまない。
　　　　しかし，不動産賃借権は，占有を要素とし，不動産
　　の支配を通じて永続した事実状態を観念しうる。
　　　　したがって，不動産賃借権は，同条にいう「財産
　　権」にあたると解する。　75
　(2)　もっとも，真の権利者（所有者）の時効中断の機会
　　を確保する必要があり，そのためには，事実状態が継
　　続し，外部的に認識可能なことが必要である。
　　　　そこで，不動産賃借権を時効取得するためには，①
　　目的物の継続的な用益という外形的事実が存在し，か　80
　　つ②それが賃借の意思に基づくことが客観的に表現さ
　　れていることが必要である。
　(3)　そうすると，Cは，上記①②の要件をみたせば，甲
　　地の賃借権を時効取得できる。
　3　なお，Cの時効完成は2032年であるから（162条2項），　85
　　Dは時効完成前の第三者にあたる。
　　　　したがって，Cは，Dに対して，対抗要件なくして甲
　　地の賃借権の時効取得を対抗できる。　　　　　　以上

⇨不都合性の指摘

⇨後掲判例のフレーズである
　できれば正確に覚えてほしい

⇨規範（論点の問題提起に対応さ
　せる）

⇨最判平成6年2月8日（判例シ
　リーズ16事件）
⇨あてはめ（規範に対応させる）

⇨三段論法の帰結

⇨まず，賃借権の主張から。「主
　張」という問いにこだわる

⇨次に，賃借権の時効取得。やは
　り「主張」にこだわる

⇨論点の問題提起

⇨一般論。時効制度の趣旨と絡め
　て論じてほしい

⇨特殊性。やはり趣旨と絡めて論
　じてほしい

⇨論点の結論（論点の問題提起に
　対応させる）

⇨歯止め（時効中断の機会の確
　保）

⇨規範

⇨最判昭和43年10月8日（判例シ
　リーズ13事件）

⇨あてはめ

⇨忘れずに一言触れてほしい

⇨29行目の規範に基づく三段論法
　の帰結

1　本件土地は，AからBDへと二重譲渡されており，先に
登記を備えたDが確定的にその所有権を取得するのが原則
である（177条）。

→○原則OK

　　そうして，DはBに対し甲土地所有権に基づく物上請求
として，乙建物の収去と甲地の明渡しを請求していると思
われる。

→○考えられる主張OK

　　以下，これに対するBCの主張について論じる。

2　Bの請求について

⑴　Bは，甲地を2020年以降，占有継続していることから
（Cへの賃貸後もCを通じて間接占有している），甲地を
10年で時効取得をしたと主張することが考えられる（162
条2項）。かかる主張は認められるか。

→○丁寧に思考過程を示している

　　ア　まず，自己物の時効取得が認められるか。「他人の
物」の文言から問題となるも，肯定してよいと解する
（判例に同旨）。

→○問題の所在および結論OK

　　　　なぜなら，自己物の占有であっても永続した事実状
態の尊重という時効制度の趣旨は妥当するし，「他人
の物」と規定されているのは通常のケースを想定した
にすぎないともいえるからである。

→○理由づけOK

　　イ　としても，この場合の時効期間は10年か，20年かが
問題となる。

→○問題提起OK。四宮先生の問
題意識である

　　　　そもそも，永続した事実状態の尊重という時効制度
の制度趣旨からは，あくまで162条1項による20年が
原則である。

→○以下，四宮説であろう。なお，
判例は10年の時効を認める（最
判昭和46年11月5日〔判例シリ
ーズ18事件〕）

　　　　そして，同条2項は，善意・悪意が問題となりうる
場面において，とくに善意者保護の見地から，例外と
して，10年の取得時効を認めたにすぎない。

　　　　とすれば，もともと善意悪意が問題となりようのな
い自己物の時効取得の場合には162条2項は適用の余
地がなく，同条1項により常に時効期間は20年になる
と解する。

　　ウ　すると，Bは，2020年から2032年までの13年間しか
占有継続していないから，甲地を時効取得せず，この
点に関するBの主張は失当である。

→○結論OK

⑵　次に，BはCに乙建物を譲渡しており，その所有権（管
理・処分性）がないことを理由に自分は被告にならない
と主張することが考えられる。かかる主張は認められる
か。建物の所有者と登記名義人とが異なる場合，建物収
去土地明渡請求の被告がいずれなのかが問題となる。

→○考えられる主張OK

→△「被告」→「請求の相手方」

→○問題提起OK

　　　思うに，土地所有者に建物登記簿からは必ずしも判明
しない建物所有者の探索を強いるのは不当である。

→○以下，十分な論証である

　　　また，建物収去は，代替執行（414条1項本文）によ
りなされ，さしあたりそのための費用を誰が負担するか
の問題にすぎず，建物の管理・処分権は被告適格とは関

→間接強制（民執173条）による
ことも可能である

係がないといえる。　　　　　　　　　　　　　　　　45

　　そして，自らの意思により登記名義を保有するものは，費用負担の不利益を甘受すべきである。

　　よって，自らの意思で登記の名義を保有している登記名義人は，信義則上（1条2項），被告となると解する（判例に同旨）。　　　　　　　　　　　　　　　50

　　本問では，Bは，自らの意思にもとづいて乙建物の登記名義を保有しているので，被告となり，Bの主張は失当である。

3　Cの主張について

(1)　Cの甲地賃借権は，他人物賃貸借として，債権として　　55
　は有効であるが（559条本文，560条），所有者Dに対抗できないのが原則である。

(2)　しかし，Cは，2022年以降甲地を占有継続していることから，甲地賃借権を時効取得したと主張することが考えられる（163条）。この主張は認められるか。　　　　　60

　　たしかに，不動産賃借権は債権であるが，物の使用収益を内容としており永続した事実状態を観念できる。

　　そこで，権利者の時効中断の機会を確保する見地から，①土地の継続的用益という外形的事実の存続と，②それが賃借の意思にもとづくことが客観的に表現されている　　65
　限り，時効取得が認められると解する。

　　本問では，①②の要件を満たすので，Cは甲地賃借権を時効取得する。

　　そして，Cは，その時効取得を登記なくしてDに対抗できると解する。　　　　　　　　　　　　　　　　70

　　なぜなら，Dは時効取得前の譲受人として，時効完成により反射的に権利を失う当事者的地位にあり，177条の「第三者」とはいえないからである。

　　よって，Cの主張は妥当である。

　　　　　　　　　　　　　　　　　　　　　　以上　75

⬅○規範定立OK。判例もよくおさえている

⬅○あてはめOK。なお，「被告」→「請求の相手方」

⬅○原則OK。よく理解している

⬅○考えられる主張OK。なお，問題の所在もしっかりと示すとよい

⬅○以下，十分な論証である

⬅△「満たすので」→「満たせば」

⬅○忘れずに指摘できている

　Bの主張としては，Dの甲地所有権を否定することが考えられる。BとDは対抗関係（177条）に立つため，DがBに優先するはずだが，Bは2020年から甲地を占有しているので，甲地について時効取得が成立していないか検討することになる。そこでまず，自己物の時効取得が認められるか，時効取得が認められるとして甲地の時効取得をDに対抗できるのかが問題となる。この点については，判例の立場からあっさりと処理すればよいであろう。次に，Bは請求の相手方とならないとの主張も考えられる。ここでは，価値判断を示したうえで，自分なりの法律構成を展開することが求められる。

　Cの主張としては，まず，Dに対して甲地賃借権を主張することが考えられる。しかし，CはDとの関係では不法占有者であり，正当な占有権原を有しない。したがって，甲地賃借権をDに主張できない結果となる。賃借権を対抗できるかという問題ではないことに注意が必要である。次に，163条により不動産賃借権の時効取得を検討することとなる。このように，ただちに不動産賃借権の時効取得を問題とするのではなく，まず賃借権の主張を論じることに注意が必要である。

第1　Bの主張
1　まず，Bは，Dの所有権の否定を主張
(1) B・Dは対抗関係で，登記を先に備えたDがBに優先するのが原則（177条）
(2) しかし，甲地は自己物
　　そこで，自己物の時効取得の可否
　ア　永続した事実状態の尊重という時効制度の趣旨から，自己物であっても時効取得できる
　イ　すると，Bは時効取得できる
(3) としても時効取得者は第三者に時効取得を登記（177条）なく対抗できるか
　ア　時効取得の趣旨と登記制度の趣旨との調和を図る必要
　　そこで，時効取得者は時効完成前の第三者に登記なく対抗でき，時効完成後の第三者に登記なく対抗できない
　イ　よって，Bは，Dに時効取得を登記なく対抗できない
2　次に，Bは，収去・明渡請求の相手方とならないと主張
(1) 建物所有者が，相手方となるのが原則
　　しかし，建物名義人は建物譲渡を理由に収去義務を逃れ，土地所有者に酷
(2) 土地所有者と建物譲渡人の関係は，建物物権変動の対抗関係に類似

　　そこで，みずからの意思に基づいて登記を有するものは，登記名義を保有するかぎり，明渡義務を免れない
(3) よって，Bは収去・明渡請求の相手方
第2　Cの主張
1　まず，Cは，Dに，甲地賃借権を主張
　　しかし，Cは，真の所有者Dとの関係では不法占有者で，賃借権を主張できない
2　次に，賃借権の時効取得を主張
　　そこで，不動産賃借権が163条にいう「財産権」にあたるか
(1) 思うに，不動産賃借権は，占有を要素とし，永続した事実状態を観念しうる
　　よって，不動産賃借権の時効取得が可能
(2) もっとも，所有者の時効中断の機会を確保する必要
　　そこで，不動産賃借権の時効取得には①目的物の継続的用益という外形的事実，②賃借意思の客観的表現が必要
(3) すると，Cは，①②をみたせば甲地賃借権を時効取得
3　なお，Dは時効完成前の第三者
　　したがって，Cは，Dに対抗要件なくして甲地賃借権の時効取得を対抗できる
　　　　　　　　　　　　　　　　　　　　以上

【参考文献】
試験対策講座・スタートアップ民法・民法総則8章3節②【1】(1)(a)・④【1】(2)。試験対策講座・物権法2章4節④【3】，4章2節④。判例シリーズ13事件，16事件。

不動産会社Aは，甲土地を所有し分譲開発を行っていた。そして2021（令和3）年4月30日，XはAより甲土地内に分筆された分譲地（乙土地）を買い受けた（登記済み）。同年5月30日，Xは甲土地内に分筆された公道に出るまでの通路部分（丙土地）も買い受けたが，この登記はAの名義のままであった。Xは，買受け後ただちにみずから通路を舗装し，現在まで丙土地を継続的に利用している。その後，2031年3月10日，Aは，分譲開発に失敗したため，A名義の登記のままである丙土地を，事情を知っているYに売却し，登記も移転した。2031年6月1日現在，XはYに対し丙土地の所有権の取得を対抗できるか。

　　また，Xが丙土地を買い受ける代わりにAX間で通行地役権が設定されたが，登記はなされていなかった場合，XはYに対し丙土地の通行地役権を対抗できるか。

【論　点】
1　177条の「第三者」（背信的悪意者排除論）
2　自己物の時効取得の可否
3　取得時効と登記
4　通行地役権の対抗

答案構成用紙

答案例

第1　設問前段について	
1　第1に，XがYに対し丙土地の所有権の取得を対抗す	⇒承継取得
る方法として，Aからの承継取得が考えられる。	
（1）　まず，Yは，Aから丙土地の売却を受けており，登	⇒形式的帰結
記の欠缺を主張する正当な利益を有する者といえるか　5	「第三者」の定義を織り込む
ら，「第三者」（177条）にあたりそうである。	
（2）　ところが，Yは，AがXへ丙土地を売却した事情を	⇒問題点の抽出
知って，Aから丙土地の売却を受けている。	
そこで，「第三者」（177条）には悪意者も含むか，	⇒論点の問題提起
条文上明らかではなく問題となる。　　　　　　　　　10	
ア　この点，177条は自由競争の範囲で取引の安全を	
図った規定であるから，悪意者も保護されてよい。	
そこで，「第三者」には悪意者も含むと解する。	⇒論点の結論（論点の問題提起に対応させる）
イ　もっとも，単なる悪意を超えて，相手方を害する	⇒修正
目的を有するなどの場合には，自由競争の範囲を逸　15	「自由競争」が11行目とリンク
脱するものであり，保護に値しない。	
そこで，登記の欠缺を主張することが信義則（1	⇒背信的悪意者排除論
条2項）に反するような背信的悪意者は「第三者」	⇨最判昭和43年8月2日（民集22巻8号1571頁）
に含まれないと解する。	
ウ　本問では，Yは，単に事情を知っているにすぎず，　20	⇒あてはめ
Xを害する目的を有する背信的悪意者ではないから，	
「第三者」に含まれる。	
よって，XはYに対し丙土地の所有権の承継取得	⇒形式的に問いに答える
を対抗できない。	
2　第2に，XがYに対し丙土地の所有権の取得を対抗す　25	⇒時効取得
る方法として，丙土地の時効取得が考えられる。	
（1）　まず，Xは2021年5月30日から丙土地を占有してい	⇒問題点の抽出
るものの，丙土地はAから買い受けたものである。	
そこで，162条は「他人の物」と規定しているから，	⇒論点の問題提起
自己の物についても時効取得できるかが問題となる。　30	
ア　そもそも時効制度の趣旨は，永続した事実状態を	⇒趣旨
尊重し，社会の法律関係の安定を図る点にある。	
そうであれば，永続した事実状態こそが重要であ	⇒趣旨からの帰結
り，対象物が自己の物か他人の物かは重要ではない。	
したがって，自己の物についても時効取得できる　35	⇒論点の結論（論点の問題提起に対応させる）
と解する。	⇨最判昭和42年7月21日（百選I45事件）
イ　そうすると，Xは，善意・無過失であれば，丙土	⇨三段論法の帰結。善意・無過失についても忘れないように
地を時効取得（162条2項）できる。	
（2）　そうだとしても，Xは時効取得の登記をしていない。	
そこで，時効取得者は，第三者に対して，時効取得　40	⇒論点の問題提起
を登記（177条）なくして対抗できるかが問題となる。	
ア　この点，永続した事実状態の尊重という時効制度	⇒制度趣旨
の趣旨と公示による取引の安全の確保という登記制	
度の趣旨との調和を図る必要がある。	

　　　　　　そこで，時効取得者は，時効完成前の第三者に対
　　　　しては，時効取得を登記なくして対抗できるが，時
　　　　効完成後の第三者に対しては，時効取得を登記なく
　　　　して対抗できないと解する。

45

⇨規範（論点の問題提起に対応させる）
⇨前者につき，大判大正7年3月2日（民録24輯423頁），後者につき，大連判大正14年7月8日（民集4巻412頁）
⇨あてはめ

　　イ　そうすると，Xの時効完成は2031年5月30日であ
　　　るから（162条2項），同年3月10日に売却を受けた
　　　Yは時効完成前の第三者である。

50

　　　　よって，Xが善意・無過失であれば，Yに対し丙
　　土地の所有権の時効取得を登記なくして対抗できる。

⇨形式的に問いに答える。善意・無過失についても忘れずに

第2　設問後段について
　　本問において，Xは，Aから通行地役権の設定を受けて

55

いるが，登記はなされていない。

⇨問題点の抽出

　　そこで，未登記のXはYに対し丙土地の通行地役権を対
抗できるか，承役地の譲受人はいかなる場合に「第三者」
（177条）にあたらないことになるかが問題となる。

⇨問題提起

　1　たしかに，設問前段と同様に考えると，背信的悪意者

60

　　である場合にかぎって，「第三者」にあたらないことに
　　なる。

⇨自説（11～19行目）からの形式的帰結。前段とのリンク

　　　しかし，通行地役権について明示の設定契約がなされ
　　ることはまれで，その多くは黙示の合意が認定される。

⇨不都合性の指摘

　　　それにもかかわらず，背信的悪意者に限定すれば，通

65

　　行地役権はその多くが承役地の譲受人に対抗できなくな
　　り，通行地役権者の保護として不十分である。

⇨価値判断

　　　そうだとすれば，信義則（1条2項）に照らして第三
　　者に通行地役権の負担を甘受させるべきかどうかを判断
　　し，それによって対抗力の有無を決すべきである。

70

　　　そこで，譲渡時に，①承役地が継続的に通路として使
　　用されていることが物理的状況から客観的に明らかであ
　　り，かつ，②譲受人がそのことを認識または認識しえ
　　たときは，特段の事情のないかぎり，登記の欠缺を主張
　　する正当の利益を有する「第三者」にあたらないと解す

75

　　る。

⇨規範①②（問題提起に対応させる）。この規範は正確に覚えてほしい

　2　これを本問についてみると，Xは，丙土地の買受け後
　　ただちにみずから通路を舗装し，現在まで丙土地を継続

⇨最判平成10年2月13日（判例シリーズ21事件）
⇨あてはめ（規範①）

　　的に利用している。
　　　そうだとすれば，AのYに対する丙土地の譲渡時に，

80

　　①丙土地が継続的に通路として使用されていることが物
　　理的状況から客観的に明らかといえる。
　　　また，Yは上記事情を知っていたのであるから，②Y
　　がそのことを認識していたといえる。

⇨あてはめ（規範②）

　　　よって，Yは，特段の事情のないかぎり，登記の欠缺

85

　　を主張する正当の利益を有する「第三者」にあたらない。

⇨三段論法の帰結

　　　以上より，Xは，特段の事情のないかぎり，Yに対し
　　丙土地の通行地役権を対抗できる。　　　　　　　以上

⇨問題提起に対応させる
　形式的に問いに答える

1　設問前段について

(1)　Xは，Yに対し，売買契約に基づく丙土地の所有権取
　　得を「対抗」（177条）できるか。

　　　Yが「第三者」であれば不可能であるところ，本問で
　　は，Yは当該売買契約につき悪意である。　　　　　　　 5

　　　そこで，それでもなおYが，Xの登記欠缺を主張する
　　正当な利益を持つ第三者といえるかどうか，同条から明
　　らかでなく問題となる。

　　ア　この点につき，177条の趣旨は，物権は不可視であ
　　　るから，それを取得者に公示させることで取引の安全 10
　　　を図る点にある。

　　　　そうであれば，登記が可能になったにもかかわらず
　　　それを怠った者は保護する必要はない。

　　　　したがって，信義則（1条2項）に照らして第三者
　　　から排除されるべき背信的悪意者は格別，単に権利の 15
　　　所在につき悪意である者は，「第三者」であると解す
　　　る。

　　イ　本問では，YがXを害する目的を持っているなどの
　　　事情はなく，Yは，単に権利の所在につき悪意である
　　　にすぎないので，「第三者」といえる。　　　　　　 20

　　　　以上より，Xは売買契約に基づいて丙土地の所有権
　　　取得を対抗することはできない。

(2)　次に，本問Xは10年以上所有者として丙土地を占有し
　　ている。そこで，Xは，時効取得（162条2項）に基づ
　　く所有権取得をYに対抗できないか。　　　　　　　　 25

　　ア　まず，Xは丙土地所有権を取得しているので「他人
　　　の物」といえないのではないかが問題となる。

　　　　この点については，永続した事実状態の尊重という
　　　時効制度の趣旨は自己物を占有した場合にもあてはま
　　　るので，「他人の物」とは例示にすぎず，自己物でも 30
　　　時効取得は可能と解する。

　　イ　次に，第三者と時効取得者との調整が問題となる。

　　　(ア)　この点につき，前述の177条の趣旨から，時効取
　　　　得者が登記可能になるのは時効完成後である以上，
　　　　時効完成前に登場した第三者を「第三者」（177条）35
　　　　とするのは妥当でない。

　　　　　また，そのような第三者は時効取得者とは権利の
　　　　所在につき当事者の関係にたつといえる。

　　　　　したがって，時効完成前に登場した第三者は，
　　　　「第三者」ではないと解する。　　　　　　　　　 40

　　　(イ)　本問では，Yが丙土地の所有権を取得したのは
　　　　2031年3月10日であるから，Yは時効完成前の第三
　　　　者である。

　　　　　以上より，YはXの登記欠缺を主張できず，Xは

⬅○問題点の抽出OK

⬅○問題提起OK

⬅○趣旨からの論証OK

⬅○規範OK

⬅○あてはめOK

⬅○問いに答えている

⬅○問題点の抽出OK

⬅○問題提起OK

⬅○以下，論証OK

⬅△問題の所在がやや不明確である

⬅△以下，十分な論証である。ただ，文章が不自然

⬅○あてはめOK。なお，時効完成年月日も書くとよい（答案例参照）

　　　　　取得時効に基づく所有権をYに対抗できる。　　　　45
2　設問後段について
　　Xが通行地役権（280条）を対抗するにはYが「第三者」
　（177条）ではないことが必要である。

⬅○前提OK

(1)　この点につき，設問前段同様，通行地役権（280条）
　について単に悪意のYは「第三者」であるとも思える。　　50

⬅○前段と対比する姿勢OK

　　しかし，背信的悪意者に限って信義則上「第三者」か
　ら排除される根拠は，前述のように，不可視の物権を公
　示する努力を怠った者は保護に値しないという価値判断
　にある。

⬅○以下，自分なりに考えて論じ
ている

　　そうであれば，この価値判断は，所有権という完全物　　55
　権の公示を怠った者には妥当するが，通行地役権という
　制限物権の公示を怠った者には妥当しない。
　　むしろ，地役権につき認識可能であった第三者が信義
　則上「第三者」から排除されるべきである。
　　したがって，第三者の所有権取得時に，①承役地が継　　60
　続的に通行使用されていることが物理的状況に照らして
　客観的に明白で，②それを第三者が認識していたか，認
　識可能であったときは，その第三者は「第三者」にあた
　らないと解する。

⬅○ほぼ正確な判例の規範である

(2)　本問では，Xは自ら丙土地を舗装して継続的に利用し　　65
　ていたので①を満たし，Yはそれにつき悪意であるから
　②も満たす。

⬅△あてはめが淡泊。もう少し事
実を引用してあてはめをしてほ
しい

　　以上より，XはYに丙土地通行地役権を対抗できる。

⬅○問いに答えている

　　　　　　　　　　　　　　　　　　　　　　　以上

答案作成上の注意点

　設問前段について。まず、通常の二重譲渡の事例として、対抗の可否を論じることとなる。対抗の可否ないし背信的悪意者排除論は「第三者」（177条）の解釈として論じてほしい。

　次に、「他人の物」（162条）の要件と関連して、自己物の時効取得の成否について検討する。これを肯定したうえで、取得時効と登記について論じることとなる。取得時効と登記についてはさまざまな考え方がありうるが、判例の立場から簡潔にまとめることが無難であろう。

　設問後段について。地役権の対抗について論じることとなるが、ここが本問のメインであるといえよう。背信的悪意者排除論を論じても筋はとおるが、ここは判例（最判平成10年2月13日民集52巻1号65頁）の規範をあげるのがベストである。判例の規範については短答用に準備しておくべきところでもある。なお、この判例は、背信的悪意者ゆえに排除されるとしているわけではないことに注意が必要である。この点については、各自判例を参照されたい。

答案構成

第1　設問前段
1　第1に、Aから承継取得
(1)　Yは「第三者」にあたりそう
(2)　ところが、Yは事情を知っている
　　そこで、悪意者も「第三者」か
　ア　この点、177条は自由競争の範囲内で取引安全を図った規定
　　　そこで、悪意者も「第三者」
　イ　もっとも、背信者は「第三者」に含まれない
　ウ　Yは背信者ではなく、「第三者」
　　　よって、XはYに丙地の所有権取得を対抗できない
2　第2に、丙地の時効取得
(1)　まず、丙地はAから買い受けたもの
　　そこで、自己物の時効取得の可否
　ア　時効制度の趣旨
　　　よって、自己物も時効取得できる
　イ　すると、Xが善意・無過失なら丙地を時効取得（162条2項）できる
(2)　としても、Xは丙地の登記をせず
　　そこで、時効取得者は、第三者に時効取得を登記なく対抗できるか
　ア　時効制度の趣旨と登記制度の趣旨との調和を図る必要
　　　そこで、時効取得者は、時効完成前の第三者には、登記なく対抗できるが、

時効完成後の第三者には、登記なく対抗できない
　イ　Yは時効完成前の第三者
　　　よって、Xが善意・無過失なら、Yに取得時効を登記なく対抗できる
第2　設問後段
　　本問で、Xは通行地役権の登記せず
　　そこで、未登記のXはYに通行地役権を対抗できるか、承役地の譲受人はいかなる場合に「第三者」（177条）にあたらないのか
1　通行地役権は多くの場合黙示の合意にもかかわらず、背信者に限定すれば、通行地役権者の保護が不十分
　　そこで、譲渡時に、①承役地が通路として継続的使用されていることが物理的・客観的に明らかで、②譲受人がそれを認識し、認識しえたときは、特段の事情なきかぎり、「第三者」にあたらない
2　本問で、Xは丙地をみずから舗装し、現在まで継続利用し、Yへの譲渡時に、①丙地が通路として継続使用されていることが物理的・客観的に明らか
　　また、②Yはそれを認識していた
　　よって、Yは、特段の事情のなきかぎり、「第三者」にあたらない
　　以上より、Xは、特段の事情なきかぎり、Yに通行地役権を対抗できる　　　以上

【参考文献】
試験対策講座・スタートアップ民法・民法総則8章3節。試験対策講座・物権法2章4節④【3】・⑤【2】。判例シリーズ21事件。

第8問 A　抵当権

　Aは，Bに対する債権を担保するために，Bの所有する甲建物に抵当権の設定を受け，その旨の登記も具備した。
1　Bに対する債権の弁済期前に，Bが，抵当権設定当時から甲建物内に設置されていたボイラー等の給湯設備をCに売却した。Cがこれらを搬出していない場合，Aは，Cに対してどのような請求をすることができるか。
2　Bに対する債権の弁済期前に，無権原のDが甲建物を不法に占有した。弁済期が到来しても，Bが債務の弁済を怠っているので，Aは抵当権の実行手続を開始したが，Dが立ち退かないため競売が進まない。この場合，Aは，Dに対して甲建物からの退去請求をすることができるか。また，いまだ弁済期が到来していない場合はどうか。

【論　点】
1　抵当権の効力の及ぶ範囲——従物
2　抵当権侵害——妨害予防請求権
3　抵当権侵害——不法行為に基づく損害賠償請求（損害の有無）
4　抵当権侵害——不法占有者に対する妨害排除請求権
5　抵当権侵害——妨害排除請求をなしうる時期

答案構成用紙

答案例

第1　小問1について
　1　まず，給湯設備は，甲建物の「常用に供するため」に甲建物の所有者Bが「附属」させた物であるから，「従物」（87条1項）にあたる。
　　　　また，抵当権の設定は「処分」（87条2項）にあたる。　5
　　　そのため，Aの抵当権の効力は給湯設備に及んでいる。
　2　そして，BはCに対して給湯設備を売却しているので，この給湯設備が搬出される危険がある。
　　　そこで，Aは抵当権に基づく妨害予防請求権としてCに対して給湯設備の搬出の禁止を請求しえないか，抵当　10
権者は抵当権の効力として物権的請求権を行使しうるか，明文の規定がなく問題となる。
　　(1)　そもそも抵当権も，所有権その他の物権と同様，抵当目的物を支配する物権の一種である。
　　　　そこで，抵当権者は，抵当権の効力として物権的請　15
　　　求権を行使しうると解する。
　　　　もっとも，抵当権実行前の段階では，目的物の価格が債権額を下回るか否かはほとんど予測がつかない。
　　　　そこで，物権的請求権を行使するためには，目的物の価値の減少の可能性があれば足りると解する。　20
　　(2)　これを本問についてみると，Cは給湯設備をいまだ搬出していないものの，BがCに対して給湯設備を売却しているから，搬出される危険があるといえる。
　　　　そうだとすれば，BのCに対する給湯設備の売却によって，甲建物の価値の減少の可能性があるといえる。　25
　　　　したがって，Aは，抵当権に基づく妨害予防請求権として，Cに対して搬出の禁止を請求しうる。
　3　また，Aは，Cに対して不法行為に基づく損害賠償請求（709条）をすることも考えられる。
　　　　しかし，「損害」があるといえるためには，現実に目　30
的物の価値の減少により被担保債権を担保しえなくなったことを要すると解される（判例に同旨）。
　　　　本問では，給湯設備は売却されただけでいまだ搬出されていないから，現実に目的物の価値の減少により被担保債権を担保しえなくなったとはいえず，「損害」があ　35
るとはいえない。
　　　　したがって，Aは，Cに対して不法行為に基づく損害賠償請求をすることができない。
第2　小問2前段について
　　　本問において，Aは，抵当権に基づく妨害排除請求と　40
してDに対して甲建物の退去請求をすることが考えられる。
　　　そこで，抵当権者は，不法占有者に対して，抵当権に基づいて妨害排除請求をすることができるかが問題となる。

→有力説からあっさりと

→結論
→問題点の抽出

→問題提起

→論点の結論（問題提起に対応させる）

→規範
⇒高木（担物）160頁
→あてはめ

→規範に対応させる

→三段論法の帰結（問題提起に対応させる）

→ほかに考えられる請求

→規範
⇒大判昭和3年8月1日（民集7巻671頁）
→あてはめ（規範に対応させる）

→問いに答える姿勢

→問題点の抽出

→論点の問題提起

1　たしかに，抵当権は非占有担保物権であるから，抵当権者は，原則として，抵当不動産の使用または収益について干渉できない。

　　しかし，第三者による不法占有が抵当権の実行を妨害し，抵当権者の優先弁済請求権を侵害する現実を無視することはできない。

　　そこで，第三者が抵当不動産を不法占有することにより，抵当不動産の交換価値の実現が妨げられ，抵当権者の優先弁済請求権の行使が困難となるような状態があるときは，抵当権者は，占有者に対し，抵当権に基づいて妨害排除請求をすることができると解する。

2　これを本問についてみると，Dが甲建物を不法占有することにより競売が進んでいないから，甲建物の交換価値の実現が妨げられ，Aの優先弁済請求権の行使が困難となるような状態があるといえる。

　　したがって，Aは，抵当権に基づく妨害排除請求権を根拠に，Dに対して甲建物からの退去請求をすることができる。

第3　小問2後段について

　　それでは，いまだ弁済期が到来していない場合も，Aは，抵当権に基づく妨害排除請求権を根拠に，Dに対して退去請求をすることができるか，抵当権に基づく妨害排除請求をなしうる時期が問題となる。

1　たしかに，抵当権は交換価値を把握する権利であるから，抵当権者は抵当権設定当初から交換価値を支配している。

　　そうだとすると，抵当権侵害のおそれさえ生じていれば，弁済期の到来を問わず，抵当権に基づく妨害排除請求をなしうるとも考えられる。

　　しかし，弁済期前は，なお債務者からの弁済が期待できるから，妨害排除請求を認める必要性は小さい。

　　そこで，抵当権に基づいて妨害排除請求をなしうるのは，債務者が履行遅滞に陥った時など抵当権の実行が現実的な問題となった時以降にかぎられると解する。

2　したがって，いまだ弁済期が到来していない場合，Aは抵当権に基づく妨害排除請求権を根拠に，Dに対して退去請求をすることができない。

以上

➡️原則論

➡️不都合性（価値判断）

➡️規範（論点の問題提起に対応させる）

➡️最大判平成11年11月24日（判例シリーズ29事件）
➡️あてはめ（規範に対応させる）

➡️三段論法の帰結・問いに答える

➡️問題提起

➡️抵当権の特殊性

➡️特殊性からの形式的結論

➡️規範（問題提起に対応させる）

➡️三段論法の帰結（問題提起に対応させる）・問いに答える

1 小問1について

　本問の状況下では，Cが給湯設備を甲建物から搬出すると，Aの抵当権の担保価値が下落するとも思われる。

　そこで，Aは，甲建物の担保価値を維持し，被担保債権の優先弁済権を確保するために，直ちに抵当権に基づく妨害予防請求権を行使し，Cの搬出を禁止できないか。　5

　かかるAの請求が認められるためには，まず，①Cの給湯設備の搬出が，Aの抵当権の担保価値を下落させること，すなわち，Aの甲建物抵当権が給湯設備に及ぶことが必要であり，次に，②Aが，被担保債権の弁済期前に，抵当権に基づく妨害予防請求をなしえることが必要である。　10

　以下，それぞれについて論じる。

(1)　①Aの甲建物抵当権は給湯設備に及ぶか

　　この点，370条は，抵当権がその目的不動産に付加して一体となっている物にも及ぶとする。そこで，給湯設　15
備という，甲建物とは別個の「物」が，甲建物の「付加一体物」にあたるかが問題となる。

　ア　思うに，抵当権は目的物の経済的な価値を把握する非占有担保物権である。とすると，「付加一体物」も経済的観点から判断すべきで，その不動産の経済的価　20
　　値を高め，経済的に一体をなす物を意味すると解する。

　イ　これによると，給湯設備は，甲建物の経済的価値を高め，経済的に一体をなす物といえるので，「付加一体物」にあたる。

　　　よって，Aの甲建物抵当権は，給湯設備にも及ぶ。　25

(2)　②Aは，被担保債権の弁済期前に，抵当権に基づく妨害予防請求をなしえるか。

　ア　この点，抵当権は，被担保債権について優先弁済を受けることを目的としている。とすると，抵当権に基づく妨害予防請求は，かかる優先弁済権が侵害される　30
　　おそれがあることを根拠とするはずである。

　　　しかし，本問では抵当権の被担保債権の弁済期が到来していない。よって，Aの優先弁済権が侵害されるかどうかは未だ明らかではなく，Aは妨害予防請求をなし得ないとも思える。　35

　イ　とはいえ，抵当権は不可分性（372条，296条）を有する。すなわち，抵当権者は，抵当目的物の交換価値の全てを把握しているのであって，被担保債権額の限度でこれを把握しているのではない。

　　　そうすると，抵当権に基づく妨害予防請求に優先弁　40
　　済権が現実に侵害されるおそれは必要でなく，たとえ弁済期前であってもこれが可能であると解する。

　ウ　よって，Aは，被担保債権の弁済期前でも，抵当権に基づく妨害予防請求をなしえる。

○以下，問題文の分析OK

○争点を明確におさえている

○問題提起OK。なお，条文の文言そのもの以外は「　」をつけないほうがよい

○以下，論証OK

○あてはめOK

○以下，十分な論証である

○このような理解もありえる

(3)　以上より，Aは直ちに抵当権に基づく妨害予防請求権 45
を行使し，Cの搬出を禁止できる。 ⇦○問いに答える**姿勢OK**

2　小問2について

(1)　本問状況下における，AのDに対する甲建物退去請求
は，甲建物抵当権に基づく妨害排除請求権による。

　ア　たしかに，抵当目的物たる建物が無権限者によって 50
不法占拠されると，担保価値下落のおそれが生じる。

　　　そして，上記のとおり，抵当権に基づく妨害予防請 ⇦○小問1との対比OK
求は，優先弁済権の現実の侵害のおそれがなくとも，
担保価値の下落のおそれがあることのみで可能である。

　　　そうすると，もしも抵当権に基づく妨害排除請求も 55 ⇦○上記流れからの帰結OK
同様に，担保価値の下落のみで可能であれば，本問で
も，AはDに対し，抵当権に基づく妨害排除請求によ
り甲建物退去を請求できるとも思える。

　イ　しかし，抵当権は，目的物の経済的価値を把握する ⇦○以下，よく論じられている
非占有担保物権である。 60

　　　すると，設定者は自己の占有のもとにとどまった抵
当目的物を自由に使用・収益できる一方，抵当権者は
これに一切口出しできないはずである。

　　　よって，設定者の使用・収益に口出しすることにな ⇦△69行目との整合性から「原則
る，建物退去請求も，認めるべきではないと解する。 65 として」などと示すべき

　ウ　とはいえ，これが常に認められないのであれば，抵
当目的物の経済的価値の下落により優先弁済権を侵害
される抵当権者に，あまりにも酷である。

　　　そこで，抵当権に基づく妨害排除請求としての建物
退去請求は，抵当権者の優先弁済権の現実の侵害のお 70
それがある場合にかぎり，認めるべきである。

(2)　これを本問前段についてみると，Aの被担保債権の弁 ⇦○あてはめOK
済期が到来しており，抵当権の実行手続が開始されたに
もかかわらず，不法占有者たるDが立ち退かず，競売が
進まないという状況がある。 75

　　　すると，Dの不法占有により，Aの優先弁済権の現
の侵害のおそれがあるといえる。

　　　よって，AのDに対する，抵当権に基づく妨害排除請
求権による甲建物退去請求は，認められる。

(3)　これに対し，本問後段では，Aの被担保債権の弁済期 80 ⇦○以下，前段と対比して現場で
は到来していない。とすると，Aの優先弁済権の侵害は， 考えている
いまだ現実的なものではない。

　　　よって，AのDに対する甲建物退去請求は認められな
い。

　　　こう解しても，AはBの担保減少を理由に期限の利益 85 ⇦○フォローOK
の喪失（137条2号）を主張して被担保債権の弁済期を
到来させられるので，Aの保護に欠けることはない。

以上

答案作成上の注意点

　小問1について。AのCに対する請求が問われているが，その前提として，ボイラー等の給湯設備（従物）に抵当権の効力が及んでいる必要がある。そこで，抵当権設定時の従物に抵当権の効力が及ぶのかという問題が生じる。この点，370条本文によってこれを認める説と，87条2項によって認める説とあるが，自説から簡潔に論じてほしい。そして，Aとしては，抵当権に基づく妨害予防請求として搬出の禁止を請求することが考えられる。本問では被担保債権の額が明らかでないので，自説から端的に認定してほしい。最後に，不法行為に基づく損害賠償請求（709条）も考えられるが，本問では損害がないから，これを認めることはできない。

　小問2前段について。不法占有者に対する妨害排除請求の可否という問題である。これについては，判例（最大判平成11年11月24日民集53巻8号1899頁）が一定の要件のもと肯定することを明示しており，その後の判例（最判平成17年3月10日百選Ⅰ89事件）もこれを踏襲している。これに沿って論述すれば十分である。

　小問2後段について。応用問題であるので，抵当権の本質にさかのぼって論述してほしい。

答案構成

第1　小問1
1　AがCに対しなんらかの請求できるためには，Aの抵当権の効力がボイラー等の給湯設備に及んでいることが必要
　　まず，給湯設備は「従物」（87条1項）
　　また，抵当権設定は「処分」（87条2項）
　　そのため，給湯設備に及ぶ
2　そして，これが搬出される危険あり
　　そこで，Aは抵当権に基づく妨害予防請求権として，Cに対し搬出の禁止を請求しえないか，抵当権者は抵当権の効力として物権的請求権を行使しうるか
　(1)　そもそも抵当権も物権の一種だから，物権的請求権を行使しうる
　　　そして，目的物の価値の減少の可能性があれば足りる
　(2)　本問では，給湯設備が売却により搬出される危険あり。甲建物の価値の減少の可能性あり
　　　よって，Aは抵当権に基づき，Cに対し搬出の禁止を請求しうる
3　次に，Aは，Cに対して不法行為に基づく損害賠償請求（709条）も考えられる
　　しかし，「損害」ありというためには，現実に目的物の価値の減少により被担保債権を担保しえなくなることが必要
　　本問では，被担保債権を担保しえなくなったとはいえず，「損害」なし
　　したがって，Aは，Cに対して不法行為に基づく損害賠償請求はできない

第2　小問2前段
　　Aは，Dに対して抵当権に基づき退去請求すると考えられる
　　そこで，抵当権者は，不法占有者に対し，抵当権に基づき妨害排除請求はできるか
1　この点，抵当権者の優先弁済請求権の行使が困難となる状態であれば，抵当権に基づき妨害排除請求ができる
2　本問では，Dが不法占有することで，Aの優先弁済請求権の行使が困難
　　よって，Aは抵当権に基づく妨害排除請求権により，Dに対し退去請求できる

第3　小問2後段
　　では，いまだ弁済期が到来していない場合も，AはDに対し退去請求できるか，妨害排除請求をなしうる時期が問題
1　思うに，弁済期前は，債務者からの弁済が期待できるから，抵当権の実行が現実的な問題となってきた時以降に限定
2　よって，いまだ弁済期が到来していない場合，Aは抵当権に基づく妨害排除請求権を根拠に，Dに対し退去請求できず

以上

【参考文献】
試験対策講座・物権法7章3節③【1】。判例シリーズ29事件。

第9問 A 譲渡担保

> Aは，Bに対する代金債権を担保するため，甲倉庫内のいっさいの鋼材を目的とする譲渡担保の設定を受けることとした。AB間では，Bが構成部分である鋼材を取得したときはAが占有改定によって占有権を取得する旨の合意がある。その後，Bは，C社から乙鋼材の売却を受け，甲倉庫に搬入したが，Cに対し乙鋼材の代金を支払わなかった。なお，Aは，乙鋼材が甲倉庫に搬入された時点では，Cに動産売買の先取特権があることを知っていた。
>
> この場合，Aは，Cに対して，譲渡担保権が優先すると主張することができるか。

【論 点】
1 集合物譲渡担保の有効性
2 集合物譲渡担保権者と動産先取特権者の関係

答案構成用紙

答案例

第1　本問において，AがCに対して譲渡担保権が優先する
　　　と主張するためには，①AB間の譲渡担保設定契約が有効
　　　であり，②Aがその対抗要件を備え，③Cの動産売買先取
　　　特権に優先する必要がある。

➡考えられる問題点

第2　①AB間の譲渡担保設定契約の有効性について　　　　　5

➡①について

　1　本件譲渡担保は，甲倉庫内のいっさいの鋼材という集
　　　合物を目的とする譲渡担保である。
　　　　このような集合物譲渡担保も，集合物そのものが1個
　　　の物として物権の客体になると考えれば（集合物論），
　　　一般に，その有効性を肯定できると解する。　　　　　10

➡一般論（一言触れるだけで十
　分）

　2　そうだとしても，物権の客体には特定性が必要であり，
　　　特定性がなければ譲渡担保設定契約は無効となる。
　　　　そこで，集合物譲渡担保の目的物の範囲をどのように
　　　特定するかが問題となる。

➡問題の所在の明示

➡論点の問題提起

　　（1）　そもそも特定性が要求される趣旨は，担保物権の及　15
　　　　ぶ範囲を明確にし，もって取引の安全を図る点にある。
　　　　　そこで，種類，量的範囲，所在場所を指定するとい
　　　　う方法により目的物の範囲を特定すべきと解する。

➡趣旨

➡規範（論点の問題提起に対応さ
　せる）
⇨最判昭和54年2月15日（民集33
　巻1号51頁）

　　（2）　これを本問についてみると，本件譲渡担保は，目的
　　　　動産の種類および量的範囲をいっさいの鋼材と，その　20
　　　　所在場所を甲倉庫内と指定されているから，目的物の
　　　　範囲が特定されているといえる。

➡あてはめ（規範に対応させる）

　3　よって，AB間の譲渡担保設定契約は有効である。

➡結論（①）

第3　②集合物譲渡担保の対抗要件について

➡②について

　　　BはCから乙鋼材の売却を受け，倉庫に搬入したから，　25
　　　Aは，AB間の合意に従い，占有改定（183条）によって乙
　　　鋼材の占有権を取得しそうである（集合物論）。
　　　　ところが，占有改定ではまったく外観の変更がないとこ
　　　ろから，実質的には公示の機能を果たさないともいえる。
　　　　そこで，集合物譲渡担保の対抗要件は占有改定で足りる　30
　　　のかが問題となる。

➡問題の所在

➡論点の問題提起

　1　たしかに，公示の機能を果たすために，ネームプレー
　　　トなどの明認方法を施すべきとも考えられる。
　　　　しかし，常にネームプレートなどを要求することは過
　　　大な要求であり，取引界の需要にそぐわない。　　　　35
　　　　また，民法は動産の対抗要件として占有改定を認めて
　　　おり（178条，183条），集合物譲渡担保のみを区別して
　　　取り扱う理由はない。
　　　　そこで，集合物譲渡担保の対抗要件は占有改定で足り
　　　ると解する。　　　　　　　　　　　　　　　　　　40

➡反対説

➡反対説の批判

➡許容性

➡論点の結論（論点の問題提起に
　対応させる）
⇨最判昭和62年11月10日（民集41
　巻8号1559頁）

　2　そうすると，Aは，占有改定によって対抗要件を備え
　　　たといえる。

➡結論（②）

第4　③Cの動産売買先取特権との優劣

➡③について

　　　Aの集合物譲渡担保とCの動産売買先取特権（311条5号，

➡問題点の抽出

321条）とが衝突している。　　　　　　　　　　　　　　　45

　そこで，譲渡担保権者と先取特権者の優劣が問題となる。

1　まず，動産売買先取特権の目的物たる乙鋼材が「第三
　取得者」に「引き渡」されると，Cの動産売買先取特権
　は，乙鋼材について追及しえなくなる（333条）。

　　そこで，譲渡担保権者は「第三取得者」にあたるのか，50
　譲渡担保の法的性質と関連して問題となる。

　(1)　この点，判例は，譲渡担保を所有権の移転と解し
　　（所有権的構成），譲渡担保権者は，特段の事情のな
　　いかぎり，「第三取得者」にあたるとする。

　　　しかし，これでは，目的物の価額に余剰がでた場合，55
　　先取特権者はその余剰部分にかかっていくことができ
　　なくなり，不合理である。

　(2)　そもそも譲渡担保は，所有権移転の形式をとりつつ
　　も，その実質は債権を担保することにある。

　　　そのため，担保的実質を重視し，譲渡担保を担保権　60
　　の設定と解する（担保権的構成）。

　　　したがって，譲渡担保権者は，質権者などと同様，
　　「第三取得者」にあたらないと解する。

　(3)　よって，Aは「第三取得者」にあたらない。

2　そうすると，本問では，Aの譲渡担保権とCの動産売　65
　買先取特権とが競合することになる。

　　そこで次に，両担保権の優劣の基準が問題となる。

　(1)　前述のとおり，譲渡担保の実質は債権を担保するこ
　　とにあるから，譲渡担保は質権と同質なものと捉えら
　　れる。　　　　　　　　　　　　　　　　　　　　　　70

　　　そこで，334条を類推適用し，譲渡担保は330条１項
　　の第１順位をなし，先取特権に優先すると解する。

　(2)　そうすると，AがCに優先しそうである。

3　ところが，Aは，乙鋼材が甲倉庫に搬入された時点で，
　Cに動産売買の先取特権があることを知っていた。　　75

　　そこで，Aは「知っていたとき」（330条２項前段）に
　あたりCに劣後しないか，「知っていたとき」の判定時
　点が問題となる。

　(1)　この点，個々の動産が集合物に入った時点でいちい
　　ち集合物譲渡担保権が成立すると考えるのでは，集合　80
　　物論を認めた意味がなくなってしまう。

　　　そこで，「知っていたとき」とは，最初に譲渡担保
　　権が設定された時点で判定すべきと解する。

　(2)　そうすると，Aは，譲渡担保権が設定された時点で
　　は，Cに動産売買の先取特権があることを知りえない　85
　　から，「知っていたとき」にあたらずCに優先する。

第5　以上より，Aは，Cに対して，譲渡担保権が優先する
　と主張することができる。　　　　　　　　　　以上

➡問題の所在

➡論点の問題提起

⇨大判明治45年７月８日（民録18
輯691頁），大連判大正13年12月
24日（民集３巻555頁）

➡不都合性

➡論点の結論（論点の問題提起に
対応させる）

➡あてはめ

➡論点の問題提起

➡論点の結論（論点の問題提起に
対応させる）

➡形式的帰結

➡問題点の抽出

➡問題提起

➡自説

➡規範（問題提起に対応させる）

➡あてはめ（規範に対応させる）

➡三段論法の帰結・結論（③）

➡問いに答える

1　集合物譲渡担保の有効性

　(1)　Aは，Bより「甲倉庫内のいっさいの鋼材」を目的と
　　する集合物譲渡担保の設定を受けている。このためAは，
　　乙鋼材についても譲渡担保権を主張する。　　　　　　　　　　⇦○Aの主張OK

　　　一方，Cは，Bに乙鋼材を売却し，その代金の支払い　　　5　⇦○Cの主張OK
　　を受けていない。このためCは，乙鋼材について動産売
　　買の先取特権（303条，311条5号）を主張する。

　(2)　では，Aは自己の譲渡担保がCの先取特権に優先す　　　　　⇦○問題提起OK
　　ると主張することができるか。まず，Aがその集合物譲
　　渡担保自体を主張することができるかが問題となる。　　　10

　　ア　この点，集合物に物権を設定することは物の特定性　　　⇦○以下，この程度の論証でよい
　　　に反する疑いがある。よって，この場合は目的物を場
　　　所，種類，範囲などにより特定することが必要である。

　　イ　これを本問についてみると，Aの主張する集合物譲　　　⇦○あてはめOK
　　　渡担保は，甲倉庫という「場所」，鋼材という「種　　　15
　　　類」によってその目的が特定されているので，有効で　　　⇦△判例は「いっさいの」という
　　　ある。　　　　　　　　　　　　　　　　　　　　　　　　　　　量的特定を一要素としている

2　集合物譲渡担保の対抗要件

　(1)　また，Aの譲渡担保目的物への占有取得は譲渡担保契
　　約におけるAB間の包括的な占有改定（183条）という　　　20
　　形で行われている。この点，譲渡担保設定者たる占有代理　　　⇦○この程度の論証でよい
　　人が目的物の直接占有を取得する限り，かかる占有取得
　　方法も対抗要件（178条）として有効と解する。

　(2)　本問では，乙鋼材はBのもとに搬入されているので，　　　⇦○あてはめOK
　　Aは占有を取得し対抗要件を備えたといえる。　　　　　　25

3　譲渡担保権の法的性質

　(1)　次に，先取特権は債務者がその動産を「第三取得者」　　　⇦○文言にこだわる姿勢OK
　　に「引き渡」すことによって消滅する（333条）。そして，
　　Aは占有改定によって占有権を取得している。

　(2)　そこで，Aは乙鋼材の甲倉庫への搬入とこれにともな　　　30　⇦○問題提起OK
　　う占有権取得（「引き渡し」）によって，Cの先取特権は
　　消滅したので，自己の譲渡担保権が優先すると主張する
　　ことはできないか。譲渡担保権者であるAが「第三取得
　　者」にあたるか，譲渡担保権の法的性質が問題となる。

　　ア　この点，譲渡担保権は所有権であり，譲渡担保たる　　　35　⇦○他説OK
　　　ことは当事者間での債権的負担に過ぎないと解すると，
　　　譲渡担保権者は先取特権者等の第三者との関係では
　　　「第三取得者」にあたることになる。

　　　　しかし，これでは動産売買の先取特権は譲渡担保権　　　⇦○不都合性OK
　　　の設定によって常に消滅することになり，動産の売主　　　40
　　　の保護を目的とした先取特権の意義が失われる。

　　イ　思うに，譲渡担保権者はあくまでも目的物の担保権　　　⇦○以下，十分な論証である
　　　を取得したという意識を持つにとどまる。また，処分
　　　精算型の譲渡担保であれば，譲渡担保権者は担保権実

行後も目的物の所有権を取得することはない。　　　　　45

　　したがって，譲渡担保権の法的性質は担保権にすぎ
ず，譲渡担保権者は目的物の所有権を取得するわけで
はないと解すべきである。

　ウ　本問では，譲渡担保権者たるAは目的物である乙鋼 　　←○あてはめOK
材の所有権を取得したわけではない。　　　　　　　50

　　したがって，Aは「第三取得者」とはいえず，Aは
Cの先取特権の消滅を理由として自己の譲渡担保権の
優先権を主張することはできない。

4　集合物譲渡担保権と動産先取特権の優劣

(1)　では，担保権たる譲渡担保権と動産先取特権との優劣 　55
はいかに決すべきか。譲渡担保権は非典型担保物権なの 　　←○問題の所在OK
で，解釈によらざるをえない。

(2)　この点，本問のような動産譲渡担保については，同じ 　　←○この程度の論証でもよい
く動産担保物権たる動産質権（342条，352条）の規定を
類推すべきである。とすると，動産売買の先取特権と動 　60
産譲渡担保権が競合する場合は，動産譲渡担保が優先す
るのが原則である（334条，330条1項）。

(3)　それでは，Aは自己の譲渡担保権がこの原則どおりC
の先取特権に優先すると主張することはできないか。譲 　　←○本問の特殊性をよくおさえて
渡担保権者が「債権取得の時」動産売買の先取特権者の 　65　　いる
いることを「知っていたとき」は優先権を有しない（330
条2項）が，Aは乙鋼材が甲倉庫に搬入された時点では
Cの動産売買の先取特権のあることを知っていた。この
ため，Aは330条2項によって優先権を否定されるので
はないか。「債権取得の時」の意味が問題となる。　　70

　ア　この点，まず「債権取得の時」は「担保権取得の 　　←○文言にこだわる姿勢OK。
　　時」と読み替えるべきである。　　　　　　　　　　　　現場で考えたと推察される

　　　次に，「担保権取得の時」の意味であるが，集合物
についてもこれを個々の構成部分について対抗要件
（178条）を備えた時と解することもできる。　　　75

　　　しかし，集合物譲渡担保が必要となるような企業取
引では売買の目的物の引渡し時には代金は未払いであ
るのが通常であり，かつ一般にも知られている。

　　　とすると，上記見解では集合物譲渡担保権者は動産
売買の先取特権者に常に劣後することになり，担保と 　80
しての機能が失われ，妥当な結論を導けない。

　　　そこで，「担保権設定の時」とは，集合物譲渡担保 　　←○規範OK
権の設定契約当時を指すものと解する。

　イ　本問では，Aは譲渡担保権設定の当時Cの先取特権 　　←○あてはめOK
は発生すらしていないのだから，「担保権設定の時」 　85
Cの先取特権を知っていたとはいえない。

　　　よって，原則どおり，AはCに対して譲渡担保権が 　　←○問いに答えている
優先すると主張することができる。　　　　　　以上

答案作成上の注意点

　第1に，集合物譲渡担保の有効性を論じる。集合物論をとれば，その一般的有効性は肯定されることになる。この点については，特定性の話の前提として一言触れればよい。そのうえで，特定性の有無について，判例の規範を簡単に論じてほしい。

　第2に，集合物譲渡担保の対抗要件について論じる。集合物論をとり，判例を意識して一貫した論述をしてほしい。

　第3に，譲渡担保権と先取特権との関係を論じる。まず，「第三取得者」（333条）に譲渡担保権者が含まれるかが問題になる。「第三取得者」該当性を肯定した場合は，更に「引き渡し」（333条）に占有改定も含まれるのかを指摘すべきである。「第三取得者」にあたらないとした場合，譲渡担保権と先取特権が競合するので，自説から両者の優劣を論じればよい。334条を（類推）適用する見解をとった場合，「知っていたとき」（330条2項前段）の判定時点を論じることになる。

答案構成

第1　AがCに対し譲渡担保権の優先を主張するためには，①AB間の譲渡担保契約が有効であり，②Aがその対抗要件を備え，③Cの動産売買先取特権に優先する必要あり

第2　①AB間の譲渡担保設定契約の有効性
　1　本件譲渡担保は，集合譲渡担保
　　　集合物譲渡担保も，一般に有効性を肯定できる
　2　としても，特定性がなければ譲渡担保設定契約は無効
　　　そこで，集合譲渡担保の目的物の範囲をどのように特定するかが問題
　　(1)　そもそも種類，量的範囲，所在場所の指定等により特定すべき
　　(2)　本問では，目的物の範囲は特定
　3　よって，AB間の譲渡担保契約は有効

第3　②集合物譲渡担保の対抗要件について
　　　Aは，AB間の合意に従い，占有改定（183条）により乙鋼材の占有権を取得しそう
　　　ところが，それでは，公示機能がないとも
　　　そこで，集合物譲渡担保の対抗要件は占有改定で足りるかが問題
　1　思うに，民法は動産の対抗要件に占有改定を認めており（178条，183条），集合物譲渡担保のみを区別する理由はない
　　　そこで，対抗要件は占有改定で足りる
　2　すると，Aは対抗要件を具備

第4　③Cの動産売買先取特権との優劣
　　　Aの集合物動産譲渡担保とCの動産売買先取特権（311条5号，321条）とが衝突
　　　そこで，両者の優劣が問題
　1　まず，乙鋼材が「第三者取得者」に「引き渡」されると，Cの動産売買先取特権は，乙鋼材につき追及できず（333条）
　　(1)　この点，判例は「第三取得者」にあたるとする。しかし，不合理な点あり
　　(2)　思うに，担保的構成
　　　　　したがって，譲渡担保権者は，「第三取得者」にあたらない
　　(3)　よって，Aは「第三取得者」にあたらない
　2　すると，Aの譲渡担保権とCの動産売買先取特権が競合
　　(1)　動産譲渡担保の実質から，334条を類推適用し，譲渡担保は330条1項の第1順位をなし，先取特権に優先
　　(2)　そうすると，AがCに優先しそう
　3　ところが，AはCに動産売買の先取特権があることを知っていた
　　　　そこで，Aは「知っていたとき」にあたり，Cに劣後しないか
　　(1)　「知っていたとき」とは，最初に譲渡担保権が設定された時点で判定
　　(2)　Aは譲渡担保権設定時には，Cに先取特権があることを知りえないから，「知っていたとき」にあたらず優先

第5　以上より，Aは，Cに対し，譲渡担保権が優先する　　　　　　　　　　　　　以上

【参考文献】
試験対策講座・物権法11章2節④。条文シリーズ2編補章1節⑨。

第10問 B+ 　所有権留保

　　甲は，乙に対して割賦販売契約に基づいて，高価な自転車を販売し，引き渡した。なお，上記契約には所有権留保の特約（以下「本件特約」という）がある。以下の各小問における甲丙間の法律関係について論ぜよ（なお，割賦販売法については考えなくてよい）。
1　乙は，本件特約の存在につき善意・無過失である丙に対して本件自転車を転売したが，丙が引き取りに来るまで預かっておくこととなった。しかしその後，乙が甲への支払を怠るようになったので，甲は乙との間の割賦販売契約を解除した。その後，丙は，本件特約の存在および解除につき悪意で本件自転車を引き取ったうえで，これにライトを取り付けた。
2　乙は，本件特約の存在につき悪意である丙に対して本件自転車を転売し，ただちにこれを引き渡した。さらに，丙は，本件特約の存在につき善意・無過失の丁に転売して，引き渡した。その後，乙が甲への支払を怠るようになったので，甲は乙との間の割賦販売契約を解除した。

【論　点】
1　所有権留保の法的性格
2　占有改定と即時取得
3　295条2項の類推適用
4　悪意占有者の損害賠償義務（191条本文前段）

答案構成用紙

答案例

第1　小問1について
1　本問で，甲は，乙との割賦販売契約を解除している。
　　したがって，甲は，丙に対し，所有権に基づく本件自転車の返還請求をすることが考えられる。 ➡考えられる甲の主張
　(1)　まず，上記契約には，所有権留保の特約がある。　　　　　5
　　　そこで，本件自転車の所有権は本件特約によって甲に帰属するのか，所有権留保の法律構成が問題となる。 ➡問題提起

> ア　この点，所有権留保の特約の法形式にかんがみ，所有権は売主に属し，買主は利用権と代金完済という停止条件の成就によって所有権を取得する期待権　　10
> を有するにすぎないと解する（所有権的構成）。 ➡論点の結論

　　イ　そうすると，本件自転車の所有権は，本件特約によって甲に帰属するのが原則である。 ➡原則
　(2)　しかしながら，丙は，本件特約の存在につき善意・無過失で転売を受けており，保護の必要性もある。　　15 ➡価値判断（必要性）
　　　そこで，丙は本件自転車を即時取得できないか。丙は本件自転車を乙に預けているので，占有改定（183条）でも「占有を始めた」（192条）といえるか，条文上明らかでなく問題となる。 ➡問題提起

> ア　この点，即時取得の要件として占有開始を要求し　　20 ➡趣旨（保護要件説）
> た趣旨は，原権利者の静的安全を保護する点にあるから，「占有を始めた」といえるには，原権利者の権利を奪うことが正当化される程度の物的支配が要求される。
> 　そのため，一般外観上従来の占有状態に変更を生　　25
> ずるような場合には「占有を始めた」といえると解する。しかし，占有改定（183条）は，外部的行為を必要とせず，占有状態に一般外観上変更を生じない。
> 　そこで，占有改定では，「占有を始めた」といえ　　30
> ないと解する。 ➡論点の結論（問題提起に対応させる）
> ⇨最判昭和35年2月11日（判例シリーズ23事件）
> ➡あてはめ

　　イ　そうすると，丙は，本件自転車の転売を受けた時点では「占有を始めた」といえない。また，これを引き取った時点では本件特約の存在につき悪意であるから，本件自転車を即時取得できない。
　(3)　よって，甲は，丙に対し，所有権に基づく本件自転　　35 ➡3行目に対する答え
　　車の返還請求をすることができる。
2　ところが，丙は本件自転車にライトを取り付けている。
　　そこで，丙は，その費用償還請求権を被担保債権として，甲に対し留置権（295条1項本文）を主張することが考えられる。　　　　　40 ➡考えられる丙の主張
　(1)　まず，ライトを取り付ける費用は，物を改良し，物の価値を客観的に増加させるために費やした費用であるから，「有益費」（196条2項本文）にあたる。 ➡事実を定義にあてはめて「有益費」を認定
　(2)　次に，丙は，占有改定（183条）によって本件自転 ➡「他人の物の占有者」。これに気

車の引渡しを受けているから（代理占有，181条），「他人の物の占有者」（295条1項本文）といえる。

(3) そして，上記有益費償還請求権の成立時において，被担保債権の債務者と物の返還請求権者とは同一人甲であるから，「その物に関して生じた債権」にあたる。

(4) ところが，丙は，甲が割賦販売契約を解除した後に，解除につき悪意で本件自転車を引き取ったうえ，これにライトを取り付けている。
　そこで，当初は占有すべき権原を有していたが後に喪失した場合，295条2項は直接適用されないが，295条2項が類推適用されるかが問題となる。

> ア　この点，295条2項の趣旨は，占有が不法行為により始まった場合にまで留置権を認めることは公平の観念に反する点にある。
> 　そうだとすれば，占有権原を事後的に喪失した場合も，公平の観念に反するといえ，その趣旨が妥当する。
> 　そこで，権原のないことにつき悪意または有過失であれば，295条2項が類推適用されると解する。

イ　そうすると，丙は解除につき悪意で有益費を支出しているから，権原の喪失につき悪意といえ，丙に295条2項が類推適用される。

(5) よって，丙は，有益費償還請求権を被担保債権として，甲に対し留置権を主張することができない。

第2　小問2について
1　本問では，丙は，本件自転車を購入する際，本件特約の存在につき悪意であるから，本件自転車を即時取得（192条）することができない。
　したがって，甲は，丙に対し，所有権に基づき本件自転車の返還請求をすることができるのが原則である。

2　ところが，丙は，本件自転車を本件特約の存在につき善意・無過失の丁に転売し，引き渡している。
　したがって，丁が本件自転車を即時取得する結果，甲は本件自転車の所有権を失うことになる。
　そこで，甲としては，丙に対し，悪意占有者の損害賠償義務（191条本文前段）を追及することが考えられる。

(1) まず，丙は，本件特約の存在につき悪意であるから，「悪意の占有者」といえる。

(2) 次に，「滅失」は，物理的滅失だけでなく，他人への譲渡による返還不能を含むので，丁の即時取得によって本件自転車の「滅失」があるといえる。

(3) したがって，甲は，丙に対し，悪意占有者の損害賠償義務を追及することができる。

以上

45
50
55
60
65
70
75
80
85

➡ づいてほしい（答案作成上の注意点参照）
➡「その物に関して生じた債権」

➡ 問題点の抽出

➡ 論点の問題提起。295条2項は，はじめから占有すべき権原をもたない場合の規定である

➡ 趣旨

➡ 趣旨に絡めて論じる

➡ 論点の結論（問題提起に対応させる）
⇨ 最判昭和51年6月17日（判例シリーズ28事件）
➡ あてはめ（論点の結論に対応させる）

➡ 38行目に対する答え

➡ 原則

➡ 問題点の抽出

➡ 結論

➡ 考えられる甲の主張

➡ 文言解釈をして認定
⇨ 大判大正11年9月19日（法律学説判例評論全集11巻民法937頁）
➡ 79行目に対する答え

1 設問1について

(1) 甲は丙に対し，所有権に基づき車の返還を請求しうる
か。甲が丙に対し，車の返還を請求しうるためには，本
件車の所有権が甲に帰属することが必要である。

  ○問題の所在を把握して要件の定立をしている

  ×自転車である。以下同じ

 ア そこで，甲乙間の割賦販売契約により本件車の所有 5
権は甲乙いずれに帰属するか。所有権留保特約の法的
構成が問題となる。

  ○問題提起OK

  この点，当事者はあえて所有権留保という形式をと
っていることから，所有権留保特約によって割賦販売
の売主に帰属すると解する（所有権的構成）。 10

  したがって，本問においては，甲乙間の割賦販売契
約によっても車の所有権は売主甲に帰属する。

  ○この程度の論証で十分である

  ○結論OK

 イ そうだとしても，乙は丙に本件車を転売しており，
丙は本件車を即時取得（192条）なしえないか。

  ○問題点の抽出OK

  この点，丙は無権利者乙からの譲受人であり，転売 15
時には乙の無権利につき善意無過失である。

  しかし，丙は転売後そのまま甲に車を預けていると
ころ，「占有を始めた」といえるか。占有改定（183
条）によって即時取得が認められるかが問題となる。

  ○問題提起OK。文言解釈の姿勢もよい

  思うに，192条は，譲受人の占有取得を要件として， 20
真正権利者の利益と譲受人の利益とを調整している。

  とすれば，譲受人が外部からよく認識しうる現実占
有を取得した場合に限り「占有を始めた」にあたる。

  したがって，占有改定によって即時取得は認められ
ないと解する。 25

  ○以下，十分な論証である

  よって，本問丙は，「占有を始めた」とはいえず，
即時取得なしえない。

  ○あてはめOK

  なお，丙は，現実の引渡し（182条1項）を受けた
時点では悪意であったのであり，即時取得なしえない。

  ○よい指摘である

  したがって，甲は本件車の所有権を有しており，丙 30
に対して本件車の所有権に基づく返還請求をなしうる。

  ○結論OK

(2) 次に，丙は，本件車にライトを取り付けており，甲に
対してライト相当額の費用償還請求（196条2項本文）
をなしえないか。

  ○問題点の抽出OK

  この点，ライトは車の性能を上げるためのものであり， 35
「改良のために支出した」もの（有益費）といえる。

  したがって，ライトを取り付けたことにより，車の価
格が増加していれば，甲の選択により，費消した額か，
増加額を償還しうる。

  ○文言にこだわる姿勢OK

(3) それでは，丙は，かかる費用償還請求権を被担保債権 40
として本件車につき留置権（295条）を行使しうるか。

  ○問題提起OK

 ア この点，丙は，甲所有の車を占有していることから，
「他人の物の占有者」（同条1項本文）といえる。

 イ また，ライトは車に取り付けられたものであるから，

  ○以下，文言（要件）にあてはめる姿勢OK

そのライトの費用返還請求権は車自体から生じている　45
　ものとして，「その物に関して生じた債権」といえる。
ウ　さらに，丙は，乙から本件車を一応適法な売買によ
　り譲り受けているのであるから，「占有が不法行為に
　よって始まった」（同条2項）ものではない。

◁△理解していると思うが，代理占有（181条）にも触れてほしい

　　そうだとしても，丙は甲乙間の契約解除を知った後　50
　に，ライトを取り付けている。
　　そこで，このような権原喪失の場合にも，295条2
　項を類推適用できないかが問題となる。

◁○問題提起OK

　　この点，占有すべき権利がないことを知りながら，
　他人の物を占有する者は保護に値せず，その占有は不　55
　法行為によって始まった場合と同視しうる。

◁○以下，この程度の論証で十分である

　　したがって，権原喪失の場合にも，悪意・有過失で
　あれば，295条2項を類推適用できると解する。
　　よって，本間では，丙は解除につき悪意であるから，
　甲に対し，ライトの費用償還請求権を被担保債権とし　60
　て留置権を行使しえない。

◁○結論OK

2　小問2について
(1)　前述の通り，所有権留保特約の性質は所有権的構成と
　解するから，甲乙間の割賦販売契約によっても，本件車
　の所有権は甲に帰属する。　　　　　　　　　　　　　65

◁○以下，丁寧な論述である

　　また，丙は，無権利者乙から本件車を譲り受けている
　ところ，転売時に甲乙間の本件特約の存在につき悪意で
　あったから，本件車を即時取得なしえない。
　　そこで，丙は，真の所有者たる甲に本件車の返還義務
　を負うことになる。　　　　　　　　　　　　　　　　70

◁○論理的帰結OK

　　しかし，丙は本件特約につき善意無過失の丁に対し本
　件車を売却しており，丁は，無権利者からの譲受人とな
　るから，本件車を即時取得なしうる。

◁○本問の問題点をよく理解している

　　したがって，丙の甲に対する本件車の返還義務は不能
　となり，消滅する。　　　　　　　　　　　　　　　　75
(2)　それでは，本件車の所有権を侵害されたとして甲は丙
　に対し，損害賠償請求（191条本文前段）なしえないか。
　　まず，丙は本件特約の存在につき悪意であるから，自
　己に権限がないことにつき「悪意の占有者」である。

◁○以下，文言（要件）にあてはめる姿勢OK

　　次に，丙は丁に転売しているところ，他に転売し，真　80
　の所有者に返還なしえなくすることも「滅失」といえる。
　　また，自己に権限がないことを知っているのであるか
　ら，「責めに帰することができない事由」はないといえ
　る。
　　したがって，甲は丙に対して，本件車の所有権侵害を　85
　理由に損害賠償請求なしうる。

◁○結論OK

　　　　　　　　　　　　　　　　　　　　　　　以上

答案作成上の注意点 |||

　小問1については，まず所有権留保の法的性格について論じる必要がある。答案例では所有権的構成に立っているが，担保的構成に立ってもかまわない。担保的構成に立った場合，まず丙が545条1項ただし書で保護されるかを検討し，次に保護されるとしても，丙は所有権留保の負担のない完全な所有権を即時取得するかについて検討しておくことになる。占有改定と即時取得については諸説あるが，自分がどの見解に立つのかを明確にしておくことが必要である。費用償還請求と留置権については，295条2項をあげられたとしても，更に占有権原を事後的に喪失した場合の論点を論じるべきことに気づけたであろうか。丙は，現実の引渡しの前に占有改定によって引渡しを受けているので，当初の占有には権原があり，295条2項は直接適用できない，というところにたどり着いてほしい。

　小問2については，191条本文前段をあげられたかがポイントである。「滅失」等には，他人への譲渡により返還不能となったような場合も含むとされている（大判大正11年9月19日法律学説判例評論全集11巻民法937頁）。この判例を知らなくても，現場思考で自分なりの解釈を展開してほしい。

答案構成 |||

第1　小問1
1　甲は丙に対し所有権に基づく自転車の返還請求を主張
　(1)　まず，所有権留保の特約がある
　　　そこで，所有権は特約で甲に帰属するか，所有権留保の法的構成が問題
　　ア　特約の法形式から，所有権的構成
　　イ　そうすると，所有権は，特約によって甲に帰属するのが原則
　(2)　しかし，丙の保護の必要性
　　　そこで，丙は本件自転車を即時取得できないか，占有改定が「占有を始めた」（192条）といえるか
　　ア　原権利者の静的安全保護の趣旨から，「占有を始めた」といえない
　　イ　そうすると，「占有を始めた」といえず，即時取得できない
　(3)　よって，甲は，丙に返還請求できる
2　ところが，丙はライトを取付け
　　　そこで，丙は，留置権（295条1項本文）の主張
　(1)　まず，ライトの費用は「有益費」（196条2項本文）
　(2)　次に，丙は，「他人の物の占有者」
　(3)　さらに，「その物に関して生じた債権」

　(4)　ところが，丙は，解除後に解除につき悪意で本件自転車ライトを取り付け
　　　そこで，295条2項が類推されるか
　　ア　占有権原を事後的に喪失した場合，権原のないことにつき悪意・有過失であれば，類推される
　　イ　丙は解除につき悪意で有益費を支出しており，類推される
　(5)　よって，丙は留置権を主張できない
第2　小問2
1　丙は，特約の存在につき悪意であり，自転車を即時取得できない
　　　よって，甲は丙に対し，所有権に基づく自転車の返還請求ができるのが原則
2　ところが，丙は，自転車を特約の存在につき善意・無過失の丁に転売・引渡し
　　　したがって，丁が自転車を即時取得し，甲は所有権を失う
　　　そこで，甲は丙に対し，悪意占有者の損賠義務（191条本文前段）を追及
　(1)　まず，丙は，「悪意の占有者」
　(2)　「滅失」は他人への譲渡による返還不能を含むので，「滅失」あり
　(3)　よって，甲は丙に対し，悪意占有者の損賠義務を追及できる　　　　　　　以上

【参考文献】
試験対策講座・物権法2章7節②【5】(1)，9章2節④，11章5節。判例シリーズ23事件，28事件。
条文シリーズ2編補章非典型担保■4節③・④，191条，192条②1(5)，295条③3(4)。

Aは，X社製Y型自動車を1台購入しようとBの経営する店を訪れ，BとY型自動車1台の売買契約を締結した。AがBに納車期日を尋ねたところ，Bは，倉庫にY型自動車の在庫が1台あり，それであればすぐにでも納車できると話した。Aは，倉庫にある自動車が自分の希望どおりのボディカラーであることを確認したうえで，Bがその1台のY型自動車を指定することに同意した。なお，代金の支払方法に関して，納車の日から10日後にAがBの店に持参するとの約定がなされた。

(1)　納車予定日に，Bは，自動車を積載したトラックを運転中，ハンドル操作を誤りトラックをガードレールに衝突させ，トラックとともに自動車も大破させてしまった。この場合のAB間の法律関係について論ぜよ。

(2)　納車は予定どおりになされた。その10日後，AはBの店に代金を持参したが，Bは不在で，事情のわからない事務員しかいなかった。そこでAは，受領の催告を特にすることなく代金を持ち帰った。これに対し，Bは，後日代金の支払とともに遅延利息を請求してきた。この場合，AはBの遅延利息の請求を拒むことができるか。

【論　点】
1　種類債権──特定の有無
2　種類債権──特定後の変更権
3　弁済の提供の方法・程度

答案構成用紙

答案例

第1　小問(1)について
1　まず，Aは，Bに対し，①売買契約（555条）に基づき本件自動車とは別のX社製Y型自動車の引渡しを請求し，②それができないときに，損害賠償請求（415条1項本文）をすることが考えられる。　　　　　　　　　　5

⇒考えられる主張を頭だしして，予測可能性を与える

(1)　①別のX社製Y型自動車の引渡請求について
　　本問において，本件自動車は，当事者ABが物の個性に着目しない物なので，種類物といえる。
　　そうすると，AのBに対する上記請求ができるか否かは，目的物が本件自動車に特定が生じず，債務者B　　10
が調達義務を負っているか否かによる。
ア　この点，種類債権の特定が生じる場合として，401条2項が規定されている。
イ　これを本間についてみるに，Aは，Bとの間で本件売買契約を締結した後，Bが1台の本件自動車を　　15
指定することに同意している。そうであるとすると「債務者が……債権者の同意を得てその給付すべき物を指定したとき」にあたり，本件自動車に特定が生じている。
ウ　したがって，Bは，調達義務を負わない。　　　20
　　よって，Aは，Bに対し，別のX社製Y型自動車の引渡しを請求することができない。

⇒①について
⇒しっかり認定する

⇒問題の所在

⇒規範

⇒あてはめ

⇒9行目に対応させる
⇒結論（①）

(2)　②損害賠償請求（415条1項本文）について
ア　まず，本件自動車は本件契約締結後に大破しているので，「履行」が「不能」といえる（412条の2第　　25
1項参照）。
　　次に，Bは，トラックの運転中，ハンドル操作を誤りガードレールに衝突しているので，「債務者の責めに帰することができない事由」によるものであるとはいえない（415条1項ただし書参照）。　　30
　　したがって，Aは，Bに対し，損害賠償請求（415条1項本文）をすることができる。
イ　なお，Aは，Bに対し代金債務（555条）を負っているので，損害賠償請求と代金債務とを対当額で相殺（505条1項本文）することができる。　　35
　　もっとも，Aは，本件契約を解除（542条1項1号）することにより，代金債務を免れることができる。

⇒②について
⇒条文の文言を引用した認定

⇒結論（②）

⇒これは加点事由

2　これに対して，Bとしては，市場から別のX社製Y型自動車を新たに調達し，これをAに引き渡すことによって，Aの損害賠償請求や解除を免れることが考えられる。　　40
　　ところが，前述のように，種類債権は特定している。
　　そこで，種類債権の特定後，債務者に他の物で給付するという変更権が認められるかが問題となる。

⇒考えられるBの主張

⇒問題点の抽出
⇒論点の問題提起

（1）　この点，特定の趣旨は，債務者の種類物の調達義務 `→趣旨`
を「その物」の善管注意義務（400条）に軽減させ，
もって債務者の利益を図る点にある。

そうだとすると，債務者が特定の利益を欲しなけれ `→趣旨からの帰結`
ば，これを強制する必要はないといえる。

しかも，変更権を認めるほうが本来の契約の目的を `→許容性`
達成でき，債権者の利益にもなる。

そこで，種類債権の特定後といえども，債権者に不 `→規範（論点の問題提起に対応させる）`
利にならない場合は，信義則上（1条2項），債務者 `⇨大判昭和12年7月7日（民集16巻1120頁）`
に変更権が認められると解する。

（2）　これを本問についてみると，たしかに，Bが別のX `→あてはめ（規範に対応させる）`
社製Y型自動車を調達するまで，Aへの納車が若干遅
れることになるので，Aに不利益になるともいえる。

しかし，Aには，他に転売するなどの理由により本
件自動車が納車予定日に必ず納車しなければならない
等の事情がうかがえないから，Bの変更権を認めても，
なおAに不利益にはならないといえる。

したがって，Bに変更権が認められる。 `→三段論法の帰結`

（3）　よって，Bは，市場から別のX社製Y型自動車を新 `→結論`
たに調達し，これをAに引き渡すことによって，Aの
損害賠償請求や解除を免れることができる。

第2　小問(2)について

本問において，Bの遅延利息の請求は，Aの代金債務の
履行遅滞（415条1項本文，412条）を理由とするものであ
る。

ところが，Aは約定どおりBの店に代金を持参している。 `→問題点の抽出`

そこで，Aは，現実の提供（493条本文）をなしたとして， `→問題提起`
Bの遅延利息の請求を拒むことができるか（492条），現実
の提供の方法・程度が問題となる。

1　そもそも，弁済の提供の意義は，債務者が単独で完了 `→趣旨`
することのできない給付について，その給付に必要な準
備をして債権者の協力を求める点にある。

このような意義にかんがみ，現実の提供は，定められた `→規範（問題提起に対応させる）`
時期・場所で，弁済できる状態にあれば足りると解する。

2　これを本問についてみると，Aは，約定どおり納車の `→あてはめ（規範に対応させる）`
日から10日後，Bの店に代金を持参している。

そうだとすれば，Aが事情のわからない事務員に対し
受領の催告を特にしなかったとしても，定められた時
期・場所で，弁済できる状態にあったといえる。

したがって，Aは，現実の提供をなしたといえる。 `→三段論法の帰結`

3　よって，AはBの遅延利息の請求を拒むことができる。 `→問いに答える`

以上

1　小問(1)について

(1)　本問AB間の売買契約の目的物は，X社製Y型の自動車という当事者が物の個性に着目しない不特定物である。

　　そして，倉庫にある自動車を納車するというBの申出を，買主であるAは希望どおりのボディカラーであることを確認したうえBがその1台の自動車を指定することに同意していることから，「債権者の同意を得てその給付すべき物を指定した」(401条2項後段)といえる。

　　したがって，本問の目的物は特定している。

　　そうすると，Bの過失により自動車が滅失した以上，特定後の履行不能の問題となり，AはBに対して，契約を解除(542条1項1号)するか，債務不履行による損害賠償(415条1項本文)を請求することになるのが原則である。

(2)　ただ，AとしてはX社製Y型自動車が欲しいのであるから，解除や損害賠償ではなく，他の新しい自動車の給付をBに請求できないであろうか。

　　思うに，滅失後の調達が不可能な特定物の場合と異なり，本問のような不特定物の特定後の滅失の場合は，市場からX社製Y型自動車を調達することが可能である。

　　また，本問ではBは自動車の販売業者であり，Bにとって新しい自動車を調達することは，難しいことではない。

　　したがって，Aは信義則(1条2項)に基づき，Bに対して他のX社製Y型自動車を給付することを請求できる。

　　また，X社製Y型自動車を購入したいAにとって特に不都合はないといえるので，信義則に基づき，Bの方からAに対して，他の自動車を給付することも認めてよいと考える。

　　そして，他の自動車を給付する場合でも，Bが納車予定日に履行できなかった場合には，Bは別途履行遅滞による損害賠償を負う(415条1項本文，412条)。

2　小問(2)について

(1)　AがBの遅延利息の請求を拒むことができるためには，Aが履行遅滞(415条1項本文，412条)に陥っていないことが必要である。

　　そこで，Aが期日に弁済の提供(492条)をしたといえるかが問題となる。

　　まず，Aの債務は，期日にBの店に代金を持参するという持参債務であり，Aは約定の期日にBの店に代金を持参している。

　　しかし，AはBが不在のため，受領の催告を特にすることなく代金を持ち帰っていることから，このような場

5

10

15

20

25

30

35

40

◀○不特定物(種類物)の認定OK。定義も織り込まれている

◀○指定による特定(401条2項後段)を端的に認定できている

◀○思考過程がしっかり示されている

◀○当事者の立場で考察している

◀○規範とあてはめが一体となっているが，具体的に考えられており，好印象

◀○結論OK

◀○問題点を理解したうえで，要件の定立をしている。なお，ここで492条の指摘がほしい

◀○問題提起OK。なお，ここでは493条本文を示すほうがよい

◀○持参債務の認定OK

◀○問題点の抽出および問題提起OK

合であってもAは「債務の本旨」に従った現実の提供 45
（493条本文）をなしたといえるか。

　この点，持参債務においては，約定の場所に債務を持 ←○以下，十分な論証である
参すれば，債権者がその場所にいなくても有効な提供に
なると考える。

　なぜなら，期日に約定の場所に債務を持参した以上， 50
債権者の協力があれば債務の履行が完了できるのであっ
て，特に受領の催告をしなくても，債務者としてはなす
べきことはなしたといえるからである。

　本問では，Aは約定の期日に代金を持参しており，B ←○あてはめOK
が不在で，事情のわからない事務員しかいなかったので 55
あるから，受領の催告を特にしなくても「債務の本旨」
に従った現実の提供をなしたといえ，Aは期日に弁済の
提供をしたといえる。

(2)　したがって，Aに履行遅滞は生じていないので，Aは ←○結論OK
Bの遅延利息の請求を拒むことができる（492条）。 60

　　　　　　　　　　　　　　　　　　　　　　　以上

答案作成上の注意点

　小問(1)では，「法律関係について論ぜよ」と問われているので，だれがだれに対してどのような権利を有し，どのような義務を負うかを答える必要がある。ここでは，Bの調達義務に関連して，目的物が特定したかを論じる必要がある。種類債権の特定には，①合意による特定，②債務者の行為による特定（401条2項前段），および③指定による特定（401条2項後段）の3つの態様がある。本問は，③の事案である。

　小問(2)については，弁済の提供の方法・程度が問題になる。持参債務（484条1項後段）の場合の弁済の提供の方法は現実の提供（493条本文）をなしたときに完了する。具体的な場合に，どのような方法で，どの程度行えば現実の提供といえるか，自分でなんらかの規範を立てて論じてほしい。

答案構成

第1　小問(1)
　1　まず，Aは，Bに，①別のX社製Y型車の引渡し，②損賠（415条1項本文）を請求
　(1)　①別のX社製Y型車の引渡請求
　　　　本件車は，種類物
　　　　そうすると，目的物の特定の有無が問題となる
　　　　本問では，申出と了承があるのみ
　　ア　種類債権の特定が生じる場合として401条2項が規定
　　イ　本問では，指定による特定が生じている
　　ウ　したがって，Bは調達義務を負わない
　　　　よって，引渡請求はできない
　(2)　②損賠請求（415条1項本文）
　　ア　車は契約締結後大破し，履行不能
　　　　また，Bに帰責事由もある
　　　　したがって，AはBに対し，損賠請求（415条1項本文）ができる
　　イ　なお，Aは代金債務（555条）と損賠請求を相殺（505条1項本文）できる
　　　　もっとも，Aは契約を解除（542条1項1号）し，代金債務を免れられる
　2　一方，Bは，別のX社製Y型車を調達し，Aの損害請求や解除を免れることが考えら

れるが，種類債権は特定
　　　そこで，債務者には変更権があるか
　(1)　特定の趣旨にかんがみ，特定後でも，債権者に不利でない場合は，信義則上（1条2項），債務者には変更権あり
　(2)　本問では，Aには不利益はない
　　　　よって，Bは変更権を有する
　(3)　したがって，Bは，変更権を行使し，Aの損賠請求や解除を免れられる
第2　小問(2)
　　　Bの請求は，Aの遅滞（415条1項本文，412条）が理由
　　　しかし，約定どおりBに代金を持参
　　　そこで，Aは，現実の提供（493条本文）をなしたとし，Bの請求を拒めるか（492条），現実の提供の方法・程度が問題
　1　そもそも，定められた時期・場所で，弁済できる状態にあれば足りる
　2　本問では，Aは，約定どおり納車の日から10日後，Bの店に代金持参
　　　そうだとすれば，定められた時期・場所で，弁済できる状態にあったといえる
　　　したがって，Aは現実の提供をなした
　3　よって，AはBの請求を拒める

以上

【参考文献】
試験対策講座・債権総論1章2節3。

第12問 A 債務不履行

　　全寮制のA私立高校は，寮の食堂の経営を一般に信用のある外部の食堂経営専門の業者Bに委託していた。Bは，C商店からD社製造の卵豆腐を購入し，これを試食のうえ，寮の夕食に出したところ，卵豆腐に有害な菌が付着していたため，これを食べた学生Xおよび試食したBともども中毒症状を起こし，入院を余儀なくされた。さらに，Bは，その事件が原因となり，Aから食堂の経営委託を解消された。

　　上記事例における，(1)XA間の債務不履行を根拠とする入院費相当額の損害賠償をめぐる法律関係と，(2)BC間の入院費および食堂経営権の価値相当額の損害賠償をめぐる法律関係について論ぜよ。

　　なお，(2)については，BCの双方ともに過失がある場合を前提に論じるものとする。

【論　点】
1　履行補助者の行為と債権者の帰責事由との関係
2　拡大損害

答案構成用紙

第1　(1)XA間の法律関係について

　　本問において，Xが，Aに対して入院費相当額の損害賠償請求（415条1項本文）をすることができるかを検討する。

1　まず，全寮制の私立高校Aは，Xら学生に対して，安全な食事を提供する債務を負っているにもかかわらず，有害な菌が付着する卵豆腐を寮の夕食に出している。 **→要件①**

　　したがって，Aには債務不履行の事実があるといえる。

2　もっとも，かかる債務不履行はBという第三者の行為によって引き起こされており，Aの行為が原因となって引き起こされているわけではない。 **→要件②**

　　そこで，Bの行為を考慮してAに帰責事由があるとすることはできないか，履行補助者の行為と債務者の帰責事由との関係が問題となる。 **→問題提起**

(1)　他人の利用により債務者の活動範囲・収益が拡大するのだから，これから生じる不利益も債務者が負担することが信義則上（1条2項）公平である。

　　そこで，「契約その他の債務の発生原因及び取引上の社会通念に照らして」（415条1項ただし書）債務者の帰責事由を考えるにあたり，履行補助者の行為をひとつの判断要素として評価すべきと解する。 **→規範（問題提起に対応させる）**

(2)　これを本問についてみると，Bは外部の業者としてAから独立性を有するものの，Aは，食堂経営をBに委託することにより，全寮制の高校としての主要な業務のひとつを全面的に免れるという利益を得ている。 **→あてはめ（規範に対応させる）**

　　そうだとすれば，Aは，社会通念に照らし，これから生じる不利益も負担するべきであるといえる。

　　したがって，Bの行為を考慮してAに帰責事由があるとすることができる。 **→三段論法の帰結（問題提起に対応させる）**

3　そして，Xは入院を余儀なくされた以上，入院費相当額は相当因果関係の範囲内の損害（416条1項）といえる。 **→要件③**

4　よって，Xは，Aに対して入院費相当額の損害賠償請求をすることができる。 **→2行目に対する答え・問いに答える**

第2　(2)BC間の法律関係について

1　本問において，Bは，Cに対して入院費および食堂経営権の価額相当額の損害賠償請求（415条1項本文）をすることができるかを検討する。

　　まず，Cは自己の帰責事由により，有害な菌の付着した卵豆腐をBに出しているから，債務不履行の事実がある。これにより，Bには，入院費および食堂経営権の喪失という損失が生じている（415条1項本文）。

　　もっとも，上記損害は，瑕疵のある給付により拡大した債権者Bの生命・身体・財産などに関する利益の侵害であるから，拡大損害といえる。 **→認定（定義を織り込む）**

　　そこで，BはCに対して上記請求をすることができな **→問題提起**

いか，416条の意義が問題となる。　　　　　　　　45

(1) この点，損害賠償請求の趣旨は，一方の被った損害
を他方に填補させることによって，当事者間の公平を
図ろうとする点にある。

そうだとすると，無限に拡大する可能性のある損害
の範囲を通常予想された因果関係の範囲に限定して，　50
当事者間の公平を図る必要がある。

そこで，416条は，相当因果関係の範囲内の損害の
賠償を定めたものと解する。

すなわち，416条は，賠償すべき損害の範囲として，
通常損害（1項）はもとより，特別事情によって生じ　55
た損害のうち債務者の予見すべき事情によるもの（2
項）を定めたものと解する。

➡趣旨

➡趣旨からの帰結

➡論点の結論（問題提起に対応させる）
➡具体的な内容

(2) 本問では，まず，Bが卵豆腐を試食することは通常
事情であり，これによってBは入院を余儀なくされて
いるから，通常損害（416条1項）といえる。　　　　60

次に，Aから食堂の経営を委託解消されたことは特
別事情にあたる。そして，Bは食堂経営者であるため，
有害な菌が付着した卵豆腐をCがBに給付することで，
Bの信用が毀損され，Aから食堂の経営を委託解消さ
れることは予見でき，食堂経営者と取引をするCとし　65
ては，これを予見すべきであったといえる。したがっ
て，上記損害は，特別事情によって生じた損害のうち
債務者Cの予見すべき事情によるものといえ，416条
2項が適用される。

よって，Bは，Cに対して入院費および食堂経営権　70
の価額相当額の損害賠償請求をすることができる。

2　なお，入院費および食堂経営権の価額相当額について
は，Bに過失があるから，Bの過失が必要的に考慮され
ることになる（418条）。

以上　75

➡あてはめ（具体的な内容に対応させる）

➡34行目に対応する答え・三段論法の帰結（問題提起に対応させる）・問いに答える
➡忘れずに

1 XA間の法律関係について
(1) Xは，A高校寮の食堂で食事したことが原因で入院を余儀なくされている。

そこで，Xは，Aに対し，安全な食事を提供する義務を怠ったことを理由に，入院費相当額を「通常生ずべき損害」（416条1項）として損害賠償を請求することが考えられる（415条1項）。　　　　　　　　　　　　　5

← ○考えられる主張OK

(2) もっとも，食中毒の原因となった食事は，業者Bが過失により出したものであり，Aに直接の過失はない。

← ○問題点の抽出OK

そこで，履行補助者であるBの行為を考慮して，本人たるAに帰責事由があるとすることはできないか。　　10

← ○問題の所在OK

ア　この点，本人は履行補助者を用いることで利益を得ているのであるから，その裏返しとして，原則的には履行補助者の行為であっても本人の帰責事由を考えるうえでひとつの判断要素として評価すると解する。　　15

← ○この程度の論証でもよいであろう

イ　しかし，本問においてAは，「一般に信用のある」外部業者Bに食堂経営を委託しているのだから，履行補助者Bの行為により本人Aの帰責事由ありと評価し，損害賠償責任を負わせるのはあまりに酷である。

← ○難しいところではあるが，このような認定も誤りとはいえないであろう

(3) したがって，本問では，Aに帰責事由がない以上，X　20はAに対し債務不履行を理由とした損害賠償を請求できない。

なお，このように解しても，Xは直接Bに入院費相当額を，不法行為を理由に請求しうるので不都合はない。

← ○フォローOK。請求できない場合にはフォローをいれると印象がよい

2 BC間の法律関係について　　25
(1) Bは，C商店から購入した豆腐により入院を余儀なくされているから，入院費相当額を「通常生ずべき損害」（416条1項）として損害賠償を請求することが認められる（415条1項）。

← ○以下，認定OK

(2) 次に，BはCに対し，食堂経営権の価値相当額の損害　30賠償を請求することが考えられる（415条1項）。

← ○考えられる主張OK

もっとも，食堂経営権を失うという損害は，有害な菌が付着した卵豆腐を販売したことにより通常発生する損害ではなく，「特別の事情によって生じた損害」（416条2項）である。　　35

← ○以下，論証→あてはめという流れになっていないが，416条の構造をしっかりと理解している

そこで，Bの請求が認められるためには当事者であるCが，その損害を予見すべきであったといえることが必要である（416条2項）。

この点，本問のC商店は，B業者が有害な菌が付着した卵豆腐を寮の夕食に出せば，食堂経営権を失うことを　40予見すべきであった。

← ○あてはめOK

したがって，BのCに対する，食堂経営権の価値相当額の損害賠償も認められる。

(3) 以上により，BはCに対し，入院費相当額および食堂

経営権の価値相当額の損害賠償を請求できる。　　　　45
⑷　もっとも，Bにも過失があるから，Bの過失が考慮される（必要的考慮，418条）。

以上

⬅○問題文をよく読んでいる

答案作成上の注意点

XA間の法律関係については，「債務不履行を根拠とする」「損害賠償」請求の可否が問われている。その要件である①債務不履行の事実があること，②債務者の帰責事由があること，③損害が発生していること，④債務不履行と損害に因果関係があることを検討していく。①③④については，問題文の事情を引用して認定すればよい。②については，債務者A自身に落ち度がないことにかんがみ，Bの行為を考慮してAの帰責事由を認定することができるかが問題となる。

BCの法律関係については，BCに過失がある場合を前提とする出題である以上，不完全履行と因果関係の問題（416条）として処理する（我妻［債権］157頁）。近時は，これを信義則上の保護義務の問題として処理する立場も有力である（奥田［債総］163頁，近江［債総］93頁。なお，岐阜地大垣支判昭和48年12月27日判時725号19頁）。

答案構成

第1　(1)　XA間の法律関係
　　Xが，Aに対し，入院費相当額の損賠請求（415条1項本文）をできるか検討
　1　Aには債務不履行の事実あり
　2　しかし，かかる債務不履行はBという第三者の行為によって引き起こされている
　　　そこで，Bの行為がAの帰責事由（415条1項ただし書参照）に含まれないか，履行補助者の行為と債務者の帰責事由との関係が問題
　　(1)　公平の観点から，履行補助者の行為を判断要素のひとつとして，「契約その他の債務の発生原因及び取引上の社会通念に照らして」債務者の帰責事由を考える
　　(2)　Aは，食堂経営をBに委託し，利益を得ているから，不利益も負担すべき
　　　　よって，Bの行為を考慮してAに帰責事由があるとすることができる
　3　そして，入院費相当額は相当因果関係の範囲内の損害（416条1項）
　4　よって，Xは，上記損賠請求ができる
第2　(2)　BC間の法律関係

　1　本問で，BはCに対し，入院費，食堂経営権の価額相当額の損賠請求（415条1項本文）ができるかを検討
　　　Cの債務不履行の事実，Bの損害，これらの因果関係は認定できる
　　　この点，上記損害は，瑕疵拡大損害
　　　そこで，BはCに対して上記請求できないか，416条は何を定めたものか
　　(1)　損害賠償の趣旨から，416条は通常事情による通常損害（1項），債務者の予見すべき特別事情によって生じた損害（2項）の賠償を規定
　　(2)　本問では，Bの試食は通常事情であり，入院は通常損害（416条1項）
　　　　また，委託解消は特別事情だが，本問は予見すべき（416条2項）
　　　　よって，Bは入院費，食堂経営権の価額相当額の損賠請求できる
　2　なお，価額相当額については，Bに過失があるから，必要的考慮（418条）
　　　　　　　　　　　　　　　　　　　　以上

【参考文献】
試験対策講座・債権総論2章3節②【3】(3)・③【3】。

第13問 A　債権者代位権

> 1　Xは甲債権をYに譲渡したが，債権譲渡の通知がなされる前に，Yは，甲債権を更にZに譲渡した。Xが通知をしない場合，Zが債権譲渡の対抗要件を備えるためには，どのような法的手段を採ればよいか。
>
> 2　Aは，自己所有の乙地をBに売り渡し，代金の支払と引換えに所有権移転登記をなすことを約したが，履行期到来前に死亡し，CおよびDがAを共同相続した。Cは，上記代金の支払を受けようと思うが，Dが登記手続への協力を拒み，Bもみずからに対する移転登記請求権を行使しようとしないために，Cは移転登記義務を履行できず，Bが代金を支払わない。Cが代金の支払を受けるためには，どのような法的手段を採ればよいか。

【論　点】

1　債権者代位権——登記または登録の請求権以外の特定債権の保全への転用
2　債権者代位権——転用事例における無資力要件の要否

答案構成用紙

答案例

第1　小問1について

1　まず，ZがXあるいはYを代位して，直接債務者に債
権譲渡の対抗要件である通知（467条1項）をすること
は許されない。なぜなら，譲受人からの通知でもよいと
すると，偽の譲受人が通知しても判別できず，債務者の　　5
過誤払の危険があるからである。

⇒譲受人が譲渡人を代位して債権
譲渡の通知をすることの可否

2　そこで，Zは，Xに対して，ZからYへの債権譲渡の通
知をするように求める権利（通知請求権）を被保全債権
として，YがXに対して有している通知請求権を代位行
使することができるか。423条の7はあくまで登記また　　10
は登録の請求権を保全するための債権者代位権の行使
について規定しているため，同条を本問において直接適用
することはできないが，同条を類推適用し，本問のよう
な代位権行使が認められるかどうかが問題となる。

⇒第2譲受人が第1譲受人を代位
して譲渡人に対して通知請求権
を行使することの可否
⇒問題提起

(1)　この点，債権者代位権は，強制執行の準備的機能を　　15
果たし，債務者の責任財産を保全するために認められ
た制度であるから，責任財産で保全される債権，すな
わち，金銭債権が被保全債権となるのが原則である。

⇒原則

また，私的自治の原則からは，他人の権利への干渉
は可及的に限定されるべきであるから，債務者は無資　　20
力，すなわち責任財産が不十分な状態であることを原
則とするべきである。

しかし，①特定債権の場合は，強制執行による救済
が不可能であり，債権者代位権の転用を認める社会的
要請が強い。また，②423条の文言が被保全債権を金　　25
銭債権に限定しておらず，更に③債権者代位権の場合，
425条のような規定がない。そうだとすれば，転用を
認めても格別の問題は生じない。

⇒必要性，許容性

(2)　そこで，ほかに格別の救済方法がなく，債権者代位
権を認めることが合理的であると判断される場合には，　　30
制度の合理的な転用として，423条の7を類推適用し，
登記または登録の請求権以外の特定債権を保全するた
めの債権者代位権の行使も認められると解する。

⇒規範

そして，特定債権の保全は債務者の責任財産とは関
係がないから，無資力要件は不要と解する。　　　　　　　35

(3)　本問においては，債務者への通知はXが行う必要が
あり，Zがみずから行うことができない以上，ほかに
格別の救済方法がなく，転用を認めることが合理的な
場合といえる。

⇒あてはめ

よって，Zは，YのXに対する通知請求権を代位行　　40
使することができる。そして，この場合，Yの責任財
産確保とは無関係なので，無資力要件は不要となる。

⇒三段論法の帰結

3　以上より，Zが債権譲渡の対抗要件を備えるためには，
Yに対する通知請求権を被保全債権として，Yの資力に

⇒形式的に問いに答える

かかわらずYのXに対する通知請求権を代位行使し，その後，Yに対して通知請求権を行使するという手段を採ればよい。

第2　小問2について

1　本問では，Dが登記移転義務の履行を拒んでいるため，Cは代金支払請求権を行使しても，Bから同時履行の抗弁権（533条本文）を対抗される。

そこで，Cが代金の支払を受けるために，Cの代金請求権を被保全債権として，BのDに対する登記請求権を代位行使することで，Bの同時履行の抗弁権を消滅させることができるか。Bは無資力ではないため，金銭債権保全のために，無資力要件なくして債権者代位権を行使しうるかが問題となる。 ➡問題提起

2　この点，被保全債権が金銭債権の場合に無資力要件が必要とされる趣旨は，通常金銭債権が債務者の責任財産によって保全される関係にあることから，債務者の資力を基準に代位権行使の範囲を限定する点にある。

そうだとすれば，金銭債権が被保全債権であっても，その債権が債務者の責任財産によっては保全されない場合，無資力要件が不要となる場合もあると解しうる。

よって，責任財産の保全を目的とする場合には無資力要件を必要とし，ほかの目的の場合には転用事例として無資力要件を不要と解する。 ➡規範

本問においては，責任財産の保全を目的とする場合ではなく，Bの同時履行の抗弁権を消滅させ，特定の被保全債権（Cの代金債権）の行使を可能にすることを目的とする場合であるから，Bの無資力要件は不要とし，代位行使を認めるべきである。 ➡あてはめ

➡最判昭和50年３月６日（判例シリーズ44事件）

3　以上より，Cが代金の支払を受けるためには，Cの代金請求権を被保全債権として，Bの資力にかかわらずBのDに対する登記請求権を代位行使することで，Bの同時履行の抗弁権を消滅させるという手段を採ればよい。 ➡形式的に問いに答える

以上

第1　小問1

1　XないしYによる通知の代位行使

　　譲渡人による通知が対抗要件とされる趣旨（467条1　　　　　　←○ 趣旨から論述できている
項）は，詐称譲受人からの虚偽の譲渡通知に伴う過誤払
いを防止にあるから，甲債権の譲受人たるZが通知を代　　5
位行使することは許されない。

2　いわゆる債権者代位（423条）の転用の可否

　　Zは，Yに対して，ZからYへの債権譲渡の通知をする　　　　　←○ 適切な問題提起ができている
よう求める権利（以下，「通知請求権」という。）を被保
全債権として，Yが，Xに対して有する通知請求権を代　10
位行使できるか，具体的には，423条の7を類推適用し，
このような代位行使が認められるかが問題となる。

⑴　債権者代位権は，債務者の責任財産保全を目的とす　　　　　←○ 原則論の提示OK
　　る制度であるから，金銭債権が被保全債権となるのが
　　原則である。　　　　　　　　　　　　　　　　　　　　15

　　　そして，私的自治の観点から，他人の権利への干渉
　　はできるかぎり限定されるべきであるから，債務者の
　　無資力が要件とされる。

　　　しかし，特定債権の場合，強制執行による救済が不
　　可能であり，債権者代位権の転用を認める社会的要請　　20
　　が強く，423条は被保全債権を金銭債権へ限定してい
　　ない。

　　　そこで，ほかに格別の救済方法がなく，債権者代位　　　　←○ 規範定立OK
　　権を認めることが合理的である場合，423条の7を類
　　推適用し，登記または登録の請求権以外の特定債権を　25
　　保全するための債権者代位制度を転用し，代位による
　　権利行使が認められると解する。このとき，特定債権
　　の保全は債務者の責任財産とは関係がない場合には，
　　無資力要件は不要と解する。

⑵　これを本問についてみると，債権譲渡における債務　　30　　←○ あてはめOK
　　者への通知は，上記の通り譲渡人たるXが行う必要が
　　あるため，Zは行いえない。ほかに格別の救済方法が
　　なく，転用を認めることが合理的である。そして責任
　　財産とは関係がなく，無資力要件は不要である。

⑶　よって，Zは，YのXに対する通知請求権を代位行　35　　←○ 結論OK
　　使することができる。

3　以上から，Zは，代位行使をしたうえ，Yに対して自
らが有する通知請求権を行使すべきである。

第2　小問2

1　Cは，AB間の売買契約に基づく代金支払請求権を相　40
続したとして，同権利を行使すると考えられるが，これ
に対してBは，移転登記がされていないことを理由に同
時履行の抗弁権（533条）を主張すると考えられる。

2　そこで，共同相続人たるDが移転登記を拒んでいるた　　　　　←○ 問題提起OK

め，Bの有するDに対する移転登記請求権を代位行使で 45
きないかが問題となる。
(1) 上記小問1と同様の基準で判断する。
(2) 本問では，AB間の売買によって，当事者間におい ← ○あてはめOK
　てはすでに乙土地の所有権がBに移転しており（176
　条），代金を得るほかの手段はなく，転用を認めるこ 50
　とが合理的である。
　　また，金銭債権を代位行使するため，無資力が要件
　とされるとも思える。しかし，上述の通り，責任財産
　の保全を目的とする場合に無資力要件が求められるた
　め，金銭債権であっても，責任財産保全の目的でない 55
　場合には，無資力は不要と考える。
　　本問では，Bの同時履行の抗弁権を消滅させ，Cの
　代金債権の行使を可能にすることを目的とする場合で
　あり，Bの無資力要件は不要である。
(3) よって，Cの代金請求権を被保全債権として，Bの 60 ← ○結論OK
　Dに対する登記請求権の代位行使という法的手段をと
　り，Bの同時履行の抗弁権を消滅させ，代金支払請求
　をすべきである。
　　　　　　　　　　　　　　　　　　　　　　以上

答案作成上の注意点

　小問1では，まず，債権譲渡の通知が譲渡人によることとされている趣旨を確認し，譲受人が代位して通知することはできないことを確認する必要がある。そのうえで，いわゆる債権者代位の転用が可能であるかについて検討を行う。どのような場合に転用が認められるか，無資力要件は必要なのかについて423条の7を指摘し，丁寧に解釈したうえで，結論を導くことになる。

　小問2では，移転登記義務を負うDが，移転登記を拒んでいるため，Cが代金支払請求を行うと，Bが移転登記手続との同時履行を主張する。そこで，Cの代金債権保全のために，BがDに対して有する移転登記請求権を代位行使できるか検討を要する。ここでは，無資力要件が必要になるのか，最判昭和50年3月6日民集29巻3号203頁を想起しつつ論じることが必要となる。

　なお，答案例では，423条の7以外の特定債権に対する債権者代位権の転用について，423条の7の類推適用という法律構成を用いた。もっとも，平成29年改正の際の議論では，このような債権者代位権の転用の一般論について，423条および423条の7の解釈や類推適用により認められうる，と述べられており，423条類推適用という法律構成の余地も残っている。

答案構成

第1　小問1
1　Zは，XあるいはYを代位して，直接債務者に通知（467条1項）できない
　　なぜなら，偽の譲受人が通知しても判別できず，債務者の過誤払の危険
2　そこで，債権者代位権の転用が423条の7との関係で問題
　(1)　この点，債権者代位権は，強制執行の準備的機能，責任財産保全制度
　　　原則，金銭債権が被保全債権
　　　私的自治から，債務者は原則無資力
　　　しかし，①特定債権の場合，債権者代位権の転用を認める社会的要請，②423条の文言，③425条のような規定なし
　(2)　そこで，ほかに格別の救済方法がなく，債権者代位権を認めることが合理的な場合，423条の7を類推適用し，登記または登録の請求権以外の特定債権の保全にも転用できる
　　　　特定債権保全の場合，債務者の責任財産とは関係がなく，無資力は不要
　(3)　本問では，Zがみずから通知できず，ほかに格別の救済方法がなく，転用を認めることが合理的
　　　　責任財産保全と関係なく無資力不要
3　よって，代位行使とYへの通知請求
第2　小問2
1　Dが登記移転を拒み，Cの代金支払請求にBから同時履行の抗弁（533条本文）
　　そこで，Cの代金請求権を被保全債権とし，無資力要件なくBのDに対する登記請求権を代位行使できるか問題
2　この点，無資力要件が必要な趣旨
　　とすれば，責任財産の保全を目的とする場合は無資力要件が必要，ほかの目的の場合は不要
　　本問は，Bの同時履行の抗弁権を消滅させ，Cの代金債権行使が目的
3　以上より，代位行使し，Bの同時履行の抗弁権を消滅させる　　　　　　　　　以上

【参考文献】

試験対策講座・債権総論5章2節⑥。判例シリーズ44事件。

第14問 A 詐害行為取消権

　　Xは，Aに対して2400万円の貸金債権を有していた。また，Bは，Aに対して6000万円の貸金債権を有しており，この債権を担保するために，Aの唯一の財産である甲土地（時価6000万円）および乙建物（時価2000万円）に共同抵当の設定を受けていた。その後，Aは，Bに対する貸金債務を弁済し残りはみずから消費する目的で，甲土地をYに，乙建物をZに，それぞれ時価で売却し，代金を受け取った。なお，YとZは，その売却によってXを害することを知っていた。そして，Aは，上記売却代金をまずBに対する貸金債務の弁済にあて甲土地および乙建物共同抵当の登記を抹消した後，残りをギャンブルで使い果たした。

　　上記事例において，Xは，YおよびZに対していかなる請求をすることができるか。

【論　点】

1　詐害行為取消権——相当な価格での不動産の売却と詐害行為
2　詐害行為取消権——範囲・方法

答案構成用紙

答案例

第1　本問において，Aは，Xに対して2400万円の貸金債務を負っているにもかかわらず，Y，Zに対して唯一の財産である甲土地，乙建物を売却し，その代金の一部をBに対する貸金債務の弁済にあて，残りをギャンブルで使い果たしている。　5

　　そうすると，Aは，Xに対して2400万円の貸金債務の完全な弁済をなしえない状態（無資力）に陥ったといえる。

　　そこで，Xとしては，詐害行為取消権（424条1項本文）を行使して，YおよびZに対して，甲土地，乙土地の現物返還あるいはその価格賠償を請求することが考えられる。　10

　　以下，①要件，②範囲・方法，③効果に分けて検討する。

第2　①詐害行為取消権の要件について

　1　まず，本問において，Aは，時価，すなわち相当な価格で甲土地および乙建物を売却しているため，424条の2各号に規定されている要件をみたす必要がある。　15

　　⑴　Aが甲土地および乙建物を売却することにより，不動産が金銭に換価されることになり，Aがこの金銭を消費することが容易になってしまうため，Aの行為は，「隠匿等の処分」をするおそれを現に生じさせるものであるといえる（同条1号充足）。　20

　　⑵　Aは，Bに対する貸金債務を弁済し，残りはみずから消費する目的で，甲土地および乙建物を売却しており，売却当時，債務者Aは対価として取得した金銭について隠匿等の処分をする意思を有していたといえる（同条2号充足）。　25

　　⑶　YおよびZはAの売却によりXを害することを知っているから，受益者YおよびZは，売却当時，債務者が隠匿等の処分をする意思を有していたことを知っていたといえる（同条3号充足）。

　2　よって，Xは，詐害行為取消権の要件をみたしている。　30

第3　②詐害行為取消権の範囲・方法について

　　次に，Aは，上記売却代金をBに対する貸金債務の弁済にあて甲土地，乙建物の共同抵当の登記を抹消している。

　　そこで，共同抵当の目的とされた不動産（不可分）の売買契約が詐害行為に該当する場合において，当該売買によって抵当権が消滅したときの取消しの範囲および原状回復の方法が問題となる。　35

　1　この点，詐害行為取消権の目的は，逸脱財産の債務者の責任財産への原状回復に求められるので，目的物が性質上不可分の場合には，全部を取り消し，現物返還によるべきである（424条の8，424条の6第1項前段）。　40

　　もっとも，抵当権が消滅したようなときには，逸脱した財産を原状のまま回復することが不可能もしくは著しく困難であり，また，債務者および債権者に不当に利益

を与える結果となるので，このときは，詐害行為の目的
不動産価額からその不動産が負担すべき抵当権の被担保
債権の額を控除した残額の限度で売買契約を取り消し，
その価格賠償によるべきである（424条の6第1項後段
参照）。

2　では，上記の場合における具体的な価格賠償の額はど
うなるか。

　　　思うに，共同抵当に関する392条の趣旨は，数個の不
動産の各々が負担すべき被担保債権額を割りつけ，もっ
て後順位抵当権との利害の調整を図る点にある。
　　　このような趣旨にかんがみ，価格賠償の額は，詐害行
為の目的不動産の価額から，共同抵当の目的とされた各
不動産の価額に応じて抵当権の被担保債権額を按分して
詐害行為の目的不動産について得られた額を控除した額
であると解する。

3　これを本問についてみると，甲土地，乙建物の時価は，
それぞれ6000万円，2000万円である。
　　　そして，その合計8000万円から，甲土地と乙建物の価
格に応じて抵当権の被担保債権額6000万円を按分して得
られた4500万円，1500万円を控除すると，その残額はそ
れぞれ1500万円，500万円となる。
　　　したがって，Xとしては，AY間の甲土地の売買契約
を1500万円の限度で，AZ間の乙建物の売買契約を500万
円の限度で取り消し，その価格賠償を請求すべきである。

第4　③詐害行為取消権の効果
　　　そして，424条の9第1項前段により，「債権者」たるX
は，「受益者」たるYおよびZに対して，それぞれ1500万円，
500万円の支払を自己に対してすることを求めることがで
きる。

以上

行番号	注釈
45	➡規範⑦
50	➡論点の問題提起
	➡趣旨
55	➡規範⑦
60	➡あてはめ（規範⑦⑦に対応させる）
65	
	➡三段論法の帰結
70	

1　AのY，Zへの甲・乙不動産売却を，Xは詐害行為（424
　条）として取り消すことができるか。

（1）　本問で，Xは，Bの甲・乙不動産の共同抵当の実行価
　　格たる8000万円からBの債権額6000万円を引いた残額
　　2000万円の限度で，自己の債権につき弁済を受けること
　　ができた。

　　　しかし，Y，Zに対する甲・乙不動産の売却，その代
　　金によるBに対する債務の弁済，残額の消費によって，
　　XはAより自己の債権についての弁済を受けることがで
　　きなくなっている。

　　　そこで，Xは自己の債権の保全のため，上記売却行為
　　を詐害行為（424条1項）として取り消すことができる
　　か。本問の不動産売買が424条の2各号をみたすかが問
　　題となる。

　　ア　この点，本問の不動産売買が行われることにより，
　　　不動産が金銭に換価されるため，その対価が債務者た
　　　るAの手元から流失し債権者たるXを害する危険性が
　　　高い。そのため，本問の不動産売買は，同条1号の要
　　　件をみたす。

　　イ　また，債務者たるAは，Bに対する貸金債務を弁済
　　　し残りはみずから消費する目的を有しており，債権者
　　　たるXを害する意図を確定的に有している。そのため，
　　　本問の不動産売買は，同条2号の要件もみたす。

　　ウ　さらに，受益者たるYおよびZは本問の不動産売買
　　　がXを害することを知っていたため，同条3号の要件
　　　もみたす。

（2）　したがって，XはY，Zに対する甲・乙不動産売却を
　　詐害行為として取消することができる。

2　Xは，詐害行為取消によってYおよびZに対し，いかな
　る請求をすることができるか。

（1）　XがYおよびZを相手としてAの売却行為を詐害行為と
　　して取り消し，返還請求のできる範囲は，売却行為の全
　　体か，それとも，売却行為の一部，すなわち売却がなか
　　った場合にXが弁済を受けることのできた債権額相当部
　　分に限られるか。債権者の損害額が取消にかかる詐害行
　　為の目的物の価格に満たない場合の取消の範囲が問題と
　　なる。

　　ア　たしかに，詐害行為が不動産等の不可分の物の譲渡
　　　によって行われた場合には，債務者の手を離れた財産
　　　自体の回復が可能な限り，取消等の範囲も当該行為全
　　　体に及び，債権者はその財産自体を債務者に返還する
　　　ことを請求できると解するべきである（424条の8，
　　　424条の6第1項前段）。

　　　　しかし，たとえば取消にかかる行為の目的物に設定

（右段 注釈）

←○以下，問題点を的確に抽出し
　ている

←○問題提起OK

←○要件の検討OK

←○結論OK

←○問題提起OK

←○原則論OK

←○不都合性OK

されていた担保権が消滅した後にまでかかる請求を認　45
めると，取消によって取消債権者の債権の引き当てと
なる財産が増加することになり，債権者を不当に利す
るため妥当でない（424条の6第1項後段参照）。

イ　思うに，かかる場合は行為全体の取消は認められず，　　　　　　　⬅○自説OK
取消および返還請求の範囲は債権者の損害額の範囲に　50
限られると解するべきである。

ウ　本問では，甲・乙不動産に設定されていたBの共同　　　　　　　　⬅○以下，丁寧なあてはめである
抵当は，被担保債権の弁済によって消滅している。
　　そして，XがAの売却行為全体を取消し，Y，Zに
甲・乙不動産のAへの返還を請求することを認めると，　55
これによってXの債権の引き当てとなる財産が抵当権
の負担のない甲・乙不動産となることになり，Xを不
当に利するため妥当でない。

エ　そこで，Xの取消および返還請求の範囲はXの損害
額，すなわちBの甲・乙不動産の共同抵当が実行され　60
た場合の割付額の残存額に限られるべきである。
　　したがって，取消等の範囲はYについては1500万円，
Zについては500万円ということになる。

⑵　そして，債務者自身が返還された金銭を受け取らない　　　　　　　⬅○結論OK
場合には，詐害行為取消の実効性確保の観点から424条　65
の9により，Aが受領をしている場合を除き，XはYお
よびZに金銭を自己へ引き渡すことを請求できる。

以上

答案作成上の注意点

Aは無資力であるので，詐害行為取消権の行使を検討する。答案では①要件→②範囲・方法→③効果の順で検討すると読みやすい。

①要件については，本問のように，時価，すなわち相当の対価により財産を処分をしているときは，424条の2各号の要件を充足することが求められる。②範囲・方法については，抵当権が抹消されているという事情に注目する必要がある。これについては，価格賠償しうるにとどまるとする見解（最判平成4年2月27日民集46巻2号112頁）のほか，現物返還や抵当権を復活させて返還させるとする見解もある。また，本問では具体的な金額があげられているので，Y，Zに対する請求についても具体的な金額を示す必要がある。ここでは，上記判例を知らなかったとしても，自分なりに説得的に論じることが求められる。③効果では，取消権者が目的物（金銭）を直接自己に引き渡すよう請求できるかという点につき424条の9を指摘することが求められる。

なお，「民法の一部を改正する法律案」では，破産法における否認権の制度にならい，詐害行為の類型ごとに要件が明確にされた。

答案構成

第1 本問において，Aは無資力
　そこで，Xとしては，詐害行為取消権（424条1項本文）を行使し，Y，Zに対し甲乙不動産の現物返還か価格賠償を請求
第2 ①詐害行為取消権の要件
1 424条の2各号に規定されている要件をみたす必要がある
　(1) 不動産が金銭に換価されることにより，Aが金銭を消費することが容易になってしまうため，「隠匿等の処分」をするおそれを現に生じさせるものである
　(2) 売却当時，Aは対価として取得した金銭について隠匿等の処分をする意思を有していた
　(3) 受益者は，売却当時，債務者が隠匿等の処分をする意思を有していたことを知っていた
2 よって，Xは要件をみたす
第3 ②詐害行為取消権の範囲・方法
　次に，抵当権が消滅した際の取消権の範囲と原状回復の方法が問題

1 抵当権消滅の場合，原状回復は困難
　そこで，詐害行為の目的不動産価額からその不動産が負担すべき抵当権の被担保債権額を控除した残額の限度で売買契約を取り消し，その価格賠償によるべき
2 具体的な価格賠償の額が問題
　392条の趣旨から，賠償額は，詐害行為の目的不動産価額から，共同抵当の目的とされた各不動産の価額に応じて抵当権の被担保債権額を按分した額を控除した額
3 本問では，1500万円と500万円
　したがって，Xは，AY間の契約を1500万円の限度で，AZ間の契約を500万円の限度で取り消し，価格賠償によるべき
第4 ③詐害行為取消権の効果
　424条の9第1項前段により，「債権者」たるXは，「受益者」たるYおよびZに対して，それぞれ1500万円，500万円の支払を自己に対してすることを求めることができる。

以上

【参考文献】
試験対策講座・債権総論5章3節。判例シリーズ48事件。

第15問 A　債権譲渡

> 　Aは，Bに対して債権を有していたが，2月1日，Cに対して当該債権を譲渡し，確定日付ある証書によって通知を発送した一方，2月2日，Dに対して当該債権を譲渡し，確定日付ある証書によって通知を発送した。Cへの譲渡の通知は2月4日にB宅に到達し，Dへの譲渡の通知は2月3日にB宅に到達した。Bは，AがCに当該債権を譲渡したと聞いていたのにDへの通知が先に到達したので不思議に思い，Aに説明を求めたところ，Aは，当該債権の二重譲渡が発覚するのをおそれ，Dへの当該債権の譲渡は解除されたとBに虚偽の事実を述べた。そこで，Bは，Aの言葉どおりCを債権者であると信じて，Cの弁済の請求に応じた。なお，Bは，Dに解除の有無を確認していない。
> 　この場合に，DはBに対して当該債権の請求をすることができるかについて，考えられるDの主張およびBからの反論を考慮して論ぜよ。

【論　点】
1　確定日付ある証書による通知が競合した場合の優劣の判断基準
2　劣後譲受人への弁済と478条
3　受領権者としての外観を有する者に対する弁済（478条）──弁済者の「過失」の内容

答案構成用紙

答案例

第1　本問において，DがBに対して当該債権の請求をすることができるためには，Dが正当な債権者である必要がある。

まず，Dは，Cへの譲渡の通知の到達が2月4日であるのに対し，自己へのそれは2月3日と優先するから，自己が正当な債権者であると主張することが考えられる。

これに対して，Bは，Dの確定日付は2月2日であるのに対し，Cのそれは2月1日と優先するから，Cが正当な債権者であると反論することが考えられる。

そこで，DCいずれが正当な債権者であるか，確定日付ある証書による通知が競合した場合，何によって対抗要件具備の優劣を決すべきか，条文上明らかでなく問題となる。

1　この点，467条1項が通知・承諾を対抗要件とした趣旨は，債務者の債権譲渡の認識を通じて，債務者の第三者に対する表示を公示方法とした点にある。

そして，467条2項が確定日付を要求した趣旨は，旧債権者が債務者と通謀して譲渡の通知・承諾の日時をさかのぼらせる等の行為を可及的に防止する点にある。

そうだとすれば，467条2項は，467条1項の対抗要件制度の構造に何らの変更を加えるものではない。

そこで，この場合，通知の到達の先後によって対抗要件具備の優劣を決すべきと解する。

2　本問では，通知の到達は前述のようにDが先であるから，Dの対抗要件具備が優先することになる。

したがって，Dは，その主張どおり，正当な債権者であるといえる。

第2　そうすると，Bが劣後譲受人Cに弁済しても，それは非債弁済となるにすぎない。

したがって，Dは，原則どおり，Bに対して当該債務を免れないと主張することが考えられる。

これに対して，Bは，Cを債権者であると信じて弁済しているから，例外的に，受領権者としての外観を有する者に対する弁済として，478条によって保護され，Dに対する当該債務を免れると反論することが考えられる。

そこで，劣後譲受人に対してなされた弁済に478条の適用を認めることができるかが問題となる。

1　この点，467条2項は，債務者の劣後譲受人に対する弁済の効力についてまで定めているものとはいえない。

そうだとすれば，その弁済の効力は，478条等債権の消滅に関する規定によって決する必要がある。

そこで，劣後譲受人に対してなされた弁済にも478条の適用を認めることができると解する。

このように解しても，優先譲受人は劣後譲受人に対し不当利得の返還（703条，704条）を求めうるので，必ず

右欄注記

➡問題文からの要件定立

➡考えられるDの主張

➡考えられるBの反論

➡問題提起

➡467条1項の趣旨

➡467条2項の趣旨

➡論点の結論（問題提起に対応させる）
⇨最判昭和49年3月7日（判例シリーズ59事件）
➡あてはめ

➡三段論法の帰結（問題提起に対応させる）

➡（広義の）非債弁済との認定

➡考えられるDの主張

➡考えられるBの反論

➡論点の問題提起

➡論点の結論（論点の問題提起に対応させる）
⇨最判昭和61年4月11日（判例シリーズ63事件）
➡許容性

しも467条2項の規定を没却することにはならない。｜45

　2　そうすると，Bは，その反論どおり，478条によって，
　保護され，Dに対する当該債務を免れうる。

第3　そうだとしても，Bは，Dに解除の有無を確認するこ
　となく，Aの言葉どおりCを債権者であると信じている。

　　したがって，Dは，Bには「過失」があるから，478条に　50
　よって保護されないと主張することが考えられる。

　　これに対して，Bは，自己の弁済には「過失」がなかっ
　たと反論することが考えられる。

　1　そこで，債務者の弁済につき「過失」がなかったとい
　うための要件が問題となる。　55

　　⑴　この点，467条2項は，対抗要件具備の優先者を正
　　　当な債権者とする対抗要件主義を採用する。

　　　そうだとすれば，劣後譲受人への弁済を安易に478
　　条によって救済すると，対抗要件主義を没却する。

　　　そこで，債務者の弁済につき「過失」がなかったと　60
　　いうためには，劣後譲受人を真の債権者であると信ず
　　るにつき相当な理由があることが必要であると解する。

　　⑵　これを本問についてみると，たしかに，Bは，Aの
　　言葉どおりCを債権者であると信じている。

　　　しかし，債権譲渡契約の解除通知は，譲渡人Aでは　65
　　なく譲受人DからBに対しなされるべきとされている。

　　　それにもかかわらず，Bは，譲受人Dに解除の有無
　　を確認することなく，Cを債権者であると信じている。

　　　そうだとすれば，BにはCを真の債権者であると信
　　じるにつき相当な理由があるとはいえない。　70

　　　したがって，Bは，自己の弁済に「過失」がなかっ
　　たと反論することができない。

　2　よって，Bは，Dの主張どおり，478条によって保護さ
　れない。

第4　以上より，DはBに対して当該債権の請求をすること　75
　ができる。

　　　　　　　　　　　　　　　　　　　　　　　　　以上

➡結論

➡問題点の抽出

➡考えられるDの主張

➡考えられるBの反論

➡論点の問題提起

➡規範（論点の問題提起に対応させる）

➡前掲最判昭和61年4月11日
➡あてはめ（規範に対応させる）

⇨大判明治45年1月25日（民録18輯25頁）

➡結論

➡問いに答える

1　Dは，自らが確定日付ある証書による通知を受けている
　ことから，Bに対して債権の弁済を請求できると主張する
　ことが考えられる。

　　　これに対し，Bは，Cも確定日付ある証書による通知を
　受けているので，Cが債権者であるとして当該債権を弁済　5
　したと反論することが考えられる。

　　　そこで，確定日付ある証書による通知が複数ある場合，
　いずれが優先するかが問題となる。

(1)　467条2項が第三者への対抗要件として確定日付ある
　　証書による通知を要求したのは，債務者の認識を通じ債　10
　　権譲渡の事実を公示するためである。

　　　とすると，いずれが優先するかは債務者の認識が生じ
　　た時点，すなわち確定日付ある証書による通知が債務者
　　の下に到達した時点を基準とすべきである。

(2)　本問においては，Dへの通知の方が先にB宅に到達し　15
　　ているため，Dが優先する。

2　これに対し，Bは，Dが優先するとしても自己のCに対
　する弁済が受領権者としての外観を有する者に対する弁済
　として，478条により有効になる，と反論することが考え
　られる。　　　　　　　　　　　　　　　　　　　　　　　20

(1)　そこでまず，債権の劣後譲受人に対する弁済が受領権
　　者としての外観を有する者に対する弁済にあたるかが問
　　題となる。

　　　478条が規定されたのは，真の債権者のごとき外観を
　　有する者に対して弁済するのはやむをえないものである　25
　　として，義務としてなされる弁済取引の安全を図ったも
　　のである。

　　　このような観点からは，債権の劣後譲受人も取引通念
　　上真の債権者らしい外観を有する者といえる。

　　　したがって，債権の劣後譲受人に対する弁済について　30
　　も，受領権者としての外観を有する者に対する弁済とし
　　て，478条が適用されると解する。

　　　かく解すると，対抗要件を定めた趣旨が没却されるよ
　　うにも思われるが，478条は弁済の効力を認めたにすぎ
　　ず，優先譲受人から劣後譲受人への不当利得返還請求権　35
　　（703条，704条）は認められるので，対抗要件の趣旨を
　　没却することにはならない。

(2)　次に，478条による弁済として有効となるためには真
　　の権利者の帰責性を要するか。

　　　確かに，478条を外観法理の規定であると解すると，　40
　　真の権利者の帰責性を要するとも思える。

　　　しかし，弁済が義務としてなされることを考慮すると，
　　弁済者の保護にかけることになり妥当でない。また，真
　　の権利者との利益衡量は478条が弁済者の「過失」を要

右側注釈

← ○Dの主張OK

← ○Bの反論OK。問いにこだわっている

← ○問題提起OK

← ○以下，十分な論証である

← ○あてはめOK

← ○Bの反論OK

← ○問題提起OK

← ○以下，十分な論証である

← ○許容性OK

← △問題提起としてはOK。ただし，問いの制約にこだわってほしい
← ○以下，十分な論証である

求していることで図りうる。　　　　　　　　　　　45
　　　　したがって，真の権利者の帰責性は要しないと解する。
　(3)　では，Bは善意無過失といえるか。
　　ア　まず，BはCへの弁済時，Dへの債権譲渡の事実を
　　　知らなかったのであるから，「善意」であるといえる。
　　イ　次に，Bは，Dへの通知の到達を知り，不思議に思　50
　　　いAに事情を確かめているから「過失」はないように
　　　思われる。
　　　　しかし，現にDへの通知が到達している以上，Aに
　　　対してのみならず，Dに対しても事情を確認するべき
　　　であり，これを怠ったBには「過失」があるといえる。　55
　　ウ　よって，BのCに対する弁済は478条により保護され
　　　ない。
3　以上から，BのCに対する弁済は有効とならず，DはBに
　対して当該債権の弁済を請求することができる。
　　　　　　　　　　　　　　　　　　　　　　　以上　60

⬅○以下，自分なりに考えて，丁寧なあてはめをしている

⬅○自分なりに考えている（答案作成上の注意点参照）

⬅○問いに答えている

答案作成上の注意点

　本問では，通知の到達時点ではDが優先するが，確定日付ではCが優先するため，確定日付ある証書による通知が競合した場合の優劣の判断基準が問題となる。判例（最判昭和49年3月7日民集28巻2号174頁）は到達時説で固まっているため，これに従って467条の趣旨から論じると説得的であろう。これによりDが優先すると，BのCに対する弁済は非債弁済となるため，Bが受領権者としての外観を有する者への弁済（478条）によって保護されるかを検討することになる。判例（最判昭和61年4月11日民集40巻3号558頁）・多数説に従って478条の適用を肯定すべきであろう。最後に，Bの「過失」の有無を検討することになるが，この点につき昭和61年判例は，「過失」がなかったというためには，「劣後譲受人を真の債権者であると信ずるにつき相当な理由があることが必要である」としている。本問では，Bが，Dに解除の有無を確認していない点をどう評価するかがポイントとなる。467条の規定する通知は，虚偽の通知を防ぐという趣旨から，「債権者たる譲渡人」からしかできないとされている。そうすると，逆に，債権譲渡契約の解約通知の場合には，「譲渡によって債権者たる地位を得た者」（本問のD）から債務者Bに対してなされる必要があるはずである（大判明治45年1月25日民録18輯25頁）。したがって，BがDに解除の有無を確認することなくCを債権者と信じた以上，相当な理由はないと認定するべきであろう。

答案構成

第1　DがBに対する当該債権の請求ができるためには，正当な債権者である必要あり

　　まず，Dは，自己への譲渡の通知はCに優先するから，自己が正当な債権者だと主張

　　一方，Bは，Cの確定日付はDに優先することから，Cが正当な債権者であると反論

　　そこで，DCいずれが正当な債権者か，確定日付ある証書による通知が競合した場合，何によって対抗要件具備の優劣を決すべきか

　1　467条1項，2項の趣旨から，通知の到達の先後によって優劣を決すべき

　2　本問では，通知の到達はDが先であるから，Dの対抗要件具備が優先

　　　したがって，Dは，正当な債権者

第2　そうすると，Bの弁済は，非債弁済

　　　したがって，Dは，原則どおり，Bに対して当該債務を免れないと主張

　　　一方，Bは，例外的に478条で保護され，Dに対する当該債務を免れると反論

　　　そこで，劣後譲受人に対してなされた弁済に478条の適用が認められるかが問題

　1　467条2項は，債務者の劣後譲受人への弁済の効力まで定めているとはいえない

　　　そこで，478条の適用が認められる

　　　優先譲受人は劣後譲受人に不当利得返還請求（703条，704条）ができるので，必ずしも467条2項を没却せず

　2　そうすると，Bは，当該債務を免れうる

第3　としても，Bは，Dに解除の有無を確認せず，Cを債権者だと信じている

　　　したがって，Dは，Bには「過失」があるから，478条で保護されないと主張

　　　一方，Bは，自己の弁済には「過失」がないと反論

　1　そこで，債務者の弁済に「過失」がないというための要件が問題

　(1)　467条2項の対抗要件主義を没却させないため，劣後譲受人を真の債権者であると信ずるにつき相当な理由が必要

　(2)　本問では，Bは，解除の有無を確認せずにCを債権者と信じている

　　　　そうだとすれば，Bには相当な理由がない

　　　　したがって，Bは，自己の弁済に「過失」がなかったと反論できない

　2　よって，Bは478条により保護されない

第4　以上より，DはBに対し当該債権の請求ができる

　　　　　　　　　　　　　　　　　　　　　　以上

【参考文献】

試験対策講座・債権総論3章1節③【2】，4章1節③【2】(4)。判例シリーズ59事件，63事件。

1　Xは，Yに対して金員を貸し付けた。Yは，Zに対して請負代金債権を有していたが，分割払の約定があり，一部（A債権）の弁済期は5月1日に到来し，残部（B債権）の弁済期は5月15日に到来することになっていた。他方，Zも，Yに対して6月1日に弁済期の到来するC債権を有していた。その後，XのYに対する債権の弁済期が到来し，XによってA債権が差し押さえられた。Zは，Yに対して理由もなくA債権よりもB債権を先に弁済し，Xに対して6月1日にA債権をC債権で相殺する旨の意思表示をした。Zは，この相殺をもってXに対抗することができるか。

2　甲は，乙に対して10月1日に弁済期の到来するD債権を有しているが，他方，乙も，甲に対して11月1日に弁済期の到来するE債権を有していた。丙は，甲からD債権を譲り受けた。なお，9月1日に，甲から乙への債権譲渡の通知がなされている。その後，甲は，10月15日に破産手続開始の決定を受けた。丙が乙に対してD債権の弁済を求めたところ，乙は丙に対してD債権をE債権で相殺する旨の意思表示をした。乙は，この相殺をもって丙に対抗することができるか。

【論　点】

1　差押えと相殺

2　相殺権の濫用

3　債権譲渡と相殺

答案構成用紙

答案例

第1　小問1について

　　本問では，C債権の弁済期が到来しており，C債権は相殺をなすに適した状態（505条1項本文）にあるといえる。

　　ところが，自働債権たるC債権の弁済期は，受働債権たるA債権の弁済期よりも後に到来する。　　　　　　　　　　5

　　そこで，Zは，C債権での相殺をもってXに対抗することができるか，弁済期の前後を問わず第三債務者は相殺をもって差押債権者に対抗できるか，511条1項の解釈として問題となる。

□ 前提要件（相殺適状）

□ 問題点の抽出

□ 問題提起

1　この点，相殺の制度は，相殺権を行使する債権者の立　　10
　場からすれば，受働債権のうえにあたかも担保権を有するにも似た地位が与えられるという機能（相殺の担保的機能）を有するものである。

　　そうだとすれば，両債権の対立がある以上，弁済期の前後を問わず相殺を期待するのは当然であって，このような期待は最大限尊重されるべきである。　　　　　　15

　　したがって，第三債務者は，差押え前に債権者に対して取得した債権であれば，弁済期の前後を問わず，相殺をもって差押債権者に対抗できると解する。

2　もっとも，第三債務者が不当な手段を用いて自己の債　　20
　務の履行を遅らせるなど相殺を認めることが当事者間の公平を損なう場合も否定できない。

　　そこで，上記のような場合には，例外的に，権利濫用の法理（1条3項）により相殺が制限されると解する（相殺権の濫用の法理）。　　　　　　　　　　　　　　25

□ 相殺の機能（答案作成上の注意点参照）

□ 機能からの帰結

□ 無制限説に立った規範（問題提起に対応させる）
⇨ 最大判昭和45年6月24日（判例シリーズ65事件）

□ 不都合性

□ 修正した規範
⇨ 平井（債総）233頁参照

3　これを本問についてみると，たしかに，C債権はXの差押前にYに対して取得した債権であるから，Zは相殺をもってXに対抗することができそうである。

　　しかし，A債権とB債権とは，1つの請負代金債権の　　30
　一部と残部の関係にあり，同一当事者間の，同一の原因に基づき発生した債権である。

　　それにもかかわらず，Zは，Yに対して，理由もなく弁済期の遅いB債権を先に弁済し，その後，弁済期の早いA債務を残して相殺の対象としている。

　　これは，Zの相殺を認めることがXZ間の公平を損なう　　35
　場合といえるから，Zは，例外的に，権利濫用の法理により相殺が制限されるといえる。

　　したがって，Zは，C債権での相殺をもってXに対抗することができない。

□ あてはめ（規範および修正した規範に対応させる）

□ 事実（なお，大阪地判昭和49年2月15日〔金法729号33頁〕）

□ 事実に評価を加える

□ 三段論法の帰結（問題提起に対応させる）・問いに答える

第2　小問2について　　　　　　　　　　　　　　　　40

1　本問では，E債権の弁済期は11月1日であるものの，甲が破産手続開始の決定を受けているので，期限の利益の喪失（137条1号）によってE債権の弁済期が到来したといえる。

□ この認定はぜひほしい

そのため，E債権は，相殺をなすに適した状態（505 ⟨45⟩
条1項本文）にあるといえる。

2　ところが，自働債権たるE債権の弁済期は，受働債権
たるD債権の弁済期よりも後に到来する。

　　そこで，乙は，E債権での相殺をもって丙に対抗する
ことができるかが問題となるところ，相殺の担保的機能 ⟨50⟩
を重視して，債権譲渡の通知を受けるまでに譲渡人に対
する反対債権を取得する場合であれば，弁済期の前後を
問わず，債務者は相殺の抗弁を譲受人に対抗することが
できる（469条1項）。

3　これを本問についてみると，乙は，債権譲渡の通知を ⟨55⟩
受ける9月1日までに甲に対するE債権を取得している。

　　なお，本問では，小問1と異なり，乙の相殺を認める
ことが乙丙間の公平を損なう事情はうかがえない。

　　したがって，乙は，E債権の相殺をもって丙に対抗す
ることができる。 ⟨60⟩

　　　　　　　　　　　　　　　　　　　　　　　以上

➡前提要件（相殺適状）

➡問題点の抽出

➡問題提起

➡要件

➡あてはめ（規範に対応させる）

➡修正した規範（23行目）にも配
　慮

➡三段論法の帰結（問題提起に対
　応させる），問に答える

1　設問1について

(1)　ZはA債権とC債権との相殺（505条1項）をもってXに対抗することができるか。Zの相殺の意思表示が，A債権がXにより差し押さえられた後になされていることから，いわゆる差押えと相殺の優劣が511条1項との関連で問題となる。　　　　　　　　　　　　　　　　　　5

ア　本件では，ZがC債権を取得した時期は，XがA債権を差し押さえる前であるから，511条1項の本来予定する状況ではない。

しかし，差押え前に取得した債権であっても，C債権の弁済期はA債権の弁済期よりも後であり，本件相殺を認めるとZのA債権についての履行遅滞を正当化することになるとして，本件のような場合に相殺を認めるべきではないとする見解もある。

イ　思うに，他人との間で相対立する債権を有する者は，15相殺によって簡易な弁済を受けうることを通常期待しているものであり，各債権の弁済期の前後は偶然の事情にすぎない。

にもかかわらず，相手方の債権が差押えを受けた場合に，たまたま相手方の債権よりも弁済期が遅かった　20自己の債権の弁済が受けられなくなってしまうのでは，このような一方当事者の相殺への合理的期待を害する。

そこで，相殺の担保的機能を重視し，弁済期の前後に関わらず，自働債権が受働債権の差押え前に取得されたものであるならば，自働債権が弁済期に達した後　25は相殺しうるものと解すべきである。

ウ　本件では，ZはA債権の差押え前に自働債権たるC債権を取得しているので，相殺適状に達した後の6月1日になされた本件相殺の意思表示により相殺は有効に成立しそうである。　　　　　　　　　　　　　30

(2)　ところが，本件でZは「理由もなく」A債権よりもB債権を先に弁済し，あえてC債権をA債権との相殺に供している。このような恣意的な相殺権の行使は信義に反し，権利の濫用（1条3項）にあたるのではないか。

ア　もとより，債務者が並存する債権のどちらを先に弁　35済するかはその債務者の自由である。

しかし，これはあくまで他者の権利を害しない範囲において妥当することであって，当該債務者が自己の利益とは無関係に，積極的に他者の権利を害することを認める必要はない。　　　　　　　　　　　　40

したがって，そのような場合には当該債務者の行為は権利の濫用として無効にすべきである。

イ　これを本件についてみるに，A債権とB債権とは請負代金債権の一部と残部の関係にあり，これが「分割

⇦○問題の所在OK

⇦○本問の位置づけに配慮している

⇦○他説OK

⇦○以下，自説OK

⇦○規範（無制限説）OK

⇦○あてはめOK

⇦○問題点の抽出OK

⇦○問題提起OK

⇦○以下，自分なりに考えて論じている

⇦○あてはめOK。非常に説得的なあてはめである

払の約定」によって別個の債権となったにすぎない。　45
　　このような場合，Zとしては先に弁済期の到来した
A債権を弁済するのが通常であり（488条4項1号参
照），あえてB債権から弁済することは，Zにとってな
んらの利益にならないのみならず，Xの差押えを無力
化し，その権利を害そうとする意図であると考えられ　50
る。
　　とすれば，このような恣意的な相殺権の行使は信義
に反し，権利の濫用（1条3項）として無効である。
(3)　したがって，Zは本件相殺をXに対抗できない。　　　　　←○問いに答えている
2　設問2について　　　　　　　　　　　　　　　　55
　乙は本件相殺をもって丙に対抗することができるか，E　　　　←○問題提起OK
債権はD債権よりも後に弁済期があるため問題となる。
(1)　この点，債権譲渡は新たな取引関係が生じるのであっ
て，債権の譲受人の取引の安全を考慮する必要があるた
め，債務者は弁済期が後にくる自働債権をもって債権譲　60
渡された受働債権との相殺に供することはできないとも
思える。
　　もっとも，あくまで相殺の担保的機能を重視するとい　　　　←○要件OK
う観点からは，債権譲渡の通知を受けるまでに譲渡人に
対する反対債権を取得する場合であれば，弁済期の前後　65
を問わず，債務者は相殺の抗弁を譲受人に対抗すること
ができると考えるべきである（469条1項）。
(2)　本件では，E債権はD債権よりも弁済期は後にくるが，　　　←○あてはめOK
乙は，債権譲渡の通知を受ける9月1日までに甲に対す
るE債権を取得している。　　　　　　　　　　　　70
(3)　したがって，乙は，E債権の相殺をもって丙に対抗す　　　　←○問いに答えている
ることができる。
　　　　　　　　　　　　　　　　　　　　　以上

答案作成上の注意点

小問1について。まず，相殺の一般的要件はみたすものの，自働債権（C債権）の弁済期が受働債権（A債権）より後に到来することから，相殺への正当な期待が認められないとして，相殺を制限すべきでないかが問題となる（差押えと相殺）。判例（最大判昭和45年6月24日民集24巻6号587頁）は，相殺の担保的機能を重視したうえで，511条1項を文言どおり解釈して，差押後であっても，自働債権が差押後に取得されたものでないかぎり，自働債権および受働債権の弁済期の前後を問わず相殺をなしうるとしている（無制限説）。次に，Zが理由もなくA債権よりもB債権を先に弁済し，その後A債権を相殺の対象とした事実の評価が問題となる。これは，相殺権の濫用とよばれる問題である。ただ，この問題を知らなかったとしても，上記事実に自分なりの評価を加えれば，十分点数がつくと考えられる。

小問2について。債権譲渡と相殺の場合には，平成29年改正により新設された469条によって処理することとなる。469条1項は，従来の判例（最判昭和50年12月8日民集29巻11号1864頁）が採用していたとされる無制限説に立つことを明らかにした規定と解されている。条文の文言に基づいた論述が求められる。

答案構成

第1　小問1

A債権とC債権は相殺適状（505条1項本文）

ところが，自働債権たるC債権の弁済期は受働債権よりも後

そこで，Zは相殺をもってXに対抗できるか，弁済期の前後を問わず第三債務者は相殺をもって差押債権者に対抗できるかが，511条1項の解釈として問題

1　相殺の担保的機能から，第三債務者は，差押前に債権者に対し取得した債権なら，弁済期の前後を問わず，相殺をもって差押債権者に対抗できる

2　もっとも，当事者間の公平を損なう場合には，相殺権の濫用の法理

3　本問では，ZはYに対し，理由もなく弁済期の遅いB債権を先に弁済

これは，Zの相殺を認めることがXZ間の公平を損なう場合といえ，Zは例外的に，相殺権濫用の法理により相殺が制限

したがって，ZはC債権での相殺をもってXに対抗できない

第2　小問2

1　甲が破産手続開始決定を受けているので，期限の利益の喪失（137条1号）により，E債権の弁済期が到来

そのため，E債権とD債権は相殺適状

2　ところが，自働債権たるE債権の弁済期は，受働債権たるD債権の弁済期よりも後

そこで，乙は相殺を丙に対抗できるかが問題となるところ，相殺の担保的機能を重視して，債権譲渡の通知を受けるまでに譲渡人に対する反対債権を取得する場合であれば，弁済期の前後を問わず，対抗できる（469条1項）

3　本問では，乙は債権譲渡の通知を受ける9月1日までに甲に対するE債権を取得

なお，本問では，乙の相殺を認めることが乙丙間の公平を損なう事情なし

したがって，乙はE債権での相殺をもって丙に対抗できる

以上

【参考文献】

試験対策講座・債権総論4章4節。判例シリーズ65事件，65事件関連判例。

第17問 A 契約不適合責任

　Aは，崖上にある甲土地を所有していた。しかし，崖に設けられていた擁壁の水抜穴は，内部に土が詰まっており，本来の効用を果たすものではなかった。Bは，甲土地の利用権を取得し，その上に乙建物を建てた。その後Bは，Cに対し乙建物を甲土地の利用権付きで売却し，Cは，Aとの間でも適法な甲土地利用権を取得した。その際，BもCも，擁壁の水抜穴の不具合につき善意無過失であった。ところが，この不具合のために，台風に伴う大雨により擁壁に亀裂が入り，甲土地の一部が沈下し傾斜が生じた。Aは，甲土地が修繕を要する状態にあることに気づきつつも，特に何の手も打たなかったが，そうこうしているうちに崖が崩れ，乙建物が倒壊するとともに，甲土地の一部が滅失した。

　上記の事例において，(1)甲土地利用権が賃借権であった場合と，(2)甲土地利用権が地代の定めのある地上権であった場合に分けて，AC間およびBC間の法律関係について論ぜよ。

【論　点】
1　契約不適合責任──土地賃借権
2　契約不適合責任──地上権

答案構成用紙

答案例

第1　小問(1)

1　AC間の法律関係について

(1)　本問では，Cは甲土地の賃借権（601条）を取得し
ているので，Aには修繕義務（606条1項本文）がある。
　　それにもかかわらず，Aは，甲土地が修繕を要する
状態にあることに気づきつつも，特に何の手も打たな　　　5
かったから，修繕義務違反があるといえる。
　　したがって，Cは，Aに対して履行不能に基づき乙
建物倒壊を含む損害の賠償を請求することができる
（415条1項本文，416条1項）。　　　　　　　　　　　10

(2)　次に，甲土地は，Aの修繕義務の不履行によって，
その一部が滅失している。
　　そこで，賃貸人の責めに帰すべき事由によって賃借
物の一部が滅失した場合の賃料債権の帰すうが問題と
なる。　　　　　　　　　　　　　　　　　　　　　　15

> ア　この点，611条1項により賃借物の一部が滅失し
> た場合，賃借人からの請求を待たずに当然に賃料が
> 減額される。

　イ　したがって，Aの賃料債権は当然に減額される。

(3)　なお，Cは，甲土地の一部滅失により契約した目的　　20
を達しえなくなれば，契約を解除できる（611条2項）。

2　BC間の法律関係について

　本問において，CはBから甲土地の賃借権付きで乙建
物の売却を受けたのに，甲土地に物理的欠陥がある。
　　そこで，CはBに対して契約不適合責任（564条，415　　25
条1項本文）に基づき損害賠償を請求することができな
いか。「敷地」の物理的欠陥が「賃借権」の契約不適合
といえるか否かが問題となる。

> (1)　この点，建物とともに売買の目的とされたものは，
> 建物の敷地そのものではなく，その賃借権であり，敷　　30
> 地自体の物理的欠陥については修繕義務（606条1項
> 本文）を負う賃貸人にその修繕を請求すべきである。
> 　　また，債権の売主が債務者の資力を当然には担保し
> ないとされる（569条1項参照）こととの均衡からも，
> 賃貸人の修繕義務について，売主に責任を認めるべき　　35
> ではない。
> 　　そこで，敷地の物理的欠陥は売買の目的物たる賃借
> 権の契約不適合にはあたらず，建物の買主は，売主の
> 契約不適合責任を追及できないと解する。

(2)　したがって，Cは，Bに対して契約不適合責任に基　　40
づき損害賠償を請求することができない。

第2　小問(2)

1　AC間の法律関係について

(1)　本問では，Cは甲土地の地上権（265条）を取得し

右欄注記

➡Aの義務

➡Aの義務違反（債務不履行の事実）

➡結論・問いに答える姿勢

➡問題点の抽出

➡問題提起

➡結論

➡問いに答える姿勢

➡問題点の抽出

➡問題提起

➡論点の結論（問題提起に対応させる）

➡三段論法の帰結（問題提起に対応させる），問いに答える姿勢

ているところ，地上権は地主Aの支配や干渉を排除する 45
るかたちで設定されている（直接・排他的支配権）。

　そうすると，地主Aは，甲土地の修繕義務がないから，債務不履行責任を負う根拠がない。

　したがって，Cは，Aに対して債務不履行に基づいて損害賠償請求をすることができない。 50

(2)　また，原則どおり，CのAに対する地代債権は減額されることになる（266条2項・611条1項）。

(3)　なお，Cは，甲土地の一部滅失により地上権の設定した目的を達しえなくなれば，契約を解除できる（266条2項・611条2項）。 55

2　BC間の法律関係について

　本問において，CはBから甲土地の地上権付きで乙建物の売却を受けたのに，甲土地に物理的欠陥がある。

　そこで，CはBに対して契約不適合責任（562条，563条）を追及することができないか。「敷地」の物理的欠 60
陥が「地上権」の契約不適合といえるか否かが問題となる。

(1)　たしかに，地上権は小問の賃借権と同じ目的を実現するから，地上権の用益目的物の物理的欠陥も売買の目的物たる地上権の契約不適合とはいえないとも考え 65
られる。

　しかし，地上権の地主に修繕義務はないから，地上権の用益目的物の瑕疵は修繕義務の履行によって補完されず，賃借権と同様に考えることはできない。

(2)　そもそも，地上権などの用益物権は，所有者の支配 70
や干渉を排除するかたちで設定されている。

　そうだとすれば，用益物権の場合は，目的物の使用，収益権限だけでなく，目的物の性状についても，譲受人を保護するべきであるといえる。

　そこで，敷地の物理的欠陥は売買の目的物たる地上 75
権の契約不適合にあたり，建物の買主は，売主の契約不適合責任を追及できると解する。

(3)　したがって，Cは，Bに対して契約不適合責任に基づき，甲土地の修補等の履行追完が可能であれば追完請求（562条1項本文）および代金減額請求（563条1 80
項）を，追完が不能であれば代金減額請求（563条2項1号）をすることができる。

以上

➡地上権の本質

➡賃借権との異同

➡結論・問いに答える姿勢

➡問いに答える姿勢

➡問いに答える姿勢

➡問題点の抽出

➡問題提起

➡目的から考えられる帰結

➡賃借権との異同（29行目との対比）

➡自説

➡論点の結論（問題提起に対応させる）

➡三段論法の帰結（問題提起に対応させる），問いに答える姿勢

第1　甲土地利用権が賃借権の場合
　1　BC間の法律関係
　　　BC間では，甲土地賃借権が売買されているところ，その目的物たる甲土地擁壁の水抜穴が本来の効用を果たさないことを原因として，甲土地は一部滅失している。　5

⬅○問題点の抽出OK

　(1)　そこで，CはBに対し契約不適合責任に基づく損害賠償請求（564条，415条1項本文）ができないか，賃借土地に存する瑕疵が売買契約の目的物たる賃借権の「契約の内容」といえるかが問題となる。

⬅○問題の所在OK。条文が正確に引用されており，文言解釈の姿勢もよい

　　　ア　確かに，賃貸借の目的物に瑕疵があれば，新賃借人は目的物の十全な利用ができなくなる。　10

⬅○以下，十分な論証である

　　　　　とすれば，「契約の内容」には賃借土地に存する瑕疵も含むとも解しうる。
　　　　　しかし，賃貸人は賃借土地の瑕疵を修繕する義務を負うのだから（606条1項本文），このような瑕疵は，その義務の履行で修復されることを法は予定している。　15
　　　　　そもそも，売買契約の目的物は，あくまで賃貸借の目的物ではなく賃貸借契約そのものである。

⬅○よく理解している

　　　　　そうであれば，債権としての賃借権に欠陥があるとはいえない。　20
　　　　　したがって，賃借土地に存する瑕疵は売買契約の目的物たる賃借権の「契約の内容」といえないと解する。
　　　イ　本問でも，CはBに対して契約不適合責任を追及できない。　25

⬅○結論OK

　(2)　なお，Cは，Bが上記の瑕疵につき善意無過失であるから，Bに対して不法行為責任も追及できない。
　2　AC間の法律関係
　(1)　上記のとおり，Aは賃貸借目的物の修繕義務を負う（606条1項本文）。　30

⬅○以下，法律関係を丁寧に論じている

　　　　にもかかわらず，Aは，甲土地が修繕義務を要する状態であることを認識しつつ放置しているから，修繕義務違反がある。
　　　　そこで，CはAに対し債務不履行責任にもとづく損害賠償請求ができる（415条1項本文，416条1項）。　35
　(2)　Cは瑕疵につき善意無過失であったので，本問は賃借人の過失によらない賃借物一部滅失の場合である。

⬅○問題点の抽出OK

　　　　そして，611条1項により賃借物の一部が滅失した場合，賃借人からの請求を待たずに当然に賃料が減額される。　40
　(3)　さらに，Cは甲土地の残存する部分では契約目的を達成できないときは契約解除できる（611条2項）。

⬅○現場でよく条文を探している

第2　甲土地利用権が地代の定めのある地上権であった場合

1　BC間の法律関係

　　第1・1の場合と同様の事情から，CはBに対して，売買目的物たる地上権（265条）に瑕疵があることを理由に契約不適合責任に基づく損害賠償請求（564条・415条1項本文）ができないか，地上権の目的物に存する瑕疵が地上権売買契約の目的物の「契約の内容」といえるかが問題となる。

　(1)　この点，地上権は，債権である賃借権が賃貸人の使用収益させる義務を媒介にして間接的に賃借人に目的物を支配させるのと異なり，物を直接地上権者に支配させる権利である。

　　　とすれば，目的物の瑕疵についても，賃貸人が賃貸借目的物の瑕疵を修繕することを予定しているのと異なり，地上権者が自ら修繕することが予定されている。

　　　そうであれば，地上権の目的物の瑕疵は，地上権そのものが「契約の内容に適合しない」といえる。

　(2)　したがって，本問でもCはBに対して契約不適合責任に基づき，甲土地の修補等の履行追完が可能であれば追完請求（562条1項本文）および代金減額請求（563条1項）を，追完が不能であれば代金減額請求（563条2項1号）をすることができる。

2　AC間の法律関係

　(1)　上記のように地上権設定者は目的物修繕義務を負わない。

　　　したがって，CはAに対して債務不履行責任は追及できない。

　(2)　もっとも，地代の定めがある地上権の場合，地代に関しては賃貸借の規定が準用される（266条2項）。

　　　そこで，賃料減額請求（611条1項）を準用することが可能であろうか。

　　　この点，賃貸人が債務不履行責任を負うのと異なり，地上権設定者は使用収益させる義務を負わない以上債務不履行責任を負わない。

　　　とすれば，第1の場合と異なり賃料減額請求権を準用しない理由はない。

　　　よって，CのAに対する地代は減額される。

以上

45

50

55

60

65

70

75

80

←○問題点の抽出OK

←○問題提起OK

←○以下，十分な論述である。物権と債権の違いを十分に理解している

←○結論OK

←○よく理解している

←○現場でよく条文を探している。なお，266条2項は，312条から316条，611条，および614条を準用している

←△よく理解しているが，あまり問題とはならない。611条を準用すれば足りる

←○結論OK

答案作成上の注意点

　小問(1)について。AC間の法律関係に関しては，修繕義務（606条1項本文）の不履行に基づく損害賠償請求（415条1項本文）に触れる必要がある。また，賃貸人の帰責事由による一部滅失の場合には611条を適用することになるので，その点への言及をすべきである。BC間の法律関係については，「契約の内容」（564条・562条1項本文）に，賃借権自体の瑕疵のみならず，土地の物理的瑕疵が含まれるかが問題となる。この問題については，判例（最判平成3年4月2日民集45巻4号349頁）があるため，これを理解したうえでの論述が求められる。

　小問(2)について。AC間の法律関係に関しては，賃貸借契約（601条）における賃貸人と地上権設定契約（265条）における地主の地位の違いがポイントとなる。すなわち，地上権者は目的物に対して直接・排他的支配権をもつので，地主には賃貸人と異なり修繕義務がない。このほか，266条2項が611条を準用しているため，小問(1)と同様に同条の適用の有無が問題となる。BC間の法律関係については，地主に修繕義務がなく，上記判例の事案とは異なり地上権の用益目的物の瑕疵は修繕義務の履行によって補完されないことから，判例の射程が及ぶかを意識した論述が求められる。

答案構成

第1　小問(1)について
　1　AC間の法律関係
　(1)　Aに修繕義務（606条1項本文）違反
　　　　よって，Cは，Aに対し履行不能（415条1項本文）に基づく損賠請求ができる
　(2)　次に，賃貸人の帰責事由によらない賃借物の一部滅失の場合の賃料債権の帰すうが問題
　　　ア　611条1項により，賃料債権は減額
　　　イ　本問では，Aの賃料債権は減額
　(3)　なお，Cは，契約を解除しうる
　2　BC間の法律関係
　　　甲土地に瑕疵あり
　　　そこで，Cは，Bに対し契約不適合責任（564条，415条1項本文）に基づき損賠請求できないか，賃借土地の瑕疵が賃借権の「契約の内容」に含まれるか
　(1)　賃借土地の瑕疵は賃貸人の修繕義務の履行により補完されるべきであるから，賃借権の「契約の内容」に含めることはできない
　(2)　よって，Cは，Bに対し損賠請求できない
第2　小問(2)について
　1　AC間の法律関係
　(1)　地主Aは，甲土地の修繕義務を負わず，

債務不履行責任を負わない
　　　　したがって，Cは，損賠請求できない
　(2)　また，Aに修繕義務がない以上，一部滅失はAの帰責事由とはいえず，CのAに対する地代債権は減額される（266条2項・611条1項）
　(3)　なお，Cは，一定の場合，契約を解除できる（266条2項・611条2項）
　2　BC間の法律関係
　　　甲土地に瑕疵あることから，Cは，Bに対し契約不適合責任（564条，415条1項本文）に基づき損賠請求できないか，地上権の用益目的物の瑕疵を地上権の「契約の内容」に含めることができるかが問題
　(1)　地上権の地主に修繕義務はないから，用益目的物の瑕疵は修繕義務の履行によって補完されず
　(2)　用益物権は所有者の支配を排除するから，目的物の性状についても譲受人を保護すべき
　　　　そこで，地上権の「契約の内容」に含まれる
　(3)　よって，Cは，Bに対し，履行追完が可能であれば追完請求および代金減額請求を，追完が不能であれば代金減額請求をすることができる　　　　　　　　以上

【参考文献】

試験対策講座・物権法5章1節。試験対策講座・債権各論2章2節③【1】(4)，6節③。判例シリーズ70事件。

第18問A   不当利得

　Aは，Bに営業用トラック（以下「本件トラック」という）を賃貸していた。なお，本件トラックの修理代金の負担に関する特約はなかった。ある時，本件トラックの調子が悪くなったので，Bは，自動車修理業者Cに本件トラックの修理をさせた。Cは，本件トラックの修理を終えたので，Bに対し修理代金の支払と本件トラックの引取りを請求した。ところがBは，無資力となり失踪し，Cは，修理代金を受領することができなかった。その後Aは，Bとの間の賃貸借契約を解除し，Cに対して所有権に基づき本件トラックの返還請求をした。

　Cは，Aに対していかなる主張をすることができるかを論ぜよ。

【論　点】

転用物訴権

答案構成用紙

答案例

第1　本問において，まず，Cは，Aに対して本件トラック
　　の修理代金債権を被担保債権として留置権（295条1項本
　　文）を主張することが考えられる。　　　　　　　　　→考えられる主張（留置権）
　1　まず，Cは，Aの本件トラックという「他人の物の占
　　　有者」（295条1項本文）にあたる。　　　　　　　　5　　→他人の物の占有
　2　次に，修理代金債権は，本件トラックという物自体か
　　　ら生じた債権であるから，「その物に関して生じた債　　→物に関して生じた債権
　　　権」（295条1項本文）にあたる。
　3　また，CはBに対し修理代金の支払を請求しているか
　　　ら，債権が弁済期にあるといえる（295条1項ただし書）。10　→債権が弁済期にあること
　4　そして，留置権は物権であり，対世的効力を有するの
　　　で，CはAに対しても留置権を主張できる。　　　　　　→留置権の物権性
　5　よって，Cは，Aに対して本件トラックの修理代金債
　　　権を被担保債権として留置権を主張することができる。　→結論（問いに答える）
　6　しかし，これでは，Cは，Aに対して上記修理代金債　15　→つなぎを工夫する
　　　務の履行を間接的に強制できるにすぎない。
第2　そこで次に，Cは，Aに対してBの無資力を理由に，　　→考えられる主張（転用物訴権）
　　不当利得（703条）を根拠に修理代金相当の請求を主張す
　　ることが考えられる（転用物訴権）。
　1　まず，Cは，修理に要した財産上の出えんおよび労務　20　→損失
　　　の提供をしているから，「損失」があるといえる。
　2　次に，本件トラックはCの修理によってその価値の増　　→利益
　　　加が生じているから，Aは「利益」を受けたといえる。
　3　また，社会通念上，Cの「損失」においてAが「利　　→因果関係
　　　益」を得たという関係があるから，「そのために」（因果　25　⇨最判昭和49年9月26日（判例シ
リーズ78事件）
　　　関係）といえる。　　　　　　　　　　　　　　　　　　法律上の原因のないこと
　4　そうだとして，「法律上の原因なく」といえるかにつ
　　　いては争いがある。

> (1)　この点，賃貸人が賃借人との間の賃貸借契約におい　　→「二重の負担」は判例のキーワード
> 　　てなんらかのかたちで上記利益に相応する出えんまた　30
> 　　は負担をしたときは，賃貸人の利得は正当な財産的価
> 　　値の移転といえるから，かりに請負人が賃貸人に対し
> 　　て上記利益につき不当利得として返還請求をすること
> 　　ができるとすると，賃貸人に二重の負担を強いる結果
> 　　となる。　　　　　　　　　　　　　　　　　　　　　35
> 　　　そこで，賃貸人が「法律上の原因なく」利益を受け　　→規範
> 　　たといえるのは，賃貸人と賃借人の間の賃貸借契約を
> 　　全体としてみて，賃貸人が対価関係なしに上記利益を
> 　　受けたときにかぎられるものと解する。

　(2)　これを本問についてみると，AB間の賃貸借契約で　40　⇨最判平成7年9月19日（判例シ
リーズ79事件）
　　　は本件トラックの修理代金に関する特約はなかったか　　⇨あてはめ（規範に対応させる）
修繕義務は特約のないかぎり賃
貸人Aにある（606条1項）
　　　ら，Bがこれを負担すべきものではないといえる。
　　　　そうだとすれば，BがCと修理契約（請負契約）を
　　　締結することは，一種の事務管理となるから，Bには

代弁済請求権（702条2項・650条2項前段）がある。　45

　　　したがって，AB間の賃貸借契約を全体としてみて，Aが対価関係なしに利益を受けたとはいえないから，「法律上の原因なく」とはいえない。

5　よって，Cは，Aに対してBの無資力を理由に，不当利得に基づき修理代金相当の請求を主張できない。　50

第3　そこで次に，Cは，Aに対して，修理代金債権を被保全債権としてBの代弁済請求権を代位行使（423条1項本文）し，直接自己への金銭の支払を主張することが考えられる。

1　まず，被保全債権は修理代金債権という金銭債権であるし，債務者Bは無資力であるから，「自己の債権を保　55
全するため」（423条1項本文）といえる。

2　次に，Bは失踪しているから，債務者がみずから代弁済請求権を行使していないといえる。

3　また，CはBに対し修理代金の支払を請求しているから，被保全債権が弁済期にあるといえる（423条2項本　60
文）。

4　したがって，Cは，債権者代位権を行使できる。

5　そして，「債権者」たるCは，「被代位権利が金銭の支払……を目的とするものである」ため，「相手方」たるAに対し，「その支払……を自己に対してすることを求　65
めることができる」（423条の3前段）。

6　よって，Cは，Aに対して，修理代金債権を被保全債権としてBの代弁済請求権を代位行使し，直接自己への金銭の支払を主張することができる。

以上　70

➡三段論法の帰結

➡結論（問いに答える）

➡考えられる主張（債権者代位権）

➡債権保全の必要性

➡権利の不行使

➡履行期の到来

➡結論

➡問いに答える

1　CはAに対して修理代金債権を被担保債権として留置権
　（295条1項）を主張することができるか。

⇐○以下，要件の検討OK

　⑴　当該債権はトラックの修理代金債権であるから「その
　　物に関して生じた」債権である。

　⑵　Cは修理を終えて支払請求しているので，当該債権は　　5
　　弁済期（295条1項ただし書）にある。

　⑶　以上より，Cには，Bに対して留置権が成立する。

　⑷　そして，物権の対世効により，Bに対して成立した留
　　置権を第三者たるAに主張できる。

⇐○問いに答える姿勢OK

2　もっとも，本問ではBが無資力となり失踪しているので，　10
　Bから修理代金債権を回収することは困難である。

　　そこで，Cは，留置権を主張することなくAにトラック
　を返還し，これによりAが修理代金債権相当額を不当に利
　得したとして，不当利得返還請求（703条）できないか。

⇐△自分なりに工夫して考えているが，トラックを返還する必要性はないであろう

　⑴　まず，修理によりA所有のトラックの客観的価値が回　　15
　　復しているから，Aに「利益」がある。

⇐○以下，要件の検討OK

　⑵　次に，Cは，Bが無資力となり失踪し，債権回収が事
　　実上不可能になっているので，「損失」がある。

⇐△これを「損失」といえるか疑問（答案例参照）

　⑶　Aの利得とCの損失は，同一トラックを起因とするも
　　のであるから，社会通念上の相当因果関係がある。　　　20

⇐○この程度で十分である

　⑷　では，Aは「法律上の原因なく」利得したといえるか。

⇐○問題提起OK

　　ア　この点，判例は，本問のように，契約上の給付が第
　　　三者の利益に帰した場合の債権者から第三者への不当
　　　利得返還請求（転用物訴権）が問題になった事案につ
　　　き，賃貸借契約を全体としてみて賃貸人が対価関係　　25
　　　なしに利益を受けた場合に限り，利得に法律上の原因
　　　がないとしている。

⇐○判例の指摘OK

　　　　しかし，対価関係の判断の有無は困難であって，賛
　　　成し得ない。

⇐○批判OK

　　イ　そもそも，契約当事者の無資力の危険は，本来契約　　30
　　　当事者が負担すべきであるから，不当利得返還請求を
　　　認める形で第三者にこれを転嫁することは妥当でない。

⇐○以下，自分なりに丁寧な検討が加えられている

　　　　したがって，転用物訴権は全面的に否定すべきと解
　　　する。

　　　　以上より，Aは「法律上の原因なく」利得したとは　　35
　　　いえない。

　⑸　よって，CのAに対する不当利得返還請求の主張は不
　　可能である。

⇐○問いに答えている

3　では，CがAに対して直接請求することを認めることが
　不可能にしても，BのAに対する債権をCが代位行使（423　　40
　条1項本文）することで，間接的にCを保護することはで
　きないか。

⇐○つなぎが工夫されている

　⑴　まず，CはBに対して修理代金債権を持っているので，
　　「自己の債権」がある。

⇐○以下，要件の検討OK

(2) そして，債権者代位の制度趣旨は債務者の責任財産の　45　←○コンパクトに論じられている
　　　保全にあるから，債務者が無資力であるという要件の充
　　　足が必要であるところ，本問Bは無資力になっているの
　　　でこの要件も満たす。
(3) では，BはAに「債務者に属する権利」を持っている
　　　か。　　　　　　　　　　　　　　　　　　　　　　　50
　　ア　この点，賃貸借契約の目的物たるトラックの修理費
　　　　用は「必要費」（608条1項）であるから，BはAに対
　　　　し賃貸借契約に基づく必要費償還請求権を持っている
　　　　とも思える。
　　　　しかし，同請求権は，実際に必要費が出捐された時　55　←○よく勉強している
　　　　点で具体的に発生するから，Bが未だ出捐していない
　　　　本問では，未発生である。
　　イ　では，BはAに対して契約以外の債権発生原因であ　　　←○よく気づいている
　　　　る事務管理（697条1項）を根拠に債権を持っている
　　　　といえるか。　　　　　　　　　　　　　　　　　　60
　　　　この点，賃貸借契約においては目的物を円満に使用
　　　　収益させる義務は賃貸人にある（601条，606条1項）。
　　　　したがって，Bには修繕義務がない以上「義務な
　　　　く」他人のために事務を管理したといえる。
　　　　以上より，Bに事務管理が成立し，BはAに対して　65　←○条文もよく引けている
　　　　代弁済請求権（702条2項・650条2項前段）を持つ。
(4) よって，Cは，この代弁済請求権を代位行使すること
　　　が可能である。
　　ア　では，金銭を自己に引き渡せと主張できるか。　　　　←○以下，コンパクトに論証して
　　　　確かに，被代位債権の債権者はあくまでBである。　70　　　いる。なお，金銭なので，支払
　　　　しかし，債権者が受領しなければ代位制度の趣旨が　　　　というべき
　　　　実現できない。
　　　　そこで，代位債権者は，被代位債権の目的物を直接　　　←△「目的物」→「金銭」
　　　　自己に引き渡せと主張できる（423条の3前段）。　　　　←△「引き渡せ」→「支払え」
　　イ　よって，Cは，Aに対して自己に金銭を支払えとの　75
　　　　主張が可能である。
4　以上より，Cは，Aに対して留置権の主張および債権者　　　←○問いに答える姿勢OK
　　代位権行使に基づく金銭を支払えとの主張が可能である。
　　　　　　　　　　　　　　　　　　　　　　　　　以上

答案作成上の注意点 ▎▎▎

　第1に，留置権（295条1項本文）の成否を検討する。本問では，問題なくその成立を肯定できる。

　第2に，いわゆる転用物訴権が問題となる。不当利得の要件（703条）のうち，「法律上の原因」がないこととの関係で，判例（最判平成7年9月19日民集49巻8号2805頁）は限定的にこれを肯定している。この判例の立場を採用すると，本問では，転用物訴権を否定することになる。なぜなら，AB間で修理代金に関する特約がない以上，Bが修理契約を締結することは一種の事務管理となり，BのAに対する代弁済請求権（702条2項・650条2項前段）が発生するので，Aが対価関係なしに利益を受けたとはいえないからである。

　第3に，債権者代位権が問題となる。その要件該当性を検討したうえで，本問では金銭の支払が問題となっているため，代位債権者への直接の支払請求の可否を論じる必要がある。この点について，平成29年改正により423条の3が新設された。

答案構成 ▎▎▎

第1　CはAに対し留置権（295条1項本文）を主張
　1　Cは「他人の物の占有者」
　2　修理代金債権は「その物に関して生じた債権」
　3　債権も弁済期にあるといえる
　4　留置権は対世的効力を有するから，CはAに対しても留置権を主張できる
　5　よって，CはAに対し，修理代金債権を被担保債権として留置権を主張できる
　6　しかし，間接的な強制にすぎない
第2　Cは，Aに対し，不当利得（703条）に基づく修理代金相当の請求を主張
　1　Cには「損失」がある
　2　Aは「利益」を受けたといえる
　3　社会通念上，因果関係あり
　4　「法律上の原因なく」といえるか
　（1）　賃貸人が「法律上の原因なく」利益を受けたといえるのは，賃貸人と賃借人の間の契約を全体としてみて，賃貸人が対価関係なしに上記利益を受けたときにかぎられる
　（2）　AB間の賃貸借契約では修理代金に関する特約はなく，Bがこれを負担すべきものではない

　　　とすれば，BのCとの契約は，一種の事務管理となり，Bには代弁済請求権（702条2項・650条2項前段）あり
　　　したがって，AB間の賃貸借契約を全体としてみて，Aが対価関係なしに利益を受けたとはいえ，「法律上の原因なく」とはいえない
　5　よって，Cは，不当利得に基づく修理代金相当の請求を主張できない
第3　CはAに対し，Bの代弁済請求権を代位行使（423条1項本文）し，直接自己への金銭の支払を主張
　1　「自己の債権を保全するため」といえる
　2　債務者がみずから代弁済請求権を行使していない
　3　被保全債権が弁済期にある
　4　したがって，債権者代位権を行使できる
　5　そして，Cは，423条の3前段により，Aに対し，直接自己への金銭の支払を請求できる
　6　よって，Cは，Aに対し，修理代金債権を被保全債権としてBの代弁済請求権を代位行使し，直接自己への金銭の支払を主張できる

以上

【参考文献】
試験対策講座・物権法9章2節。試験対策講座・債権総論5章2節②・③。試験対策講座・債権各論4章2節⑤【2】(4)。判例シリーズ78事件，79事件。

3歳の男子甲は，母親Aとアパートで2人暮らしをしていた。Aは，甲が自分の留守中1人でいることが多いのを心配し，Bに対し甲の監護を委託した。ある日，Bは，甲を連れて散歩に出掛けたが，知人と立ち話をして甲から目を離した隙に，甲は，車道に飛び出し，脇見運転をしていた乙の自動車にはねられ重傷を負った。なお，乙は，丙社の商品の外交販売に従事し，仕事上随時会社の自動車を運転使用できる従業員であるが，私用で会社の自動車を運転し，出先からの帰宅途中であった。

　　上記の事例において，甲乙間および甲丙間の損害賠償をめぐる法律関係について論ぜよ（なお，自動車損害賠償保障法については触れなくてもよい。）。

【論　点】

1　過失相殺——被害者の責任能力の要否
2　過失相殺——被害者側の過失
3　使用者責任——「事業の執行について」（715条1項本文）の意義

答案構成用紙

答案例

第1　甲乙間の損害賠償をめぐる法律関係について
　1　まず，甲は，乙の脇見運転，すなわち「過失」（709
　　条）により，乙の自動車にはねられ重傷を負っている。
　　　したがって，甲は，乙に対して不法行為に基づく損害
　　賠償を請求することができる（709条，710条）。　　　　　5
　2　そうだとしても，甲の重傷は，「被害者」（722条2
　　項）である甲が車道に飛び出した行為から生じている。
　　　とはいえ，甲は3歳であり責任能力（712条）がない。
　　　そこで，甲の車道に飛び出した行為を考慮して過失相
　　殺（722条2項）することができるか，722条2項の「過　　10
　　失」が認められるためには責任能力まで必要かが問題と
　　なる。
　　(1)　そもそも過失相殺制度の趣旨は，発生した損害を加
　　　害者と被害者との間で公平に分担させることにある。
　　　　このような趣旨にかんがみ，722条2項の「過失」　　15
　　　が認められるためには，責任能力までは不要で，事理
　　　を弁識するに足りる能力があれば足りると解する。
　　(2)　これを本問についてみると，甲は，3歳であるから
　　　事理を弁識するに足りる能力さえなく，「過失」があ
　　　るとはいえない。　　　　　　　　　　　　　　　　　　20
　　　　したがって，甲の車道に飛び出した行為を考慮して
　　　過失相殺することはできない。
　3　そうだとしても，甲の受傷は，Bが知人と立ち話をし
　　て甲から目を離したすきに生じている。
　　　そこで，このようなBの過失を考慮して過失相殺（722　　25
　　条2項）することができないか，「被害者」の過失には，
　　被害者側の過失を含むかが問題となる。
　　(1)　そもそも過失相殺制度の趣旨は，前述のように，加
　　　害者・被害者間で損害の公平な分担を図る点にある。
　　　　この点，監督義務者等被害者と一定の関係にある者　　30
　　　の過失による損害は，加害者に負担させるよりも，被
　　　害者の内部問題として処理するほうが公平である。
　　　　そこで，「被害者」の過失には，被害者のみならず
　　　被害者側の過失をも含むと解する。
　　(2)　もっとも，被害者となんらかの関係がある者をすべ　　35
　　　て被害者側としてその過失を考慮することは，第三者
　　　の過失によって生じた損害を被害者の負担に帰せしめ，
　　　加害者の負担を免ずることになり，損害の公平な分担
　　　という過失相殺制度の趣旨に反する結果となる。
　　　　そこで，被害者側とは，被害者と身分上または生活　　40
　　　関係上一体をなすとみられるような関係にある者をい
　　　うと解する。
　　(3)　これを本問についてみると，Bは，甲の母親Aより
　　　甲の監護を委託されたにすぎないから，甲と身分上ま

→問題文の分析

→結論

→問題文の分析

→問題点の抽出
→問題提起

→趣旨

→論点の結論（問題提起に対応さ
せる）
⇨最大判昭和39年6月24日（判例
シリーズ85事件）
→あてはめ

→三段論法の帰結（問題提起に対
応させる）

→問題点の抽出

→問題提起

→趣旨（13行目とリンク）

→趣旨からの帰結

→論点の結論（問題提起に対応さ
せる）

→歯止め

→規範
　被害者側の範囲を限定
⇨最判昭和42年6月27日（民集21
巻6号1507頁）
→あてはめ（規範に対応させる）

たは生活関係上一体をなすとみられるような関係にある者とはいえず,「被害者」にはあたらない。 45

したがって,Bの過失を考慮して過失相殺（722条2項）することはできない。

➡三段論法の帰結（問題提起に対応させる）

第2　甲丙間の損害賠償をめぐる法律関係について

甲は,丙社に対して,使用者責任（715条1項）を根拠 50
に損害賠償を請求することが考えられる。

➡考えられる請求（使用者責任）

1　まず,乙は丙社の従業員であるから,丙社は,「ある事業のために他人を使用する者」といえる。

➡使用関係の存在

2　次に,前述のように,乙は甲に対して不法行為をしたので,「第三者に加えた損害」があるといえる。 55

➡被用者の不法行為

3　そうだとしても,乙は,私用で会社の自動車を運転し,出先からの帰宅途中で,甲に重傷を負わせている。

➡問題点の抽出。「事業の執行について」

そこで,乙の運転行為は「事業の執行について」といえるか,「事業の執行について」の意義が問題となる。

➡問題提起

(1)　そもそも715条の趣旨は,使用者は被用者を利用し 60
て利益をあげている以上被用者による損害も負担すべきとするのが公平である,という報償責任にある。

➡趣旨

そうだとすると,使用者と被用者の内部関係や被用者の主観的事情を「事業の執行について」の判断要素から外し,被害者の救済を図るべきである。 65

➡趣旨からの帰結

そこで,「事業の執行について」とは,被用者の職務執行行為そのものには属しないが,その行為の外形から観察して,あたかも被用者の職務の範囲内の行為に属するとみられる場合をも包含すると解する（外形理論）。 70

➡規範（問題提起に対応させる）

⇨最判昭和39年2月4日（民集18巻2号252頁）

(2)　これを本問についてみると,たしかに,乙の運転行為は,私用でなされているにすぎないので,乙の職務行為そのものには属さない。

➡あてはめ（規範に対応させる）

しかし,乙は仕事上随時会社の自動車を運転使用できる従業員であって,乙の運転行為の外形から観察す 75
ると,商品の外交販売に従事して運転する場合であると,私用のために運転する場合であると,その間に別段の差異はない。

したがって,乙の運転行為は,乙の職務の範囲内の行為に属するとみられるから,「事業の執行について」といえる。 80

➡三段論法の帰結（問題提起に対応させる）

4　よって,甲は,丙社に対して,使用者責任を根拠に損害賠償を請求することができる。

➡50行目に対する答え

以上

1　甲乙間の法律関係

　　甲は，乙の脇見運転により乙の自動車にはねられ重傷を負っているため，乙に対して709条に基づき損害賠償請求することができる。　　　　　　　　　　　　　　　　　←○前提OK

(1)　もっとも，甲がはねられたのは甲が車道に飛び出したという過失があるためであるので，過失相殺（722条2項）されないか。甲が3歳であるため，過失相殺に責任能力が必要か，が問題となる。　　　　　　　　　　5　←○問題提起OK

　　ア　思うに，過失相殺は被害者に責任を負わせるものではなく，公平の観点から被害者の不注意を考慮するものである。　　　　　　　　　　　　　　　　　　　　10　←○理由づけOK

　　　とすると，責任能力までは必要なく，事理弁識能力があれば足りると解すべきである。

　　イ　本問の甲は3歳であるため，事理弁識能力は認められない。したがって，甲の過失を理由に過失相殺することはできない。　　　　　　　　　　　　　　　15

(2)　としても，甲はBが立ち話をしていて目を離した隙に飛び出している。このような場合，Bの過失を考慮して過失相殺することができないか。被害者側の過失が認められるかが問題となる。　　　　　　　　　　20　←△論点の問題提起が抽象的すぎる。条文の文言にひっかけてほしい

　　ア　前述のように，過失相殺が認められたのは，損害の公平な分担のためである。　　　　　　　　　　　　←○以下，論証をコンパクトにまとめている

　　　とすると，被害者と身分上ないしは生活関係上一体をなすとみられるような関係にある者の過失については，これを考慮するのが公平といえる。　　　　　25

　　　したがって，そのような関係にある者の過失については，考慮することができると解すべきである。

　　イ　本問のBは，甲の母親Aから甲の監護を委託された者にすぎず，甲と身分上ないしは生活関係上一体をなすとみられるような関係にある者とはいえない。　30　←○あてはめOK。規範に対応している

　　　よって，Bの過失を考慮して過失相殺することはできない。

(3)　以上から，甲は乙に対し，過失相殺されることなく損害賠償を請求しうる。　　　　　　　　　　　　　　　←○結論OK

2　甲丙間の法律関係　　　　　　　　　　　　　　　35

　　乙は丙社の従業員であり，甲をはねた自動車は丙社のものであった。そこで，甲は使用者たる丙に対し，715条1項により損害賠償請求することが考えられる。　　　←○考えられる主張OK

(1)　まず，乙は丙社の従業員であるから，使用関係が存在するといえる。　　　　　　　　　　　　　　　　　40　←○以下，要件を丁寧に検討できている

(2)　次に，被用者乙の不法行為という要件も満たす。

(3)　としても，乙が私用で会社の自動車を使用していたことは「事業の執行について」にあたるか。　　　　　　←○問題提起OK

　　ア　この点判例は，事実的不法行為，取引的不法行為間　　←○判例の指摘OK

わず,「事業の執行について」とは職務行為の外形か　45
ら客観的に判断するべきであるとする(外形標準説)。

　しかし,相手方の信頼が問題とならない事実的不法
行為の場合に外形標準説を適用するのは妥当でない。

　思うに,事実的行為の場合には,加害行為が客観的
に使用者の支配領域内の危険に由来するか否かにより　50
決すべきである。

　イ　これを本問についてみると,乙が甲をはねた自動車
　　は会社が管理しているものであるから,丙社の支配領
　　域内にあるといえる。

　　したがって,乙の行為は,「事業の執行について」　55
　　にあたる。

(4)　よって,丙社が免責事由を立証しない限り,甲は丙社
　　に対し715条1項により損害賠償請求しうる。

　　　　　　　　　　　　　　　　　　　　　　　　以上

⬅○批判OK

⬅○自説OK(支配領域説)

⬅△「客観的に」という部分を意
　識して,より丁寧なあてはめを
　してほしい

⬅○結論OK

答案作成上の注意点

　甲乙間については，乙が不法行為責任（709条）を負うことを前提に，過失相殺（722条2項）がなされるかが問題となる。第1に，甲の過失を認定したうえで，3歳の甲には責任能力（712条）がないことから，722条2項の「過失」が認められるためには責任能力まで必要かが問題となる。判例（最大判昭和39年6月24日民集18巻5号854頁）によれば，責任能力は不要であるが事理弁識能力は必要とされるため，これに従って論ずるのであれば甲の事理弁識能力の有無を検討する必要がある。第2に，Bの過失を認定したうえで，これが「被害者」の過失にあたるのかが問題となる（被害者側の過失の法理）。判例は同法理を採用したうえで，被害者と身分上または生活関係上一体をなす関係にある者にその適用を限定しており（最判昭和42年6月27日民集21巻6号1507頁），これに従えば本問でもBの過失をもって「被害者」の過失とすることはできないだろう。

　甲丙間については，丙が使用者責任（715条1項）を負うかの検討をし，そのなかで「事業の執行について」にあたるかを詳しく論じる必要がある。判例（最判昭和39年2月4日民集18巻2号252頁）は，いわゆる外形理論を採用したうえで，本問と同種の事案で使用者責任を肯定している。

答案構成

第1　甲乙間
　1　甲は乙にはねられ重傷
　　　よって，甲は，乙に対し不法行為（709条，710条）に基づく損賠請求ができる
　2　もっとも，甲の重傷は，甲が車道に飛び出した過失から生じている
　　　そこで，過失相殺（722条2項）できるか，甲に責任能力（712条）がないところ，722条2項の「過失」には責任能力まで必要か
　　(1)　過失相殺制度の趣旨から，事理弁識能力さえあれば足りる
　　(2)　本問では，甲は3歳であり，事理弁識能力さえなく「過失」なし
　　　　したがって，甲の過失を考慮して過失相殺はできない
　3　そうだとしても，甲の重傷は，Bが甲から目を離した過失から生じている
　　　Bの過失を考慮して過失相殺できないか，「被害者」には被害者側の過失を含むか
　　(1)　被害者側の過失をも含めるのが公平
　　(2)　ただ，被害者の関係者すべてを被害者側とするのはむしろ不公平
　　　　そこで，被害者側とは，被害者と身分上または生活関係上一体をなすとみられる関係にある者をいう
　　(3)　本問では，甲の監護を委託されたにす

ぎないBはこれにあたらず，「被害者」にはあたらない
　　　　したがって，Bの過失を考慮して過失相殺はできない
第2　甲丙間
　　　甲は，丙社に対し，使用者責任（715条1項）に基づく損賠請求
　1　丙社は，「ある事業のために他人を使用する者」
　2　乙は甲に対し不法行為をしたので，「第三者に加えた損害」がある
　3　もっとも，乙の私用での運転行為は「事業の執行について」といえるか
　　(1)　715条の趣旨が報償責任にあることから，「事業の執行について」は，行為の外形から観察して，被用者の職務の範囲内の行為に属するとみられる場合も包含
　　(2)　本問では，丙社の自動車を利用した乙の運転行為の外形は，商品の外交販売に従事しているとみられ，乙の職務の範囲内の行為に属するとみられる
　　　　したがって，乙の運転行為は「事業の執行について」といえる
　4　よって，甲は，丙社に対し，使用者責任に基づく損賠請求ができる
　　　　　　　　　　　　　　　　　　　　以上

【参考文献】
試験対策講座・債権各論5章2節③【1】・【2】(1)，3節②【2】(2)。判例シリーズ85事件。

第2部

応用編

Aは，平成20年3月5日，自己の所有する甲土地について税金の滞納による差押えを免れるため，息子Bの承諾を得て，AからBへの甲土地の売買契約を仮装し，売買を原因とするB名義の所有権移転登記をした。次いで，Bは，Aに無断で甲土地の上に乙建物を建築し，同年11月7日，乙建物についてB名義の保存登記をし，同日から乙建物に居住するようになった。

　Bは，自己の経営する会社の業績が悪化したため，その資金を調達するために，平成21年5月23日，乙建物を700万円でCに売却し，C名義の所有権移転登記をするとともに，同日，Cとの間で，甲土地について建物の所有を目的とする賃貸借契約（賃料月額12万円）を締結し，乙建物をCに引き渡した。この賃貸借契約の締結に際して，Cは，甲土地についてのAB間の売買が仮装によるものであることを知っていた。

　その後，さらに資金を必要としたBは，同年10月9日，甲土地をDに代金1000万円で売却し，D名義の所有権移転登記をした。この売買契約の締結に際して，Dは，甲土地についてのAB間の売買が仮装によるものであることを知らず，それを知らないことについて過失もなかった。

　同年12月16日，Aが急死し，その唯一の相続人であるBがAの一切の権利義務を相続した。

　この場合において，Dは，Cに対し，甲土地の所有権に基づいて，甲土地の明渡しを求めることができるかを論ぜよ。

答案構成用紙

[1] はじめに

本問が94条2項の「善意の第三者」の基本的理解を前提とした問題であることは，明らかである。もっとも，他人物賃貸借や相続が絡むため，一見して明確な解答筋があるわけではない。具体的事情をふまえた利益衡量が必要であろう。本問は基本的事項が問われているように思えるが，答案作成をしてみるとなかなか難しい問題である。

このような明確な解答筋がみえない問題の場合，まずは基本事項をしっかりと論述することが大事である。そのうえで，自分の思考過程を丁寧に示し，論理矛盾のない論述をしていくことで合格答案となると考えられる。

[2] 設問

1 総論

解答の全体像を把握するには，要件事実的思考が有用と思われる。本問では，DがCに対して所有権に基づく甲土地の明渡請求を行う際の要件事実から思考を始めるとよい。

具体的な請求原因事実としては，①Dが甲土地の所有権を有していること，②Cが乙建物を所有することで甲土地を占有していることの2つがあげられる。①を検討していくなかで，Dが「善意の第三者」にあたるかについて論述していくこととなろう。

これに対し，Cは占有権原の抗弁を主張することになると考えられる。この抗弁を検討していくなかで，他人物賃貸借と相続について論述していくこととなろう。

2 Dが甲土地の所有権を有していること

まずは，AB間の売買が通謀虚偽表示（94条1項）であり無効となること，そのため，Dは無権利者Bから甲土地を取得したことになり，甲土地の所有権を取得できないことが原則であることを論述する必要がある。

この原則論を述べたうえで，Dが，94条2項の「善意の第三者」として保護されないかという点について検討することになる。ここでは，「善意の第三者」の意義，第三者として登記が必要か，という点についての論述が必要であろう。

「第三者」の規範は，受験生であれば全員暗記しているものであるが，ただ規範を書くだけでなく，答案例のように条文の趣旨に言及することが望ましい。

次に，登記の要否に言及することになる。ここでは，対抗要件としての登記と権利保護資格要件としての登記の2つがあるため，それぞれが必要であるかについて理由づけとともに論述することが必要であろう。

Dが「第三者」にあたることを認定したら，次にDが「善意」といえるかを検討することになる。この点に関連して，条文にない無過失を要求するかという論点がある。もっとも，本問では，簡単に触れれば足りる。

以上から，Dは「善意の第三者」として保護されることとなるため，Dが甲土地の所有権を有していることが認められる。ここまでは難しい問題ではないため，合格ラインに達するためには落とさず論述したい。

3 Cの占有権原の抗弁

(1) Dの主張に対し，Cは甲土地の賃借権を有しているため，占有権原があると反論することになる。この検討に際しても，まずは原則から考えることが重要である。具体的には，AB間の甲土地売買契約が通謀虚偽表示により無効（94条1項）であり，BC間の甲土地賃貸借は他人物賃貸借であること（559条本文・561条），他人物賃貸借は当事者間では有効であるが所有者に対しては主張できないこと，を示す必要がある。

そのうえで，①Cは94条2項によって保護されるか，②Dが94条2項によって保護されることの効果として一時的にせよ自己物の賃貸借と同様の状況にならないか，③仮装譲受人であるBが仮装譲渡人Aを相続したことで自己物の賃貸借と同様の状況にならないかという点を検討することとなろう。

もっとも，①については，Cは仮装売買であることを知っており「善意の第三者」にあたらないことが明らかであるため，端的に指摘することで十分であろう。

(2)　②については，94条2項の保護による権利移転の考え方が問題になる。順次取得説によれば，仮装譲渡人Aから仮装譲受人Bそして善意の第三者Dに権利が順次移転する。この場合，Bは一時的にせよ権利取得しているため，他人物賃貸借は自己物の賃貸借と同様の状況になりうる。そうすると，CはBD間の売買に先立って借地借家法10条1項の対抗要件を具備しているため，Dに対して賃借権を対抗することができる。

　一方で，通説である法定承継取得説では，仮装譲渡人Aから善意の第三者Dに直接権利が移転する。この場合，終始Bが権利取得することはなく，自己物の賃貸借と同様の状況にはならない。

　③については，一見すると，Bの相続（896条本文）によって甲土地がBに承継され，他人物賃貸借が自己物の賃貸借と同様の状態となるようにも思える。この場合にも，Cが先立って借地借家法10条1項の対抗要件を具備しているため，Dに対して賃借権を対抗することができる。

　しかし，本問では，94条2項の保護による権利移転の考え方についていずれの立場に立ったとしても，Bが相続する前に甲土地の所有権は確定的にDへ帰属しており，相続財産に甲土地は含まれていないと考えられる。そうすると，自己物の賃貸借と同様の状態とはならない。

(3)　以上の点について一定の考えを示した後は，CとDのどちらを保護すべきかという利益衡量をしていくこととなろう。ここまで論述できれば，上位答案になると考えられる。

　利益考量をする際には，本問の具体的な状況を整理し，自分なりの評価をする必要がある。たとえば，土地購入の際には現地調査をすることが通常であるため，DはCの賃借権を認識していたと考えられる，それにもかかわらずCに対し土地明渡請求を行うことは信義則に反するのではないかという点があげられる。ほかにも，BがAを相続することによって自己物の賃貸借と同様の状況となると考えた場合，CはDに優先することになるが，94条2項では保護されない悪意のCが，相続という偶然の事情によってDに優先してしまうことは妥当かという点が考えられる。

　もっとも，明確な正解があるわけではないため，自分なりの結論を示すことができれば十分である。そもそも，現場でここまで考えることができるのは，合格者のなかでも少数にすぎないと思われるため，論述できなくとも問題はないであろう。

【関連判例】
最判昭和42年10月31日民集21巻8号2232頁

【参考文献】
試験対策講座・スタートアップ民法・民法総則4章2節④。

答案例

第1　DはCに対し，所有権（206条）に基づく返還請求として，甲土
　　地の明渡しを請求すると考えられる。

第2　まず，Dは甲土地所有権を有するか。

　1　Aは税金の滞納による差押えを免れるため，Bの承諾を得て，
　　甲土地を売却する意思がないのに，Bとの売買契約を仮装してい
　　る。これは，Bと通じてした真意ではない意思表示であるから，
　　「相手方と通じてした虚偽の意思表示」（94条1項）にあたる。

　　　したがって，AB間の売買契約は同項により無効となる。

　　　そうすると，Bは甲土地について無権利であり，BD間の甲土
　　地売買契約は他人物売買となる。他人物売買は債権的には有効
　　（561条参照）であるが，物権的には無効であるから，登記に公
　　信力がない（192条参照）以上，Dは甲土地所有権を取得しない
　　のが原則である。

　2　もっとも，Dは94条2項で保護されないか。

　（1）　まず，Dは「第三者」にあたるかが問題となる。

　　　ア　この点についてみると，同項の趣旨は虚偽の外観作出につ
　　　　き帰責性のある表意者の犠牲のもと，このような外観を信頼
　　　　した第三者を保護し，取引安全を図る点にある。

　　　　　そこで，「第三者」とは，このような保護に値する者，す
　　　　なわち，当事者およびその包括承継人以外の者であって，虚
　　　　偽の外観を基礎として新たな独立の法律上の利害関係を有す
　　　　るにいたった者をいうと解する。

　　　　　そして，表意者と第三者とは前主後主の関係に立つため，
　　　　「第三者」にあたるための要件として，対抗要件たる登記は
　　　　不要であると解する。また，本人の帰責性が大きいため，権
　　　　利保護要件たる登記も不要であると解する。

　　　イ　これを本問についてみると，DはAB間の虚偽表示の当事
　　　　者およびその包括承継人ではない。また，DはB所有という
　　　　虚偽の外観を基礎として，Bと売買契約を締結するという新
　　　　たな独立の法律上の利害関係を有するにいたっている。

　　　ウ　したがって，Dは「第三者」にあたる。

　（2）　次に，Dが「善意」といえるかが問題となる。

　　　ア　この点についてみると，表意者に帰責性があることとの均
　　　　衡から，「善意」に無過失までは要しないと解する。

　　　イ　これを本問についてみると，DはAB間の虚偽表示を知ら
　　　　ないから，「善意」といえる。

　（3）　したがって，Dは94条2項で保護され，例外的に，甲土地所
　　　有権を取得する。

第3　次に，Cが甲土地の占有権原を有する場合には，Dは上記請求
　　をなしえないところ，Cの甲土地賃借権（601条）が占有権原とな
　　らないか。

　1　上記のとおり，AB間の甲土地売買契約は虚偽表示により無効
　　であるから，BC間の甲土地賃貸借契約は他人物賃貸借である。
　　他人物賃貸借は債権的には有効（559条本文・561条）だが，賃借

右欄注記：
→94条1項のあてはめ
→原則の指摘
→例外の検討
→問題提起
→趣旨
→規範
→登記の要否の指摘
→あてはめ
→結論
→問題提起
→規範
→あてはめ
→結論
→問題提起
→事案の分析

人は所有者に対し賃借権を対抗できない。

　　したがって，CはDに対し，甲土地賃借権を対抗できず，これ
を占有権原とすることはできないのが原則である。

　2　ここで，Cが94条2項で保護されるのであれば，Cは，BC間の
賃貸借契約時において所有者Aに対して甲土地賃借権を対抗でき，
その承継人Dに対しても対抗できることになる。しかし，CはAB
間の虚偽表示を知っており，「善意」ではない。そのため，Cは
同項で保護されない。

　3　また，かりに，Aの相続開始時（882条）にAが甲土地所有権
を有していたとすると，唯一の相続人（887条1項）であるBが
相続により甲土地所有権を承継取得（896条本文）することで，
BC間の賃貸借契約は他人物賃貸借ではなくなり，CとDは甲土地
について賃借権対所有権の対抗関係に立つことになる。そして，
Dより先に対抗要件を具備したCはDに優先し，甲土地賃借権をD
に対抗できることになりうる。

　　しかし，Dは，Aが死亡する前に，Bから甲土地を買い受け，
94条2項により保護されている。これにより，Dは，Aから甲土
地所有権を取得しているため，Aは，相続開始時において甲土地
所有権を完全に失っている。そのため，Bは甲土地所有権を相続
により承継取得することはなく，BC間の賃貸借契約は他人物賃
貸借のままである。

　　したがって，Cは，甲土地賃借権をDに対抗できない。

　4　よって，Cの甲土地賃借権は占有権原とならない。

第4　もっとも，DがBから甲土地を購入した時点ですでにCは甲土
地上の乙建物の引渡しを受け，乙建物の登記を具備していた。その
ため，DはCの賃借権の対抗を受けることを覚悟していたのであり，
それにもかかわらず甲土地の明渡しを求めることは信義則（1条2
項）に反しないか。

　1　たしかに，DはAB間の虚偽表示について過失なく知らず，AB
間に真実の甲土地売買があったものと信じていたのであり，Bか
らの賃貸人たる地位の移転によりみずからが賃貸人となることを
知ってBから甲土地を購入しているといえる。それにもかかわら
ず，賃借人Cを追い出すために甲土地の明渡しを求めることは矛
盾挙動であり，信義則に反するとも思える。

　　しかし，CはAB間の虚偽表示について悪意であり，みずから
が賃借権を所有者に対抗できないことを知りつつ賃貸借契約を締
結したのだから，保護に値しない。

　2　したがって，DがCに対し甲土地の明渡しを求めることは信義
則に反しない。

第5　以上より，DはCに対し，所有権に基づく返還請求として，甲
土地の明渡しを請求することができる。

　　　　　　　　　　　　　　　　　　　　　　　　　　　　以上

45

➡原則の指摘

➡94条2項の検討

50

➡対抗関係の整理

55

➡94条2項の効果の指摘

60

65

➡結論

➡問題提起

70

➡反対の考えに言及

75

➡自説の提示

80

➡結論

➡形式的に問いに答える

85

1 DがCに明渡しを求めるためには，Dが①甲土地の所有権を取得
し，②それをCに対抗できる（あるいはCから賃借権（民法601条）
を対抗されない）ことが必要である。

2 ①について
(1) AB間の甲土地の売買契約（555条）は仮装であるため，通謀虚　5
偽表示（94条1項）として無効であり，甲土地所有権はいまだA
にある。
　　したがって，BD間の売買は他人物売買（561条）であり，Dは
所有権を取得しないのが原則である。

(2) もっとも，Dは，AB間の売買が仮装であることにつき善意無　10
過失である。そこで，Dが「第三者」（94条2項）に当たれば，D
は甲土地所有権を取得することができる。
　ア　94条2項の趣旨は，虚偽の外観作出につき帰責性ある者の犠
牲のもとに，外観を信頼した者を保護する点にある。とすれば，
「第三者」とは，虚偽の外観を信頼して新たに独立の法律上の　15
利害関係を有するに至った者をいい，本人に帰責性があるため
善意で足り，また，登記も不要である。
　イ　本問でDは，AB間の売買が仮装であったこと（登記が虚偽
であったこと）につき善意である。
　ウ　したがって，Dは「第三者」に当たり，甲土地の所有権を取　20
得する。

3 ②について
(1) CはBから賃借権（601条）の設定を受けているが，Bは甲土地
所有者ではないため，Cの賃借権はAに対抗できない（債権的に
は有効（559条・561条））。また，CはAB間の仮装につき悪意で　25
あり，94条2項により保護され得ない。
　　もっとも，CはBから，甲土地の賃借権の設定と同時に，B所
有の乙建物を譲り受けており（555条），Cの甲土地賃貸借契約は
「建物の所有を目的とする」（借地借家法1条）ものといえる。
そうだとすれば，BC間の賃貸借契約には借地借家法の適用がある。30

(2) そこで，94条2項の効果によっては，CがDに賃借権を対抗で
きる可能性がある。すなわち，94条2項によってDが甲土地所有
権を取得する態様には，AB間の仮装売買契約が外観通りのもの
として有効になり，甲土地所有権がA, B, Cと移転する，という
考え方と，AB間の売買契約は無効のまま，AからDへと直接所　35
有権が移転するという考え方があり得る。そして，もし前者であ
れば，Bが甲土地の所有権者であった時期があることとなり，C
の賃借権は甲土地所有者に対抗できることになる。とすれば借地
借家法10条1項により，その後の甲土地所有者Dにも賃借権を対
抗できる。他方，後者であれば，Bが甲土地所有者であった時期　40
は存在しないこととなり，Cの賃借権は甲土地所有者に対抗する
ことができず，Dにも賃借権を対抗できないことになる。そこで，
94条2項の権利移転の態様が明文なく問題となる。
　ア　そもそも94条2項の趣旨たる第三者保護のためには，本人か

○事案の分析ができて
いる

○他人物売買であり，
所有権を取得できない
という原則が指摘でき
ている

○94条2項の趣旨から
規範を導き出せている
△コンパクトにまとめ
たが，書くのであれば
もう少し丁寧に書くこ
とが望ましい

○他人物賃貸借は債権
的に有効であるにすぎ
ないという原則が指摘
できている

○借地借家法の適用に
気づいている

○94条2項の権利移転
の2つの考え方を示せ
ている

○自分なりの理由づけ

ら直接第三者へ権利移転があったとすれば，必要かつ十分である。また，本人と虚偽の外観を作出した中間者との契約を有効とするのは二人の合理的意思に反し妥当ではない。

　そこで，94条2項の効果は本人から第三者への法定の承継取得であると考える。

　イ　本問では，AからDへ所有権が移転することになる。

　ウ　したがって，Aに賃借権を対抗できなかったCは，借地借家法10条1項により，Dに賃借権を対抗することはできない。

(3)　次に，Cからは，Bは相続（民法882条，887条1項，896条本文）により甲土地所有権を取得しているため，借地借家法10条1項が適用になるという反論があり得る。しかし，平成21年10月9日のBD間の売買により，Dが甲土地所有権を取得（民法94条2項）しているため，その時点からAは甲土地につき無権利者となっている。したがって，その後の12月16日にAが死亡しても，Bは甲土地所有権を承継しないため，Cの反論は認められない。

←○問題点に気づいている

(4)　最後に，Cからは，DがBから甲土地を買い受けた際，Cの乙建物登記があることは知っていたはずであり，Cに賃借権を対抗されることを覚悟して甲土地を譲受けたDが，甲土地明渡しを求めることは信義則（1条2項）に反すると反論することが考えられる。

←○本問独自の問題点に気づいている

　ア　しかし，本問ではDがCに対して，個人的な恨みを抱いているなどの事情はなく，他方で，Cは自らの賃借権が土地所有者に対抗できないことを知りつつ賃借権の設定を受けたのであるから，保護に値しない。

←○自分なりの理由づけを示し，結論を導くことができている

　イ　そうだとすれば，Dの明渡請求が信義則に反するということはできない。したがって，Cの反論は認められない。

(5)　以上から，Cは賃借権をDに対抗することはできず，DはCに対し，甲土地所有権に基づいて，甲土地の明渡しを求めることができる。

以上

　不動産の仮装売買（民法第94条第1項）を前提に，仮装名義人が不動産を一方に賃貸し，他方に売買した事案における，賃借人と買主との法律関係についての理解を問うものである。民法第94条第2項の善意の第三者に関する基本的理解を前提に，他人物売買及び他人物賃貸借をめぐる法律関係を検討し，さらに，他人物の売主及び賃貸人が所有者を相続した場合の法律関係を問うことで，正確な法的知識とそれに基づく事案分析能力，論理的思考能力及び応用力を試すものである。

優秀答案における採点実感 ▮▮▮

① 全体

　必要な論点にはしっかり言及しており，取りこぼしなく得点できたと思われる。原則から検討している点，趣旨からの論述ができている点，条文の引用ができている点など，全体をとおして基本的な部分がしっかりできている点が評価されたと考えられる。

② 設問

1　Dについての94条2項該当性

　条文の趣旨を記載したうえで，第三者の規範を導き出しており丁寧な論述である。ただ規範を述べることはだれでもできるが，このように条文の趣旨から論述できていた受験生は少ない。そのため，このような丁寧な記述は評価されたであろう。

　全体の分量からしてこの部分はコンパクトにまとめるべきであるところ，簡潔にまとめてあり，バランスのよい記述量である。

　善意の意義や登記の要否といった点にもいちおう言及してある。この2つは，大展開すべき論点ではないが，この記述では物足りない。時間の関係上，最低限の言及になってしまったのだと思われる。

2　他人物賃貸借と94条2項の考え方について

　他人物賃貸借であって所有者に対抗できないということに言及しており，原則からの考え方ができている。そのうえで，94条2項の権利取得の態様が問題となることが示されており，論理的な思考ができていることが読み取れる。このような答案は読みやすく，好印象である。

　また，借地借家法の適用があることに気づけており，条文の引用も適切である。賃貸借の対抗について，借地借家法の条文を落としている受験生もいたため，注意が必要である。

　94条2項の権利取得の態様についても，2つの考え方が示され，理由を付して結論を導き出している。この部分はこのような考え方自体を認識していないか，認識していたとしても，どのような位置づけで論述していくのかわからない受験生が大多数であったと思われるため，高評価されたであろう。

3　相続関係について

　相続に関する条文の引用も忘れずなされており，権利関係も適切に整理されている。現場で事案を分析し，法律関係を整理することが難しい問題であったにもかかわらず，論理矛盾のない答案が作成できており，高評価されたのであろう。

4　信義則の検討について

　民法は結論の妥当性という観点も重要である。問題文の事情を拾い，自分なりの結論を導き出せている。現場での思考方法として参考にしてほしい。

次の文章を読んで，後記の〔設問１〕及び〔設問２〕に答えなさい。

【事実】

1．Aは，年来の友人であるBから，B所有の甲建物の購入を持ち掛けられた。Aは，甲建物を気に入り，平成23年7月14日，Bとの間で，甲建物を1000万円で購入する旨の契約を締結し，同日，Bに対して代金全額を支払った。この際，法律の知識に乏しいAは，甲建物を管理するために必要であるというBの言葉を信じ，Aが甲建物の使用を開始するまでは甲建物の登記名義を引き続きBが保有することを承諾した。

2．Bは，自身が営む事業の資金繰りに窮していたため，Aに甲建物を売却した当時から，甲建物の登記名義を自分の下にとどめ，折を見て甲建物を他の者に売却して金銭を得ようと企てていた。もっとも，平成23年9月に入り，親戚から「不動産を買ったのならば登記名義を移してもらった方がよい。」という助言を受けたAが，甲建物の登記を求めてきたため，Bは，法律に疎いAが自分を信じ切っていることを利用して，何らかの方法でAを欺く必要があると考えた。そこで，Bは，実際にはAからの借金は一切存在しないにもかかわらず，AのBに対する300万円の架空の貸金債権（貸付日平成23年9月21日，弁済期平成24年9月21日）を担保するためにBがAに甲建物を譲渡する旨の譲渡担保設定契約書と，譲渡担保を登記原因とする甲建物についての所有権移転登記の登記申請書を作成した上で，平成23年9月21日，Aを呼び出し，これらの書面を提示した。Aは，これらの書面の意味を理解できなかったが，これで甲建物の登記名義の移転は万全であるというBの言葉を鵜呑みにし，書面を持ち帰って検討したりすることなく，その場でそれらの書面に署名・押印した。同日，Bは，これらの書面を用いて，甲建物について譲渡担保を登記原因とする所有権移転登記（以下「本件登記」という。）を行った。

3．平成23年12月13日，Bは，不動産業者Cとの間で，甲建物をCに500万円で売却する旨の契約を締結し，同日，Cから代金全額を受領するとともに，甲建物をCに引き渡した。この契約の締結に際して，Bは，【事実】2の譲渡担保設定契約書と甲建物の登記事項証明書をCに提示した上で，甲建物にはAのために譲渡担保が設定されているが，弁済期にCがAに対し【事実】2の貸金債権を弁済することにより，Aの譲渡担保権を消滅させることができる旨を説明し，このことを考慮して甲建物の代金が低く設定された。Cは，Aが実際には甲建物の譲渡担保権者でないことを知らなかったが，知らなかったことについて過失があった。

4．平成24年9月21日，Cは，A宅に出向き，自分がBに代わって【事実】2の貸金債権を弁済する旨を伝え，300万円及びこれに対する平成23年9月21日から平成24年9月21日までの利息に相当する金額を現金でAに支払おうとしたが，Aは，Bに金銭を貸した覚えはないとして，その受領を拒んだ。そのため，Cは，同日，債権者による受領拒否を理由として，弁済供託を行った。

〔設問1〕

　Cは，Aに対し，甲建物の所有権に基づき，本件登記の抹消登記手続を請求することができるかどうかを検討しなさい。

【事実（続き）】

5．平成25年3月1日，AとCとの間で，甲建物の所有権がCに帰属する旨の裁判上の和解が成立した。それに従って，Cを甲建物の所有者とする登記が行われた。

6．平成25年4月1日，Cは甲建物をDに賃貸した。その賃貸借契約では，契約期間は5年，賃料は近隣の賃料相場25万円よりも少し低い月額20万円とし，通常の使用により必要となる

修繕については，その費用をDが負担することが合意された。その後，Dは，甲建物を趣味の油絵を描くアトリエとして使用していたが，本業の事業が忙しくなったことから甲建物をあまり使用しなくなった。そこで，Dは，Cの承諾を得て，平成26年8月1日，甲建物をEに転貸した。その転貸借契約では，契約期間は2年，賃料は従前のDE間の取引関係を考慮して，月額15万円とすることが合意されたが，甲建物の修繕に関して明文の条項は定められなかった。

7．その後，Eは甲建物を使用していたが，平成27年2月15日，甲建物に雨漏りが生じた。Eは，借主である自分が甲建物の修繕費用を負担する義務はないと考えたが，同月20日，修理業者Fに甲建物の修理を依頼し，その費用30万円を支払った。

8．平成27年3月10日，Cは，Dとの間で甲建物の賃貸借契約を同年4月30日限り解除する旨合意した。そして，Cは，同年3月15日，Eに対し，CD間の甲建物の賃貸借契約は合意解除されるので，同年4月30日までに甲建物を明け渡すか，もし明け渡さないのであれば，同年5月以降の甲建物の使用について相場賃料である月額25万円の賃料を支払うよう求めたが，Eはこれを拒絶した。

9．平成27年5月18日，Eは，Cに対し，【事実】7の甲建物の修繕費用30万円を支払うよう求めた。

〔設問2〕

CD間の賃貸借契約が合意解除された場合にそれ以後のCE間の法律関係はどのようになるかを踏まえて，【事実】8に記したCのEに対する請求及び【事実】9に記したEのCに対する請求が認められるかどうかを検討しなさい。

1 はじめに

本問の設問1は，BがAに甲建物を売却した後，実体に合致しない譲渡担保を登記原因とする所有権移転登記手続を行ったうえで，Cに対しても同建物を売却してしまったという二重譲渡の問題である。答案の大枠自体は多くの受験生が間違えずに論じられるところである以上，あてはめをどれだけ丁寧にできるかが合否の分かれ目であるといえる。

また，設問2は適法な転貸借がされ，原賃貸借が合意解約された場合の転借人の地位および必要費の費用償還請求（608条1項）をどのように解するかが問題となる。原賃貸借が合意解除された場合の転貸借への影響は，平成29年の民法改正で条文が新設されているので，この条文へ言及するとともに，本問であげられている事情を自分なりに評価し，説得的な論述をすることが求められる。

2 設問

1 設問1について

(1) 答案の大枠

本問では，「Cは，Aに対し，甲建物の所有権に基づき，本件登記の抹消登記手続を請求することができるかどうかを検討しなさい。」として，具体的な請求自体はすでに問題文に示されているため，素直に，当該請求が認められるかについて，要件事実を軸に検討していくことになる。具体的には，所有権（206条）に基づく妨害排除請求権としての本件登記の抹消登記手続請求が認められるためには，①原告たるCが甲建物の所有権を有し，②被告たるA名義の登記が存在することが必要となってくる。

そのうえで，本問では，A名義の登記が存在することが明らかであるため，Cが甲建物の所有権を有しているかという点を重点的に論じることになる。

(2) 実体的権利関係に合致しない登記の有効性

本問では，BはAに対し，甲建物を売却したにもかかわらず，登記原因は架空の貸金債権を担保する譲渡担保となっている。そのため，Cが甲建物の所有権を取得するかの前提として，Aが取得した登記の有効性がひとつの論点として問題となる。

もっとも，本問でのメイン論点はあくまで94条2項と権利外観法理の論点であるため，Aが取得した登記の有効性について長々と論じる必要はない。答案上では，登記原因が物権変動の得喪そのものを示すものではないことに触れたうえ，実際の物権変動の原因と異なる登記原因が記載されていても，対抗要件としては有効であるという点に簡潔に言及すれば十分である。

(3) 94条2項と権利外観法理

一般的には，虚偽の外観を信頼して取引関係に入った第三者を保護する法律構成としては，94条2項類推適用が用いられる。もっとも，本問はAが虚偽の外観作出につき，明示または黙示の承諾をしていない状況であるため，このような状況で善意の第三者をどのように保護すべきかが問題となっている。

この点，最判平成18年2月23日によると，本人の帰責性の程度がみずから外観の作出に積極的に関与した場合や，これを知りながらあえて放置した場合と同視しうるほど重いものである際には，94条2項，110条の類推適用により善意の第三者の保護を図ることになる。

本問の検討にあたっては，同判例の基本的理解を規範として示すとともに，本問で記載されている具体的な事実を拾いながら，本人の帰責性がどの程度のものであったのかを丁寧に分析する姿勢を答案上で示せるかが高得点獲得の鍵である。

2 設問2について

(1) CのEに対する請求

まず，CのEに対する請求として何が考えられるかを法律上の根拠も示しながら，論述をすることが求められるところ，本問では，CD間の賃貸借契約が合意解除されている点を捉え，甲建物の所有者であるCが同建物を占有しているEに対し，所有権（206条）に基づく返還請求権として甲建物明渡請求をすることが考えられる。

そして，本問では，賃借人Eは賃貸人Cの「承諾」（612条1項）を得たうえで，Dに転貸借をしていることから，適法な転貸借関係が存在している。そのため，適法な転貸借関係がある場合，賃貸借契約を合意解除した際の転貸借関係がどのようになるかが問題となるが，この点に関しては，平成29年の民法改正により613条3項本文という条文が新設されているため，この条文に言及し，端的に結論を導けば十分である。

　そのうえで，同条項で合意解除を転借人に対抗できない場合，CはEに対し甲建物の賃料請求をできることになるが，具体的に請求できる賃料がいくらかが問題となる。この点は，平成29年の民法改正でも解決がされていないため，自分なりに現場思考で本問の事情を分析し，規範を定立できれば十分である。本問で考えられる結論としては，CD間の賃貸借契約の賃料である月額20万円を基準とする立場，近隣の賃料相場である月額25万円を基準とする立場，DE間の賃貸借契約の賃料である月額15万円を基準とする立場が考えられるが，どの立場を採用しても，筋がとおった説明ができていれば合格レベルの答案となる。

(2)　EのCに対する請求

　まず，EのCに対する請求として何が考えられるかを法律上の根拠を示しながら論述をすることが求められるところ，本問では，甲建物の雨漏りの修理費用は目的物の現状の維持および保存のために支出された費用たる「必要費」にあたるとして，EはCに対して608条1項に基づいて当該費用の償還請求をすることが考えられる。

　もっとも，転借人は原賃貸人に対して直接義務を負う（613条1項）が，原賃貸人は転借人に対して直接義務を負うことはない以上，Eの当該請求は認められない。

　結論として，Eの請求が認められないことに言及すれば十分だが，請求が認められないという結論が不都合なものではないという点に一言フォローを加えられるとなおよい。どのようなフォローをすればよいかは，是非，答案例を参考にしてほしい。

【関連判例】
最判平成18年2月23日民集60巻2号546頁（百選Ⅰ22事件）

【参考文献】
試験対策講座・スタートアップ民法・民法総則4章2節④【5】(2)(c)。

答案例

第1　設問1
1　CのAに対する所有権（206条）に基づく妨害排除請求権としての本件登記抹消登記手続請求が認められるためには，①Cが甲建物につき所有権を有し，②A名義の登記がなされていることが必要であるところ，本件登記はなされているから，②は充足する。　　　5

➡請求の要件

2　そこで，①を検討するに，甲建物はBが所有していたところ，平成23年7月14日にAに対して売却され，同年9月21日に本件登記がなされているので，これにより対抗要件を備えたといえるか，譲渡担保を登記原因としていることから問題となる。

➡問題提起

登記原因は物権変動の原因を示すものにすぎないから，実際の　　10
物権変動の原因と異なる登記原因が記載されていても，対抗要件としては有効であると解すべきである。

➡規範

したがって，Aが本件登記を具備したことで，対抗要件としては有効な登記を備えたといえ，確定的に所有権を取得する。

3　そうすると，BC間の甲建物売買時にBは無権利者であったこ　　15
とになるので，Cは原則として甲建物の所有権を取得できない。

➡原則の確認

(1)　もっとも，Cは本件登記が譲渡担保のためになされたものであることを信頼して取引に入っているので，「第三者」（94条2項）として保護されないか。BA間に「通謀」（同条1項）がないことから，94条2項を直接適用できないものの，類推適用でき　　20
ないかが問題となる。

➡問題提起
➡原則の確認

94条2項の趣旨は，相手方の帰責性のもとに虚偽の外観が作出され，それを信頼して取引に入った者を保護する点にあるから，㋐虚偽の外観，㋑本人の帰責性，㋒外観への信頼がある場合には，94条2項を類推適用するべきと考える。　　25

➡趣旨からの理由づけ

そして，本人が虚偽の外観作出に関与していないとしても，虚偽の外観について知りながらあえて放置していた場合やこれと同視しうる場合には，94条2項に加えて110条を類推適用し，外観に対する信頼があるというためには善意かつ無過失であることを要すると考える。　　30

(2)　本件では，まず，所有権移転という点においては実体と一致しているものの，登記原因たる譲渡担保契約は架空の貸金債権を担保するための実体のないものを反映させた外形であるといえるから，虚偽の外観は存在する（㋐充足）。

➡あてはめ

次に，AはBから架空の貸金債権を担保する内容の譲渡担保　　35
設定契約書および登記申請書への署名・押印の求めに素直に応じている。これは，Aが法律の知識に乏しいとしても，Bの言葉を鵜呑みにして安易に署名・押印したあまりにも不注意な行為であるから，虚偽の外観を知りながらあえて放置していた場合と同視しうる（㋑充足）。　　40

しかしながら，Cは，Aが甲建物の譲渡担保権者でないことを知らないことにつき過失があった（㋒不充足）。

(3)　したがって，Cの甲建物所有は認められない（①不充足）。

4　以上により，Cの請求は認められない。

➡形式的に問いに答える

第2　設問2　　　　　　　　　　　　　　　　　　　　　　　　45
1　CのEに対する請求について
　⑴　Cとしては，CD間の賃貸借契約が合意解除されたとして，　　　➡請求の根拠を明らかに
　　　甲建物を占有するEに対し，所有権に基づく返還請求権として　　　　する
　　　甲建物明渡請求を行うことが考えられる。
　　　　もっとも，Eは，あくまでDが甲建物を転貸することにつき　50　➡条文へのあてはめ
　　　Cの承諾を得たうえで（612条1項）適法に甲建物を転貸して
　　　いる地位にある。そのため，613条3項本文の「賃借人が適法
　　　に賃借物を転貸した場合」にあたるとして，「賃貸人」たるCは，
　　　CD間の賃貸借契約が合意解除されたことをもって，「転借人」
　　　たるEに当該合意解除を「対抗することができない」。　　　　55
　　　　したがって，CのEに対する所有権に基づく返還請求権とし　　　➡結論
　　　ての甲建物明渡請求は認められない。
　⑵　もっとも，Cとしては，明渡請求が認められないのであれば，
　　　Eに対し，甲建物の賃料相当額の支払請求をすることが考えら
　　　れるが，請求できる賃料はいくらか。613条3項本文により合　60　➡問題提起
　　　意解除が転借人に対抗することができない場合，その後の法律
　　　関係はいかに解すべきかが問題となる。
　　　　この場合に，原賃貸借が存続するとなると，賃貸借関係が合
　　　意解除されているのに賃借人を契約関係に強制的に引き止める
　　　ことになってしまって，妥当でない。　　　　　　　　　　　65
　　　　そこで，合意解除においては，賃貸人は転借人に明渡しを請
　　　求できない結果として，賃貸人と転借人との間に新たな賃貸借
　　　契約が生じると解すべきである。そして，合意解除は転借人の
　　　あずかり知らない事情により行われる以上，転借人に有利なよ
　　　うに，新たな賃貸借契約の内容は，従前の転貸借契約の基準に　70
　　　よるべきと解する。
　⑶　そうすると，本件では，従前の転貸借契約においては，賃料
　　　は月額15万円であったから，Cは，Eに対して月額15万円の賃　　　➡結論
　　　料の支払請求をすることができることになる。
2　EのCに対する請求について　　　　　　　　　　　　　　　75
　　Eとしては，甲建物の雨漏りの修理費用として「必要費」30万
　円を支出したとして，Cに対して608条1項に基づいて当該費用　　　➡請求の根拠を明らかに
　の償還請求をすることが考えられるが，これが認められるか。　　　　　する
　⑴　転借人は原賃貸人に対して直接義務を負うが（613条1項），
　　　原賃貸人は転借人に対して直接義務を負うことはない。　　　80
　⑵　そうすると本件では，原賃貸人であるCは，転借人Eに対し
　　　て義務を負わないことになる。
　⑶　したがって，Eの当該請求は認められない。　　　　　　　　　➡結論
　　　　なお，Eとしては，本件修繕費を支払った時点では，DE間で　　　➡論理的整合性の言及
　　　転貸借契約は存続していたのであるから，原賃貸借の合意解除　85
　　　によってCE間に新たな賃貸借契約が生じたと解したとしても，
　　　当該費用についてEはDに対して請求すべきである以上，EのC
　　　に対する請求が認められないという結論も妥当である。　　　以上

優秀答案

第1　設問1

1　CのAに対する本件登記の抹消登記手続請求が認められるか。
　　上記請求が認められるためには，①Cが甲建物の所有権を有すること②A名義の甲建物に関する登記が必要である。

　(1)　甲建物には，A名義の所有権登記がある一方，Cは甲建物の所有権を有するか。前提として，Bが甲建物の所有権を有していたことが必要になるが，Bは甲建物の所有権を有していたか。たしかに，AB間の譲渡担保設定契約によりAに甲建物の所有権移転登記がなされているが，被担保債権たる貸金債権は架空のものであり，譲渡担保設定契約は無効であるため，AB間の売買により，Bは甲建物の所有権を有していないのが原則である。　←○原則論から丁寧に論述ができている

　(2)　もっとも，Cは，AB間の譲渡担保設定契約を信頼しており，甲建物を買い受けている。そして，譲渡担保は，債権担保がその実質であるところ，担保権として構成すべきであり，Cは，Bに甲建物の所有権があることを信頼していたといえるため，Cのこのような信頼を保護できないか問題となる。　←○問題提起が丁寧

　　ア　この点，Aは法律の知識に乏しいことから，Bの言葉を鵜呑みにして，譲渡担保設定契約を締結しているため，AB間に通謀があるとはいえず，94条2項を直接適用することはできない。もっとも，94条2項の趣旨は，本人の帰責性により作出された虚偽の外観を信頼した第三者を保護する点にある。
　　　　そこで，①本人に帰責性があること②虚偽の外観が存在すること③第三者が信頼していることが認められれば，94条2項を類推適用して，第三者を保護すべきと解する。ただし，本人の帰責性の程度が低い場合には，静的安全の観点から，第三者には無過失まで必要であると解する。
　　イ　本問では，十分に確認することなく譲渡担保設定契約をしたAに帰責性がある（①充足）。また，甲建物に譲渡担保を登記原因とする所有権移転登記がある（②充足）。もっとも，AはBに欺かれて譲渡担保設定契約をしたのであり，帰責性の程度は低いといえるところ，Cは，Aが譲渡担保権者でないことを知らなかったことについて過失があった（③不充足）。　←△Aの帰責性が低いかは，もう少し本問にあげられている事実を分析しながら結論を導き出すべき
　　ウ　したがって，94条2項は類推適用されず，Cは保護されず，甲建物の所有権を有していないといえる。

2　よって，CのAに対する上記請求は認められない。

第2　設問2

1　CのEに対する請求について

　(1)　CはCD間の賃貸借契約（601条）の合意解除をEに対抗することができるか。
　　　　たしかに，契約の解除は契約当事者の解除であり原則自由に認められる。しかし，権利であっても他人の権利を害することは許されない（398条，538条参照）という趣旨から613条3項本文により，賃貸借契約の合意解除を転借人に対抗することはできない。　←○条文の趣旨も示せており好印象
　　　　よって，CはDとの賃貸借契約合意解除を主張して，直ちに明

渡しを求めることはできない。　　　　　　　　　　　　　　　　45
（2）　では，CE間に賃貸借契約が成立するか。

◀△賃貸借契約の成立
それ自体よりも，成
立する賃貸借契約の
内容のほうが本問で
は重要となってくる
ので，賃貸借契約の
成立についてはもう
少しコンパクトな記
載で十分である

　　ア　転借人が対抗要件を具備している場合，賃貸借契約は目的物
　　　の所有権に結合する一種の状態債務関係であるので，賃貸人と
　　　転貸人の賃貸借契約が終了すると同時に，所有権を有する者と
　　　の間に賃貸借契約が移転するのが自然である。　　　　　　　50
　　　　そして，賃貸借契約は没個性的な債権債務であるし，転借人
　　　の承諾なく当然に賃貸人に賃貸借契約が帰属するとする方が転
　　　借人にも有利である。よって，転借人の承諾は不要である。
　　イ　すると，Eは本件建物の引き渡しを受けており，対抗要件
　　　（借地借家法31条）を具備しているため，当然にCとの関係で　55
　　　賃貸借関係が成立する。
（3）　そこで，CはEに対し賃貸借契約に基づき月25万円の賃料の支
　　払いを求めることが考えられる。CE間に賃貸借契約が成立する
　　ため，賃料請求は認められるが，その金額が問題となる。
　　　賃貸借契約の合意解除を賃貸人が転借人に対抗できないとする　60
　　趣旨は，前述の通り，転借人を自己に関与しない法律関係の変動
　　により害されないようにすることにある。
　　　したがって，合意解除される以前と同様の法的地位を確保する
　　のが趣旨にかなっているといえ，DE間の月15万円を賃料とする
　　賃貸借契約がCE間にも成立していると解すべきである。　　　65

◀○結論の妥当性も示
せていて好印象

　　　DEが安価な賃料としていたのは，DE間の従来の関係を考慮し
　　たものなので，それと同等の賃料しかCが請求できないのはCに
　　酷とも思える。しかし，合意解除をなす時点でEの存在及びEと
　　の法律関係についても認識可能であり，それを踏まえて合意解除
　　することができるから，何ら酷とは言えない。　　　　　　　70
　　　よって，Cは従来のDE間の転貸借契約と同様，月15万円の賃
　　料のみ請求できる。
2　EのCに対する請求について
（1）　EはCに対し，賃貸借契約に基づいて，必要費（608条）として
　　修繕費用30万円の請求をすることが考えられる。CE間では修繕　75
　　費用は賃借人が負担する旨の特約があったが，DE間では何ら明
　　文の規定がなかったため問題となる。
　　　たしかに，前述の通りCE間に成立している賃貸借契約はDE間
　　の転貸借契約を基礎とするものであり，DE間に修繕費について
　　の特約は何らなかったのであるから，608条より，Eは修繕費用　80
　　の償還を求めることができるとも思える。

◀○賃借人の地位を自
分なりに丁寧に分析
できている

　　　もっとも，転借人の地位は賃借人の地位を前提とするものであ
　　り，賃貸人との関係では履行補助者に類する地位にある。したが
　　って，転借人は賃借人と異なる法律関係を主張できる地位になく，
　　DE間の賃貸借契約においてもCD間で締結された特約は効力を有　85
　　する。
　　　よって，CE間においても，前述の特約は有効である。
（2）　以上より，上記請求は認められない。　　　　　　　　　以上

（法務省ウェブサイトより）

　本設問は，①不動産の第1譲受人が備えた登記が実体的権利関係に合致しないために第2譲受人の登場を招いたという事案を題材として，第1譲受人が備えた登記の有効性に絡める形で，実体的権利関係に合致しない不動産登記を信頼して取引関係に入った第三者の保護の在り方を問う（設問1）とともに，②不動産の転貸借がされた後，原賃貸借が合意解除された場合に，転貸借がどのように取り扱われるかを踏まえて，その際の原賃貸人と転借人との法的関係を問う（設問2）ものであり，民法の基本的な知識や，事案に即した分析能力，論理的な思考力があるかを試すものである。

優秀答案における採点実感

1　全体

　形式面については，三段論法を意識した丁寧な論述が心掛けられており，好印象である。特に，導き出した結論が妥当かどうか，更に分析を加えたうえで，論述ができていることも高く評価ができる答案となっている。そのうえで，更にレベルアップした答案をめざすのであれば，本問の解決とは無関係な一般論を展開してしまっている部分を削り，もっとメインとなっている論点のあてはめを丁寧にできるとなおよい。

2　設問1について

　CのAに対する請求をしっかりと定立したうえで，要件事実を軸に据えた論述の流れは好印象。特に，原則論を飛ばすことなく，丁寧に示せている点は，非常によい。

　もっとも，本問におけるメイン論点であるAの保護の検討において，94条2項と権利外観法理の一般論は規範として丁寧に示せているにもかかわらず，Aの帰責性の程度を丁寧に分析することなく，安易に帰責性が低いとの結論を示している点は残念である。

　本問の題材となっている最判平成18年2月23日（百選Ⅰ22事件）においても，本人の帰責性は丁寧な検討がなされている以上，本問の検討でも，本人たるAの帰責性を丁寧に論じることは必須である。

　なお，優秀答案においては，実体的権利関係に合致しない登記の有効性への言及がなされていないが，この点に言及ができている答案自体，意外と少なく，本番で検討すべきであることに気がつけなくとも合否に影響はないといえる。

3　設問2について

　CのEに対する請求では，条文に言及しながら，賃貸借契約の合意解除を転借人に対抗できるかを端的に示せており，好印象であるが，賃貸人と転借人との間に賃貸借契約が成立するかへの言及が冗長すぎる。本問のポイントは，あくまでいかなる内容の賃貸借契約が成立するかである点をもっと意識して論述ができると，なおよかった。

　EのCに対する請求においては，現場思考で賃借人の地位を自分なりに丁寧に分析ができており，好印象である。

次の文章を読んで，後記の〔設問1〕及び〔設問2〕に答えなさい。

【事実】

1．Aは，A所有の甲建物において手作りの伝統工芸品を製作し，これを販売業者に納入する事業を営んできたが，高齢により思うように仕事ができなくなったため，引退することにした。Aは，かねてより，長年事業を支えてきた弟子のBを後継者にしたいと考えていた。そこで，Aは，平成26年4月20日，Bとの間で，甲建物をBに贈与する旨の契約（以下「本件贈与契約」という。）を書面をもって締結し，本件贈与契約に基づき甲建物をBに引き渡した。本件贈与契約では，甲建物の所有権移転登記手続は，同年7月18日に行うこととされていたが，Aは，同年6月25日に疾病により死亡した。Aには，亡妻との間に，子C，D及びEがいるが，他に相続人はいない。なお，Aは，遺言をしておらず，また，Aには，甲建物のほかにも，自宅建物等の不動産や預金債権等の財産があったため，甲建物の贈与によっても，C，D及びEの遺留分は侵害されていない。また，Aの死亡後も，Bは，甲建物において伝統工芸品の製作を継続していた。

2．C及びDは，兄弟でレストランを経営していたが，その資金繰りに窮していたことから，平成26年10月12日，Fとの間で，甲建物をFに代金2000万円で売り渡す旨の契約（以下「本件売買契約」という。）を締結した。本件売買契約では，甲建物の所有権移転登記手続は，同月20日に代金の支払と引換えに行うこととされていた。本件売買契約を締結する際，C及びDは，Fに対し，C，D及びEの間では甲建物をC及びDが取得することで協議が成立していると説明し，その旨を確認するE名義の書面を提示するなどしたが，実際には，Eはそのような話は全く聞いておらず，この書面もC及びDが偽造したものであった。

3．C及びDは，平成26年10月20日，Fに対し，Eが遠方に居住していて登記の申請に必要な書類が揃わなかったこと等を説明した上で謝罪し，とりあえずC及びDの法定相続分に相当する3分の2の持分について所有権移転登記をすることで許してもらいたいと懇願した。これに対し，Fは，約束が違うと一旦はこれを拒絶したが，C及びDから，取引先に対する支払期限が迫っており，その支払を遅滞すると仕入れができなくなってレストランの経営が困難になるので，せめて代金の一部のみでも支払ってもらいたいと重ねて懇願されたことから，甲建物の3分の2の持分についてFへの移転の登記をした上で，代金のうち1000万円を支払うこととし，その残額については，残りの3分の1の持分と引換えに行うことに合意した。そこで，同月末までに，C及びDは，甲建物について相続を原因として，C，D及びEが各自3分の1の持分を有する旨の登記をした上で，この合意に従い，C及びDの各持分について，それぞれFへの移転の登記をした。

4．Fは，平成26年12月12日，甲建物を占有しているBに対し，甲建物の明渡しを求めた。Fは，Bとの交渉を進めるうちに，本件贈与契約が締結されたことや，【事実】2の協議はされていなかったことを知るに至った。Fは，その後も，話し合いによりBとの紛争を解決することを望み，Bに対し，数回にわたり，明渡猶予期間や立退料の支払等の条件を提示したが，Bは，甲建物において現在も伝統工芸品の製作を行っており，甲建物からの退去を前提とする交渉には応じられないとして，Fの提案をいずれも拒絶した。

5．Eは，その後本件贈与契約の存在を知るに至り，平成27年2月12日，甲建物の3分の1の持分について，EからBへの移転の登記をした。

6．Fは，Bが【事実】4のFの提案をいずれも拒絶したことから，平成27年3月6日，Bに対し，甲建物の明渡しを求める訴えを提起した。

〔設問1〕
　FのBに対する【事実】6の請求が認められるかどうかを検討しなさい。

〔設問2〕
　Bは，Eに対し，甲建物の全部については所有権移転登記がされていないことによって受けた損害について賠償を求めることができるかどうかを検討しなさい。なお，本件贈与契約の解除について検討する必要はない。

答案構成用紙

1 はじめに

設問1では甲建物に関する権利関係を明らかにしたうえで，他の共有者に対する共有持分権に基づく明渡請求の可否について論じ，設問2では債務不履行責任の成否について論じる必要がある。相続および二重譲渡が絡むことにより事案が複雑化しているため，みずからの思考過程が採点者に伝わるよう丁寧に論述することが求められる。

2 設問1

1 甲建物に関する権利関係

まず，FのBに対する明渡請求が認められるためには，Fが甲建物に関していかなる権利を有しているかを明らかにしなければならない。この点について，唐突に「Fはいかなる権利を有するか」と問題提起するのでは，設問との関係でなぜその検討を行う必要があるのかが採点者に伝わらない。

ここではまず，所有権に基づく明渡請求が認められるか，と請求を示したうえで，その要件事実としてFに所有権が認められるかを検討する，という流れで論じることで，みずからの思考が整理されていることを示すのがよいだろう。

また，「共有持分権に基づく明渡請求が認められるか」という問題提起をした受験生もいると思われる。たしかに，結論としては，Fは甲建物につき3分の2の持分権を有するにとどまるのであるが，BとFが共有関係に立つことについては問題文から一見明白に明らかとはいえないため，やや唐突な印象が否めない。基本である所有権に基づく返還請求を論じ，それを否定したうえで共有持分権に基づく請求の可否の論述に入るほうが，より丁寧といえよう。

所有権（持分権）の帰属については，要件事実論を意識した思考を行うことがよい。すなわち，所有権を主張するにあたっては①前主のもと所有，②所有権取得原因事実が要件事実となるところ，本問では，もと所有者Aから子CDEへの相続，その後のCDからFへの売買というように2回の権利移転があり，それぞれで要件事実①②をみたすかが問題となる。CDがEの持分につき無権利であることは，CDからFへの売買における①前主のもと所有の要件の問題となるのである。

なお，そもそも共同相続人が自由に処分できる共有持分というものを観念できるかにつき争いがあるが，共同相続における共有を249条以下の共有と同質のものと捉えるのが判例（最判昭和30年5月31日）であることから，答案作成にあたっては時間との関係上これを当然の前提としてもかまわない。

2 共有持分権に基づく明渡請求の可否

Fが3分の2の持分権を有するにとどまるとしても，一般に，共有持分権に基づく明渡請求も認められる。また，BとFはAおよびその相続人CDEを起点とした対抗関係に立つものの，Fは持分につき移転登記を受けているため，持分権をBに対抗できる。

もっとも，本問で請求の相手方となるBは，Aから贈与により甲建物を譲り受けており，かつ，その相続人Eから3分の1の持分につき移転登記を受けている。したがって，Bもまた177条によりFに対し持分権を対抗でき，甲建物の共有者たる地位をFに主張できる。そこで，他の共有者に対して共有持分権に基づく明渡請求をすることが認められるかが問題となる。この問題については，有名な判例（最判昭和41年5月19日）があるため，これをふまえて論じる必要がある。まず，多数持分権者は，共有物を現に占有する少数持分権者に対し，当然にはその明渡しを請求することはできないということを，判例の示す理由をあげて論じることが期待される。

そのうえで，同判例は「明渡を求める理由」がある場合に共有者間の明渡請求を認める余地を残していることから，本問においてこれが認められないか問題となる。この点について，目的物の占有の移転について「管理に関する事項」にあたるとしたうえで，252条本文に基づく持分の多数決による決定をもって「明渡を求める理由」とできるとする見解がある。そのうえで，本問のように共有関係の始まる前から共有者の1人の占有状態が先行していたような場合に，多数決によりその占有を奪えるとすることには慎重な判断を求める立場からは，権利濫用や信義則違反等により適切

に対処すべきとの見解がみられる。答案例ではこのような立場から論述をし，Bの占有について信義則上の保護を認めている。この点については，複数の法律構成が考えられ，「明渡を求める理由」の肯否についても両論あるであろう。本問の具体的事情をふまえて，自分なりの論述ができれば十分な答案といえよう。もっとも，「明渡を求める理由」については触れていない受験生も多いと思われ，この論点を落としたとしても一定の評価を得る余地はある。

③ 設問2

1 Eがいかなる債務を負うか，その不履行があるか

本問でBの請求が認められるか否かを考えるに際し，受験生がまず気づくのは，Eには落ち度がないのではないかという点であろう。しかし，「責めに帰することができない事由」（415条2項1号）の有無という論点にいきなり飛びつくべきではない。なぜなら，「責めに帰することができない事由」は，両当事者が契約関係にあり，かつ，債務について不履行があった場合に，はじめて問題となる要件だからである。よって，まず⑦AB間で贈与契約（549条）が締結され，贈与者たるAの地位をCDEが共同相続により承継したこと，④CDEは甲建物の完全な所有権登記をBに移転する債務を不可分債務（430条・436条）として負うこと，⑦この債務がCDのFに対する登記移転によって履行不能となったことを示す必要がある。④について答案で書き漏らした受験生もいると思われるが，登記移転債務が分割債務であれば，みずからの持分についてBに登記を移転したEは完全に債務を履行したこととなってしまう。このように，結論を左右する重要な点であるから，書き漏らしてはならない。

2 「責めに帰することができない事由」があるか

答案例では，CDのFに対する登記移転を防げなかったことをもって，Eに「責めに帰することができない事由」があるとしており，このような考え方も十分ありうる。他方，「責めに帰することができない事由」も債務者に不可分的に帰属し，債務者のいずれかに帰責事由が認められる場合，債務者の全員が損害賠償責任を負うとする考え方もありうる。典型論点ではなく，通説的見解も存在しないので，現場で自分なりに考えたうえでその思考過程を示してさえいれば，いずれの考え方によってもよい。

3 全額について損害賠償責任を負うか

かりにEが損害賠償責任を負うとしても，登記移転債務が損害賠償債務という性質上可分な債務に転じたことから，Eは431条後段により，自己の持分である3分の1の範囲についてのみ責任を負うのではないかが問題となる。この点につき，431条後段の適用によりEの責任の範囲を限定する考え方，431条後段を無制限に適用すると債権者が不当に害されるので，黙示の連帯の特約を広く認定してEに全額の責任を負わせるという考え方がある。答案では，いずれの考え方によってもよい。なお，答案例では，そもそもEの「責めに帰することができない事由」を肯定しているため，この点については触れていない。

【関連判例】

最判昭和30年5月31日民集9巻6号793頁
最判昭和41年5月19日民集20巻5号947頁（百選Ⅰ74事件）

【参考文献】

試験対策講座・物権法4章4節③【2】。試験対策講座・債権総論2章3節②【2】，6章3節③。
佐久間毅＝曽野裕夫＝田高寛貴＝久保野恵美子「事例から民法を考える」66頁以下。

答案例

第1　設問1について
1　FはBに対して，所有権（206条）に基づき，甲土地の明渡しを
　求めることができるか。この請求が認められるためには，Fが甲
　建物の所有権を有している必要がある。

　(1)　この点について，FはC，Dと甲建物の売買契約（555条）を　5
　　締結しているところ，甲建物はC，D，EがAを共同相続して共
　　有（898条）するものであり，C，Dは甲建物について3分の1
　　ずつの共有持分権を有し，Fはこれを承継取得しうる。これに
　　対して，Bも被相続人Aから甲建物の贈与（549条）を受けてい
　　るから，BとFとはC，Dの持分について対抗関係（177条）に　10
　　立つこととなる。そして，FがC，Dの持分について所有権移
　　転登記を具備しているので，Fは甲建物について3分の2の共
　　有持分を取得する。

　　　もっとも，C，DはEの持分については無権利であるから，F
　　は甲建物のEの持分については取得することができない。　15

　(2)　よって，Fは甲建物について完全な所有権を取得していない
　　から，上記請求は認められない。

2　では，Fはその有する共有持分権に基づいて，Bに対して明渡
　請求をすることができないか。本問ではBがAとの間で甲建物を
　譲り受ける旨の贈与契約を締結しており，BはEからEの持分に　20
　つき移転登記を受けているから，甲建物につき3分の1の持分を
　確定的に取得している。そこで，共有者相互間において明渡請求
　が認められるかが問題となる。

　(1)　この点について，少数持分権者であっても，自己の持分に基
　　づいてその持分に応じて共有物を使用する権限を有し（249条），　25
　　これに基づいて共有物を占有すると認められるから，その使用
　　の全部が違法とはいえない。また，多数持分権者であっても，
　　その持分に応じた使用が許されるにすぎないところ，共有物の
　　引渡しを求めるということは，結局，自己に対する全部の使
　　用・収益を求めることになるといえる。　30

　　　そうだとすれば，共有物についての明渡請求は，多数持分権
　　者によるものといえども，当然には認められないというべきで
　　ある。

　　　そこで，多数持分権者が共有物の明渡しを求めるためには，
　　明渡しを求める理由が認められなければならないと解する。　35

　(2)　では，いかなる場合に明渡しを求める理由が認められるか。
　　ア　この点について，共有物の利用方法は管理事項（252条本
　　　文）に属するため，持分の過半数によって決定することがで
　　　きる。そのため，全共有者の協議を経て，持分の過半数によ
　　　って現に単独使用している共有者による使用を終了させる旨　40
　　　の決定がなされた場合には，原則として，もはや当該共有者
　　　の占有権原は消滅する。このような場合には，明渡しを求め
　　　る理由が認められる。

　　　　もっとも，信義則（1条2項）上，当該共有者の占有を保

➡請求の根拠①

➡CDとFの売買
➡AからCDEへの相続

➡Fの取得する権利の範囲

➡結論

➡請求の根拠②

➡問題提起

➡判例を意識した理由づけ

➡判例（最判昭和41年5月19日〔百選Ⅰ74事件〕）を意識した規範定立
➡明渡しを求める理由がいかなる場合に認められるか

➡信義則による調整

護すべき特段の事情が認められる場合には，持分過半数の決　45
定によっても，その占有を奪うことは許されないと解する。

イ　これを本問についてみると，Fは，Bに対して，数回にわ
たり，明渡猶予期間や立退料の支払等の条件を提示するなど，
明渡しを求める交渉を行っている。そして，Bがこれに対し
て退去を拒絶する態度を示した結果をふまえて，訴えを提起　50
している。そうだとすれば，実質において，全共有者である
FとBの協議を経て，過半数持分権者であるFの意思により，
共有物の管理に属する事項（252条本文）として甲建物をB
に使用収益させない旨の決定がなされたものといえる。

しかし，甲建物は原所有者Aの生前より伝統工芸品の製作　55
のために使用されており，BはAの後継者としてAの死亡後
も甲建物において伝統工芸品の製作を継続している。特定の
建物で長年事業が行われている場合，設備面や取引相手との
関係において，他の物件で事業を再開することは容易ではな
い。他方で，FがBの占有を排除して甲建物を使用する特段　60
の必要性は認められない。

以上のような事情からすれば，Bの占有を保護すべき特段
の事情が認められる。

ウ　したがって，Fの請求は信義則に反し認められない。

(3)　よって，Fはその有する共有持分権に基づいて，Bに対して，　65
甲建物の明渡請求をすることはできない。

第2　設問2について

1　BはEに対し，甲建物の全部について所有権移転登記がされて
いないとして，債務不履行に基づく損害賠償請求（415条2項1
号）をすることが考えられるが，このような請求は認められるか。　70

2　まず，本問ではAを共同相続（896条本文）したC，D，Eは，
Bに対して甲建物の所有権移転登記をする義務を負っていたとこ
ろ，この債務はその性質上不可分であり，不可分債務（430条・
436条）である。

したがって，Eが自己の持分について所有権移転登記をしてい　75
るとしても，C，Dの持分についてFに対して移転登記がなされ
てしまった以上，甲建物の所有権移転登記義務が履行不能に陥っ
ており，Eに債務不履行があるといえる。

3　もっとも，甲建物の3分の2の持分の移転の登記については，
CとDがEに無断で行ったことであり，Eはこれを防ぎえなかった　80
といえる。

したがって，Eには「責めに帰することができない事由」が認
められる。

4　よって，BのEに対する債務不履行に基づく損害賠償請求は認
められない。　85

以上

（右側の注記）

➡あてはめ

➡考えられる請求

➡共同相続人に債務がどのように承継されるか
➡贈与者が負う債務の法的性質

➡履行不能の認定

➡「責めに帰することができない事由」の有無

➡形式的に問いに答える

1　設問1について

　　FのBに対する甲建物所有権（206条）に基づく明渡請求は認められるか。そのためには①Fが甲建物所有権を有すること，②Bが甲建物を占有することが要件となるが，本件で②は明らかであるから①について検討する。　　　　　　　　　　　　　　　　　　　　5

⑴　本件でFは平成26年10月12日にCDと本件売買契約を締結している。そして，これより前の同年4月20日にAB間で本件贈与契約が締結されているが，Bへの所有権移転登記は未了である。そうだとすると，本件贈与契約の後もAは甲建物所有権を確定的に失っていないことになる。そして同年6月25日のA死亡により　　10
CDEがAを相続（896条本文）し，本件売買契約時には甲建物はCDEの共有（249条）状態にあったと考えられる。

　　そうすると，本件売買契約時にはCDは甲建物について共有持分を3分の1ずつ有しており無権利者ではない。もっとも，本件売買契約にはEの関与がなく，Eの持分である3分の1について　　15
は他人物売買（561条）となっている。そして，Eの追認（116条類推適用）もないことから，本件売買契約によりFが取得するのは甲建物の3分の2の持分のみである。その後，Fは同年10月末までに移転の登記を具備しているから，確定的に上記持分を取得し，これを他の共有者等の「第三者」（177条）に対抗し得る状態　　20
にある。

⑵　他方，Bは本件贈与契約の履行として，平成27年2月12日に甲建物の3分の1の持分について，移転の登記を受けている。これによりBは確定的に上記持分を取得したといえ，「第三者」に対して対抗し得る状態になっている。　　　　　　　　　　　　　25

⑶　以上からすると，本件で甲建物はFが3分の2，Bが3分の1の持分をそれぞれ有する共有状態にある。各共有者は，共有物の全部について，その持分に応じた使用をすることができるから（249条），他の共有者に明渡しを求めることはできない。そうすると，Fが甲建物の共有持分を有するにすぎないため，上記①の　　30
要件を充足したとは認められない。

　　したがって，Fの上記請求は認められない。

2　設問2について

　　BのEに対する本件贈与契約の履行不能（415条2項1号）に基づく損害賠償請求は認められるか。　　　　　　　　　　　　　　　35

⑴　まず，本件贈与契約に基づく甲建物の所有権移転登記債務は，平成26年10月末までに3分の2の持分につき，Fに移転の登記がなされたことで社会通念上履行不能となっている。

⑵　これに対してEは上記Fへの移転の登記はCDがEに無断で行ったものであり，自らに「責めに帰することができない事由」があ　　40
ると反論することが考えられる。

　ア　この点について，履行補助者による債務不履行が免責されるか否かは，「契約その他の債務の発生原因及び取引上の社会通念」に照らして判断すべきと解する。

＜右欄コメント＞

⬅○請求の根拠を明らかにできている
⬅○要件事実を意識した問題提起ができている

⬅○CDEが相続により共有関係に立つことを説明できている

⬅○Fが持分を取得し，かつBに対抗できることを説明できている

⬅○Bが持分を取得し，かつFに対抗できることを説明できている

⬅△明渡しを求める理由があれば明渡請求が可能となることを示せていれば，なおよかった
⬅×判例が共有者相互の明渡請求を制限したのは，①の要件の充足の有無とは何ら関係がない

⬅△概念の理解が不正確。履行不能となるのは契約ではなく，債務である
⬅△Eに債務不履行責任を追及するためには，前提として，EがAの債務を相続により承継したことを示すことが必要

イ　本件でCDEはAを相続したことによりBに対する甲建物の所　45
有権移転登記債務を不可分債務（430条・436条）として負って
いたと考えられる。そうだとすれば，Eにとって，CDは履行
補助者としての地位にあったとみることができる。
　　そして，本件でCDは遺産分割協議が成立した旨の偽造の書
面を作成した上，本件売買契約に基づきFに対してその持分の　50
移転の登記をしており，社会通念上不合理といえる。そうだと
すれば上記の履行不能についてEの帰責事由は認められると考
える。
ウ　そのため，上記反論は認められない。
(3)　また，Eは，自らの3分の1の持分についてはBへの移転登記　55
をしたことにより債務不履行責任を免れると反論することも考え
られる。
ア　前述の通り，CDEがAを相続したことによりCDEは甲建物
の所有権移転登記債務を不可分債務として負っている。不可分
債務は各債務者が全体の履行について責任を負うものである。　60
そうだとすれば，Eが自己の持分について移転の登記をしたと
しても，履行の一部をなしたにすぎない。そうすると，債務不
履行責任を免れることにはならない。
イ　そのため，上記反論は認められない。
(4)　そして，Bは甲建物の全部について所有権移転登記がなされな　65
いことによって「損害」を受けている。
(5)　したがって，上記請求は認められる。
　　　　　　　　　　　　　　　　　　　　　　　　　　　　以上

⬅︎△不可分債務の債務者
は，各自が債権者に対
し直接債務を負うので
あり，相互に履行補助
する関係には立たない
と考えられる

⬅︎○不可分債務の性質を
よく理解したうえで，
適切な結論を導いてい
る

⬅︎△Eが損害賠償責任を
負うとするのであれば，
損害の全額について責
任を負うかにつき検討
すべきであった

（法務省ウェブサイトより）

設問1は，甲建物に関する権利関係を明らかにした上で，甲建物の過半数の持分を有する者が他の共有持分権者に対して明渡しを求めることができる場合があるかどうかを問うものであり，これにより，事案に即した分析能力や論理的思考力を試すものである。また，設問2は，本件贈与契約において贈与者が負う債務の法的性質や，共同相続人にその債務がどのように承継されるかを明らかにした上で，甲建物全部の所有権移転登記手続がされなかったことについて，共同相続人の一人にその損害の全部の賠償を求めることができるかどうかを問うものであり，これにより，法的知識の正確性や論理的思考力を試すものである。

優秀答案における採点実感

① 全体

本問は法律関係がきわめて複雑であるが，この優秀答案は，一読するだけで作成者の思考過程を理解することができる。民法の基礎的理解に隙があれば，ここまで洗練された文章は書けないであろう。応用論点は落としているものの，絶対に落としてはならないような基本的な点にはすべて触れたうえで十分に論じており，高度な文章力，論理展開力とあいまって高得点につながったと思われる。

② 設問1

Fが甲建物の持分権を取得するまでの過程を，丁寧に論じている。問題提起の仕方や主要事実を丁寧に拾う書き方に，要件事実論の正確な理解が表れている。このような書き方は，思考過程をたどりやすい民法答案を書く秘訣であるため，見習ってほしい。

Fが共有関係に立つことについては多くの受験生が触れられたと思われるが，この優秀答案は，FとBが共有状態にあることを結論づけるにあたり，まずそれぞれいかなる範囲で持分権を取得したかを論証したうえで，両者が互いに「第三者」（177条）にあたり，かつ，対抗要件を備えているため互いの持分を対抗し合う関係に立つことをしっかり示している。思考過程が伝わる，説得的な答案となっている。

過半数の持分を有する者が他の共有持分権者に対して明渡しを求めることができるかという論点についても，判例（最判昭和41年5月19日百選Ⅰ74事件）を意識して論じている。欲をいえば，同判例は「明渡を求める理由」がある場合に共有者間の明渡請求を認める余地を残していることから，本問においてこれが認められないかを論じれば，更に高い得点につながったと考えられる。もっとも，この点について触れられた受験生はほとんどいなかったと思われ，触れなかったとしても低評価になることはないであろう。

また，優秀答案では，上記判例の理解についてやや混乱がみられる。Fが甲建物所有権を有すること，という要件につき，持分権を有するにとどまることから要件を充足しないとするのであれば，持分権に基づく明渡請求を別途検討し，そのなかで共有者間での明渡請求の可否を論じるべきである。この論点は，請求の根拠となる所有権（持分権）が認められることを前提として，はじめて登場する論点である。間違えないようにしてほしい。

③ 設問2

贈与契約によって贈与者がどのような債務を負うか明らかにしたうえで，これが履行不能になっていることを示している。また，「責めに帰することができない事由」の有無について，自分の頭でしっかりと考えて論じていることは，高い評価につながるだろう。しかし，不可分債務者が他の不可分債務者の履行補助者となるかは疑問である。登記移転債務が不可分債務となることを示し，これを前提として論じている点は，出題趣旨に合致する。

もっとも，Eが債務不履行責任を負うとした場合には，それを前提として，損害の全額についてEが賠償責任を負うかについて論じることが求められており，優秀答案ではこれに触れられていない。かりにこれを論じることができたなら，更に高得点となったであろう。

次の文章を読んで，後記の〔設問1〕及び〔設問2〕に答えなさい。

【事実】

1．Aは早くに妻と死別したが，成人した一人息子のBはAのもとから離れ，音信がなくなっていた。Aは，いとこのCに家業の手伝いをしてもらっていたが，平成20年4月1日，長年のCの支援に対する感謝として，ほとんど利用していなかったA所有の更地（時価2000万円。以下「本件土地」という。）をCに贈与した。同日，本件土地はAからCに引き渡されたが，本件土地の所有権の移転の登記はされなかった。

2．Cは，平成20年8月21日までに本件土地上に居住用建物（以下「本件建物」という。）を建築して居住を開始し，同月31日には，本件建物についてCを所有者とする所有権の保存の登記がされた。

3．平成28年3月15日，Aが遺言なしに死亡し，唯一の相続人であるBがAを相続した。Bは，Aの財産を調べたところ，Aが居住していた土地建物のほかに，A所有名義の本件土地があること，また，本件土地上にはCが居住するC所有名義の本件建物があることを知った。

4．Bは，多くの借金を抱えており，更なる借入れのための担保を確保しなければならなかった。そこで，Bは，平成28年4月1日，本件土地について相続を原因とするAからBへの所有権の移転の登記をした。さらに，同年6月1日，Bは，知人であるDとの間で，1000万円を借り受ける旨の金銭消費貸借契約を締結し，1000万円を受領するとともに，これによってDに対して負う債務（以下「本件債務」という。）の担保のために本件土地に抵当権を設定する旨の抵当権設定契約を締結し，同日，Dを抵当権者とする抵当権の設定の登記がされた。

5．BD間で【事実】4の金銭消費貸借契約及び抵当権設定契約が締結された際，Bは，Dに対し，本件建物を所有するCは本件土地を無償で借りているに過ぎないと説明した。しかし，Dは，Cが本件土地の贈与を受けていたことは知らなかったものの，念のため，対抗力のある借地権の負担があるものとして本件土地の担保価値を評価し，Bに対する貸付額を決定した。

〔設問1〕

Bが本件債務の履行を怠ったため，平成29年3月1日，Dは，本件土地について抵当権の実行としての競売の申立てをした。競売手続の結果，本件土地は，D自らが950万円（本件債務の残額とほぼ同額）で買い受けることとなり，同年12月1日，本件土地についてDへの所有権の移転の登記がされた。同月15日，Dが，Cに対し，本件建物を収去して本件土地を明け渡すよう請求する訴訟を提起したところ，Cは，Dの抵当権が設定される前に，Aから本件土地を贈与されたのであるから，自分こそが本件土地の所有者である，仮に，Dが本件土地の所有者であるとしても，自分には本件建物を存続させるための法律上の占有権原が認められるはずであると主張した。

この場合において，DのCに対する請求は認められるか。なお，民事執行法上の問題については論じなくてよい。

【事実（続き）】（〔設問1〕の問題文中に記載した事実は考慮しない。）

6．平成30年10月1日，Cは，本件土地の所有権の移転の登記をしようと考え，本件土地の登記事項証明書を入手したところ，AからBへの所有権の移転の登記及びDを抵当権者とする抵当権の設定の登記がされていることを知った。

〔設問2〕
　平成30年11月1日，Cは，Bに対し，本件土地の所有権移転登記手続を請求する訴訟を，D
に対し，本件土地の抵当権設定登記の抹消登記手続を請求する訴訟を，それぞれ提起した。
　このうち，CのDに対する請求は認められるか。

答案構成用紙

1 はじめに

　設問１，設問２ともに物権的請求に関する論述問題であり，論点としては，177条の「第三者」該当性，法定地上権の成否，時効取得の要件を充足しているか等について論じることが求められている。論述の際には，論点中心主義に陥ることなく，あくまで問題文上の請求が認められるための要件検討のなかで，原則→例外を意識し，これらの論点に言及していただきたい。

2 設問１

1 所有権（206条）に基づく建物収去土地明渡請求の要件

　所有権に基づく建物収去土地明渡請求が認められるためには①原告が土地を所有し，②被告が土地の上に建物を所有することで土地を占有していることが求められる。本問では，問題文の事情から両要件とも問題なく充足するため，コンパクトな論述で十分であるが，①要件との関係では，余力があれば，民事執行法79条にも言及をしてほしい。そして，要件を充足する以上，このような請求は認められるとも思える。

2 AC贈与と「第三者」（177条）の関係

　問題文の事情から，CはAから本件土地を贈与（549条）されており，Cとしては自分こそが本件土地の所有権を有すると主張したいところである。もっとも，Cは本件土地につき所有権移転登記を経ていない。そのため，Dが「第三者」（177条）に該当すれば，Cの主張は認められないことになる。そこで，「第三者」の意義が問題となる。

　177条の「第三者」とは，当事者およびその承継人以外の者で，かつ，登記の欠缺を主張する正当な利益を有する者をいうことに争いはない。本問では，AB間の相続をどのように論述に活かすかがポイントとなる。相続人は被相続人の地位を包括承継するため（896条），物権変動との関係では，相続人と被相続人は同一視することができるという評価を加えたうえで，CとDが対抗関係に立つことに言及し，Dが「第三者」に該当することをコンパクトに論じられれば十分である。そして，本問では，Dが「第三者」にあたる以上，Cの主張はDの反論により淘汰される。

3 Cの法律上の占有権原

　問題文上，「自分には……法律上の占有権原が認められるはずである」とCは主張している。このようなCの抽象的な主張から，具体的な占有権原を考えることが必要となる。具体的には，法定地上権（388条）が本問の占有権原として考えられることに気がつき，そのうえで，法定地上権の成立要件を１つひとつ丁寧に検討することが本問では求められている。

　法定地上権の成立要件としては，①抵当権設定当時に土地の上に建物が存在していること，②その土地と建物が同一人所有であること，③土地・建物の一方または双方に抵当権が設定されたこと，④抵当権の実行によって土地所有権と建物所有者が別人になったこと，の４点が必要である。そして，本問では，BがDに対し，「本件建物を所有するCは本件土地を無償で借りているに過ぎない」と説明していることを法定地上権の成立要件との関係でどのように評価するか，つまり，Dの主観としてはBが本件土地の所有者であり，法定地上権の成立を認めると不測の損害を生じさせうることから，Dの保護をどのように図るかが特に問題となる。

　この点は，現場思考として，法定地上権の趣旨から，自分なりの見解を説得的に論じることができれば十分である。答案例では，法定地上権の趣旨を論じたうえで，当該趣旨を貫徹するためには，あくまで客観的な事情を重視すべきであること，さらに，Dが対抗力のある借地権の負担があるものとして本件土地を評価しているため，法定地上権の成立を認めたとしても，抵当権者たるDにとって不測の事態とはならないことに言及したうえで，法定地上権の成立を肯定している。そして，占有権原として法定地上権の成立が認められる以上，DのCに対する請求は認められないことになる。

3 設問２

1 所有権に基づく抵当権設定登記抹消登記手続請求の要件

　所有権に基づく抵当権設定登記抹消登記手続請求が認められるためには①原告が土地を所有し，②被告名義の抵当権設定登記が存在することが求められる。本問の事実を簡潔に拾い，両要件を充

足することに端的に言及できれば十分である。

　もっとも，設問1において，Dが「第三者」に該当する以上，登記を有しないCは贈与により所有権が自己にあることをDには対抗できないことになる。そこで，Cが贈与以外で本件土地の所有権を取得することができないかを次に検討する必要がある。

2　取得時効の成否

　設問2では，Cが本件土地上に本件建物に居住を開始した日から10年以上経過した「平成30年11月1日」に請求がなされているため，取得時効によりCが本件土地の所有権を取得しないかを検討することになる。そして，Cが本件建物に居住を開始してから20年は経過していないため，162条2項に規定されている短期取得時効の成否が問題となる。

　162条2項の条文から，短期取得時効の要件は，①所有の意思をもって，②平穏かつ公然と，③一定期間，④他人の物を占有したことである。一定の要件は186条により推定されること，判例（最判昭和42年7月21日）により「他人の物」に限定せず，自己物も取得時効の対象となっていること，取得時効により所有権を取得するには時効援用の意思表示（145条）が求められることに言及しながら，要件を充足するか検討することが望ましい。

　もっとも，Cが本件土地を時効取得したとしても，Cは本件土地の登記を有しているわけではないため，その所有権をDに対抗できるかは別途問題となる。

3　時効取得者と時効完成前の元所有者から不動産を譲り受けた第三者の関係

　時効取得を第三者に対抗できるかは，対抗する第三者が時効完成前に現れた者なのか，時効完成後に現れた者かにより，判例は取扱いを変えている。本問のDは時効完成前の第三者であるところ，時効完成前の第三者は物権変動の当事者類似の関係にあるため，時効取得を対抗するために，登記は不要である。そのため，Cが登記を有していなくても，時効取得をDに対抗できる以上，Cの請求は認められる。

【関連判例】

最判昭和42年7月21日民集21巻6号1643頁（百選Ⅰ45事件）
最判昭和48年9月18日民集27巻8号1066頁
最判昭和53年9月29日民集32巻6号1210頁

【参考文献】

試験対策講座・スタートアップ民法・民法総則8章3節②【1】(1)(a)。

再現答案からみる合格ライン

❶ 設問1について

まず、「自分こそが本件土地の所有者である」というCの反論については、CとDが対抗関係に立つとして177条に基づく検討を行っている答案がほとんどであり、不完全物権変動説の立場に立つのであれば、CとDを対抗関係として処理することは可能である。そこで、合格ラインに達するためには、CがDに本件土地の所有権を主張できるかについて、177条の「第三者」の意義を正確に示しつつ検討する必要がある。

次に、「自分には本件建物を存続させるための法律上の占有権原が認められるはずである」というCの反論については、借地借家法10条1項の類推適用により対抗力ある借地権を認めようとする答案が多かった。なかには法定地上権の成立を検討するものも見られたが、端的な検討に留まるものがほとんどであった。ほかにも、Cに占有権原が認められないとしながらも、DがCに対して当該請求を行うことは矛盾挙動であり信義則に反するとか、権利濫用であるとする答案も少なくなかった。また、そもそもこの点について検討を行っていない答案もみられた。そこで、合格ラインに達するためには、Cが主張しうる占有権原について検討を行い、事情を丁寧に拾うことで妥当な結論を導こうとする姿勢をみせることが不可欠だろう。法定地上権の成立について検討を行うこと、そのなかで問題文の事実5について悩みを見せることができていれば相対的に上位の答案になったと思われる。

❷ 設問2について

まず、設問1においてCとDが対抗関係に立つことから、BD間の抵当権設定契約が有効であるとしてDの登記保持権原の抗弁を認めることとなる。

次に、Cによる本件土地の時効取得に気づくことができたか否かによって受験生のなかで差が開いた。この点について、Dの登記保持権原の抗弁を認めたところで検討を終わらせてしまう受験生が少なくなかった。Cによる本件土地の時効取得に気づけた場合は、自己物の時効取得の可否、取得時効と登記といった論点に触れながら、時効取得の要件検討を行うことができていた。そこで、合格ラインに達するためには、Cによる本件土地の時効取得の可能性に気づき、もれなく要件を検討することが不可欠である。

答案例

第1　設問1

1　DのCに対する，所有権（民法206条。以下「民法」法名省略）に基づく建物収去土地明渡請求は認められるか。

2　この請求が認められるためには，①Dが本件土地を所有し，②Cが本件土地を占有していることを要するところ，本件では，Dは，本件土地の抵当権の実行としての競売手続の結果，950万円で本件土地を買い受けており，本件土地の所有権を取得している（民事執行法79条）（①充足）。また，Cは，本件土地上に本件建物を建築して居住することで，本件土地を占有している（②充足）。　　　　5

したがって，このような請求は認められるようにも思える。　　　　10

➡各要件の検討

3　これに対し，Cは，Dの抵当権が設定される前の平成20年4月1日に，Aから本件土地を贈与（549条）されており，Dの所有権取得は認められないと主張している。もっとも，Dが「第三者」（177条）にあたれば，Cが本件土地につき登記を具備していない以上，Cは自己に所有権を対抗できないと反論することが考えられる。このような反論は認められるか。　　　　15

➡予想されるDからの反論

(1)　そもそも，177条の趣旨は，物権変動につき登記による公示を要求することで，不動産取引の安全を図る点にあるところ，「第三者」とは，当事者およびその承継人以外の者で，かつ，登記の欠缺を主張する正当な利益を有する者をいう。　　　　20

➡規範

(2)　たしかに，Dは，AC間の贈与について，当事者でもなければその承継人にもあたらない。もっとも，相続人は被相続人の地位を包括承継するものであり（896条），物権変動の関係では，相続人と被相続人は同一視できる。そのため，本件土地は，被相続人Aおよび相続人Bを起点とした二重譲渡の関係にあり，CとDは対抗関係に立つといえる。　　　　25

➡あてはめ

したがって，Dは，登記の欠缺を主張する正当な利益を有する者といえ，「第三者」にあたる。

➡結論

(3)　よって，Cは本件土地につき登記を具備していないため，Dの反論は認められる。　　　　30

4　そうであるとしても，Cは，本件土地の占有権原として，法定地上権（388条）の成立を主張する。このような主張は認められるか。

(1)　法定地上権の成立要件は，①抵当権設定時に土地の上に建物が存すること，②抵当権設定時に土地と建物が同一の所有者に属すること，③土地または建物に抵当権が設定されたこと，④抵当権の実行により土地と建物の所有者を異にするにいたったことである。　　　　35

➡各要件の検討

本件では，BとDは，本件土地に抵当権を設定する旨の抵当権設定契約を締結し（③充足），その時本件土地上には本件建物が存在していた（①充足）。また，抵当権設定当時，本件土地はAから贈与を受けたCが所有しており，本件建物もCが所有している（②充足）。そして，Dが本件土地の抵当権の実行としての競売手続の結果，本件土地を買い受けているため，本件土地と本件建物の所有者を異にしている（④充足）。　　　　40

したがって，法定地上権が成立しているようにも思える。　45

→問題提起

(2)　もっとも，CはDに対して本件土地所有権を対抗できないの
であるから，法定地上権の成立を認めるのはDに不測の損害を
与えることとなり，不当なのではないか。

→趣旨からの理由づけ

そもそも，法定地上権の趣旨は，建物収去による社会経済上
の不利益を回避する点にあるから，法定地上権の成否は客観的　50
事情に依拠すべきである。また，抵当権設定時，現地調査を行
い，建物が実在すれば土地の抵当権者は担保価値の評価の際に
建物の存在を考慮するのが一般であり，本件でも，Dは，対抗
力のある借地権の負担があるものとして本件土地を評価してい
るため，法定地上権の成立を認めたとして抵当権者にとって不　55
測の事態とはならない。したがって，本問では法定地上権の成
立を認めても不当ではない。

(3)　よって，Cの主張は認められる。

5　以上より，DのCに対する請求は認められない。

→形式的に問いに答える

第2　設問2　60

1　CのDに対する，所有権に基づく本件土地の抵当権設定登記抹
消登記手続請求は認められるか。

2　当該請求が認められるためには，①Cが本件土地を所有し，②
D名義の抵当権設定登記が存在することを要するところ，Cは，
本件土地につきAから贈与を受け，本件土地を所有しており（①　65
充足），本件土地には，D名義の抵当権設定登記が存在している
（②充足）ため，当該請求は認められるとも思える。

→各要件の検討

3　もっとも，上述のとおり，CはDに対してAから承継取得した
本件土地の所有権を対抗できない。そこで，Cは，本件土地を時
効取得した（162条2項）として時効援用の意思表示（145条）を　70
主張することが考えられるところ，このような主張は認められるか。

→問題提起

(1)　まず，Cは，平成20年8月21日と平成30年3月21日の両時点
において本件土地を占有しており，10年間の占有の継続が推定
される（186条2項）。また，「所有の意思をもって」「善意で」
「平穏に」かつ「公然と」占有したことも推定され（186条1　75
項），これらの推定を覆す事情もない。さらに，Cは，本件土
地の占有開始時，自己に所有権があることにつき過失はなかっ
た。

→条文に端的にあてはめていく

条文上「他人の物」と規定されているため，自己物の時効取
得が可能か問題となるも，永続する事実状態を尊重する時効制　80
度の趣旨は自己物にも妥当するため，可能であると考える。

したがって，時効取得の要件をみたす。

→端的な規範定立とあてはめ

(2)　また，Cは登記を有していないため，当該時効取得をDに対抗
できないのではないか問題となるところ，DはCとの関係で時効
完成前の第三者であり，物権変動の当事者類似の関係にある。　85
そのため，CはDに対し，登記なくして時効取得を対抗できる。

(3)　したがって，Cの主張は認められる。

→形式的に問いに答える

4　よって，Cの請求は認められる。　　　　　　　　　以上

優秀答案

第1　設問1

1　Dは，Cに対して，本件土地の所有権に基づく返還請求権としての，本件建物収去本件土地明渡し請求をしていることが考えられる。

(1)　まず，かかる請求が認められるためには，Dが本件土地の所有権を有している必要がある。　　　　　　　　　　　　　　　　　5

この点，抵当権設定契約は物権を設定する行為であるから，抵当権設定者は目的物の所有権を取得している必要があるところ，AC間贈与契約によって本件土地の所有権はCに移転しており（176条），抵当権設定者Bは所有権を有していなかったと，　10
Cは主張する。

これに対し，Dは，Cは本件土地について所有権移転登記を具備していない以上，「第三者」（177条）たるDに対しては所有権取得を対抗できず，Dとの関係ではBは未だに所有権を有していたと主張することが考えられる。　　　　　　　　　　　　　15

では，Dは177条の「第三者」にあたるか。

ア　177条の「第三者」とは，物権変動の当事者またはその包括承継人以外の者であって，登記の欠缺を主張する正当の利益を有する者をいう。

イ　本件では，まず，Dは，AC間贈与契約の当事者やその包　20
括承継人ではない。そして，Bから甲土地につき抵当権の設定を受けているところ，Aの子であるB（887条1項）はAの死亡により（882条），Aの地位を承継する（896条）ため，AとBは同一のものとみることができるから，CとDは対抗関係に立つものといえる。　　　　　　　　　　　　　　25

よって，AC間贈与契約につき知らなかったDは，登記の欠缺を主張する正当の利益を有する者にあたるといえる。

ウ　したがって，Dは「第三者」にあたる。

そこで，BD間抵当権設定契約は有効に成立し，Dが抵当権設定登記を具備したうえその実行の結果これを買い受け所　30
有権移転登記を具備している以上，Dの所有権取得は認められる。

(2)　これに対し，Cは，本件建物について法定地上権（388条）が認められると主張している。

ア　まず，176条から贈与契約の目的物の所有権は特約なきか　35
ぎり契約と同時に移転すると解されるところ，本件土地の所有権はCにあり，本件土地と本件建物はともにC所有であるから，「同一の所有者に属する」といえる。そして，本件土地にDを抵当権者とする「抵当権が設定され」，「その実行により」本件土地の所有者がDとなり「所有者を異にするに至　40
った」といえる。

よって，法定地上権が成立しそうである。

イ　もっとも，Dは本件贈与契約の存在を知らない以上，本件土地と本件建物は「同一の所有者に属する」ことを知らない

△「2」がない。答案構成時にナンバリングの不備に気づいてほしい

○設問に現れた事実から適切な主張を示せている

○CとDが対抗関係に立つことを端的に説明できている

○端的な認定

○本問の特殊性に気づけている

といえるが，かかる場合にも法定地上権が成立するか。　45
　　　(ア)　同条の趣旨は，建物の取り壊しによる社会経済上の不利
　　　　　益回避にあるところ，「同一の所有者に属する」場合にの
　　　　　み法定地上権が成立するとされているのは，別人所有であ
　　　　　る場合には何らかの占有権原があるために建物を取り壊す
　　　　　必要がないからである。そして，抵当権者が占有権原の負　50
　　　　　担があるものとして担保価値を評価した場合には，かかる
　　　　　占有権原を認めることで建物の取り壊しを回避でき趣旨を
　　　　　達成できるし，また抵当権者に不測の不利益を及ぼすこと
　　　　　はない。そこで，かかる場合には占有権原が認められると
　　　　　解する。　55
　　　(イ)　本件では，Dは対抗力のある借地権の負担があるものと
　　　　　して本件土地の担保価値を評価し，Bに対する貸付額を決
　　　　　定している。
　　　(ウ)　よって，借地権が認められると解する。
　(3)　以上より，かかる請求は認められない。　60

○趣旨に立ち返りながら，自分なりに考えて論じることができている

第2　設問2
1　Cは，Dに対して，本件土地の所有権に基づく妨害排除請求権
　としての，抵当権設定登記抹消登記請求をしていることが考えら
　れる。

△設問1同様，「2」以下がなければ「1」は不要である

　(1)　まず，前述の通り，Cは本件土地の所有権を有している。　65
　　　そして，本件土地につき，甲名義の抵当権設定登記がある。
　(2)　もっとも，前述の通り，抵当権設定契約は有効に成立してい
　　るから，これに基づく抵当権設定登記には，登記保持権原があ
　　るのが原則である。これに対し，Cは，本件土地を時効取得
　　（162条2項）し原始取得したといえるから抵当権の負担を免　70
　　れると主張することが考えられる。
　　ア　まず，Cは，本件土地につき平成20年8月21日と平成30年
　　　3月21日の両時点で占有をしており10年間占有したものと推
　　　定される（186条2項）。また，「所有の意思をもって」「善意
　　　で」「平穏」かつ「公然」と占有するものと推定される（186　75
　　　条1項）。そして，これらの推定を覆す事情はない。そして，
　　　Cは占有開始時に無過失であったといえる。

○端的な認定

　　イ　もっとも，前述の通り，本件土地はCの物であったところ，
　　　「他人の物」といえるか。自己物の時効取得の可否が問題と
　　　なる。　80
　　　(ア)　時効の趣旨は，継続した事実状態を尊重し占有者の保護
　　　　　を図る点にあるところ，自己の物であってもそれを侵害す
　　　　　るような状況がある場合にはかかる趣旨は妥当するから，
　　　　　自己物の時効取得は認められると解する。
　　　(イ)　本件でも，Cによる本件土地の時効取得は認められる。　85
　　ウ　よって，時効取得により原始取得したといえるから抵当権の
　　　負担を免れる。したがって，Dの登記保持権原が認められない。
　(3)　以上より，かかる請求は認められる。　　　　　　　　以上

△Dが時効完成前の第三者であることを指摘してほしかった

設問1は，同一不動産をめぐって多重の取引がされた事案を題材として，不動産物権変動の優劣に関する基本的な知識・理解を問うとともに，事案に即した分析能力や法的思考力を試すものである。

解答に当たっては，所有権に基づく物権的返還請求権の各要件を検討する必要があり，特に，抵当権設定と贈与による所有権移転との対抗関係を丁寧に説明することが求められる。また，Cの占有権原の有無については，法定地上権の成否が特に問われるが，その制度趣旨や事案に現れている諸事情を踏まえて検討することが求められる。

設問2は，不動産が10年間以上占有された事案を題材として，取得時効の要件に関する基本的な知識・理解を問うとともに，取得時効の効果等について，事案に即した分析能力を試すものである。解答に当たっては，所有権に基づく妨害排除請求権の各要件を検討する必要があるが，短期取得時効の各要件について当てはめを行った上で，取得時効の効果は抵当権の消滅を伴うものであるのか，仮に消滅を伴う場合にはこれを主張するために登記が必要となるのかなどについて論じることが求められる。

優秀答案における採点実感 ▌▌▌

① 全体

本問は，受験生の解答がさまざまに割れ，そもそも満足のいく論述ができていない者も少なくなく，かなりの難問であったと予想される。そのようななかで，この優秀答案は当事者の主張を適切に組み立てて論理的に論述することができていた。

② 設問1について

まず，「自分こそが本件土地の所有者である」とのCの主張について，これに対するDの主張もふまえながら，検討することができていた。177条の「第三者」の意義という基本的な論点についても過不足なく論述することができていて好印象である。そのうえで，「第三者」の主観的要件についても言及できると，なおよかった。

次に，多くの受験生を悩ませたと思われる「Dが本件土地の所有者であるとしても，自分には本件建物を存続させるための法律上の占有権原が認められるはずである」とのCの主張について，法定地上権の成立を検討できている。さらに，本件土地の所有者がBであるというDの主観と，本件土地の所有者がCであるという現実とのギャップに悩みをみせ，自分なりに論述できていたところは大変好印象である。

③ 設問2について

まず，取得時効の話をするまでの流れが大変スムーズであり，答案にメリハリが生まれている。そして，取得時効の要件を端的に検討できているうえに，自己物の時効取得の可否という論点にも忘れずに触れられており好印象である。他方，取得時効と登記という論点について触れられていないことがもったいなかった。ただ，ここまでの論述内容が適切であるため，答案に対する印象を落とすことはなかったであろう。

Bは，Aから300万円で購入した鋼材（以下「本件鋼材」という。）を自分の工場で筒状に成形し，それに自己所有のバルブを溶接して暖房設備用のパイプ（以下「本件パイプ」という。）を製造した。その後，Bは，Cから本件パイプの取付工事を依頼され，Cとの間で代金を600万円（その内訳は，本件パイプの価格が500万円，工事費用が100万円である。）とする請負契約を締結した。工事は完成し，本件パイプは壁に埋め込まれて建物と一体化したが，CからBへの代金の支払はまだされていない。

　この事案について，以下の問いに答えよ。なお，小問1と小問2は，独立した問いである。

1　Bは，Aに代金を支払う際，Dから300万円の融資を受けたので，本件パイプにDのために譲渡担保権を設定し，占有改定による引渡しも済ませたが，BD間の約定では，Bの請け負った工事について本件パイプの使用が認められていた。

(1)　CD間の法律関係について論ぜよ。

(2)　BC間で請負契約が締結された直後，BはCに対する請負代金債権をEに譲渡し，確定日付のある証書によってCに通知していたという事実が加わったとする。この場合における，請負代金債権に関するDE間の優劣について論ぜよ。

2　AがBに売却した本件鋼材の所有者は，実はFであり，Aは，Fの工場から本件鋼材を盗み，その翌日，このことを知らないBに本件鋼材を売却した。本件鋼材の時価は400万円であるにもかかわらず，Aは，Bに300万円で慌てて売却しており，このようなAの態度からしてBには盗難の事実を疑うべき事情があった。他方，Cは，Bが専門の建築業者であったことから，盗難の事実を知らず，また知ることができなかった。この場合における，BF間及びCF間の法律関係について論ぜよ。

答案構成用紙

思考過程

① はじめに

本問は，物権法の分野から網羅的に出題されたものである。

明文のない譲渡担保については，いずれの法定担保物権に引きつけるかを考えるという意味において，法制度の趣旨にさかのぼった解釈が求められている。また，即時取得と添付については，当事者ごとに正確に事案を分析し，端的に要件を認定することが求められており，あわせて不当利得返還請求および償還請求における請求額にまで気を配ることが重要である。

② 設問1

1 小問(1)について

BD間の約定においては，「Bの請け負った工事について本件パイプの使用が認められていた」ことから，譲渡担保権の実行としてDはCに対し引渡請求をすることができない。このような基本的事項を確認したうえで，DのCに対する請求を考えることになる。生の主張としては，未払の請負代金をCに対し請求したいということになろうが，譲渡担保権は明文がないため，その法的根拠が問題となる。

この点について，物上代位は担保権の優先弁済効を根拠に認められるところ，譲渡担保権も担保権である以上，304条を類推適用できると解されているため，DはCに対し，Bを物上代位して請負代金債権の支払を求めることになる。

そして，請負代金債権が物上代位の対象になるかについても検討を要する。

物上代位の対象となる債権について304条本文は「目的物の売却，賃貸，滅失又は損傷によって債務者が受けるべき金銭」をあげており，請負代金債権はあげられていない。しかし，請負代金は原材料に相当する対価も含むことから，「売却」代金と同様に考えられないかという視点で，物上代位の対象になるかを検討していくことになる。

この点について，最決平成10年12月18日は，原則として否定しながらも，「請負代金全体に占める当該動産の価額の割合や請負契約における請負人の債務の内容等に照らして」転売による代金債権と「同視するに足りる特段の事情がある場合」には例外的にこれを肯定すると述べている。肯定説，否定説，判例のような折衷説のいずれを採るにしても，物上代位の制度趣旨から解釈を展開する必要がある。判例の見解に従った場合には，当該動産の価額の割合と請負人の債務の内容の双方について，本問にあげられている事情を拾って評価しながら，丁寧なあてはめをすることが求められる。

2 小問(2)について

本件請負代金債権に関するDE間の優劣が問われているが，この小問(2)では，本件請負代金債権がEに譲渡され，確定日付ある証書による通知（467条2項）でもってEが対抗要件を具備した後であっても，DはBを物上代位して本件請負代金債権の支払を請求できるかということが問われている。債権譲渡が「払渡し又は引渡し」にあたる場合には，DはEに劣後することになる。

債権譲渡が「払渡し又は引渡し」にあたり，担保権者が目的債権の譲受人に劣後するかが争われた重要判例が2つある。

1つは，抵当権者と目的債権の譲受人との優劣が問題となった最判平成10年1月30日である。この判例は，「抵当権の効力が物上代位の目的債権についても及ぶことは抵当権設定登記により公示されているとみることができ」るとしてうえで，「払渡し又は引渡し前」の「差押え」の意義については主として第三債務者の保護にあるとした。このような理由から，債権譲渡は「払渡し又は引渡し」にあたらず，抵当権者は目的債権の譲受人に優先する旨判示した。もう1つは，動産先取特権者と目的債権の譲受人との優劣が問題となった最判平成17年2月22日である。この判例は，「抵当権とは異なり公示方法が存在しない動産売買の先取特権については」という文言を用いて抵当権との距離をおきながら，「差押え」の意義については，第三債務者の保護と並んで，目的債権の譲受人等の第三者の保護をあげている。このような理由から，債権譲渡が「払渡し又は引渡し」にあたり，動産先取特権者が劣後する旨判示している。

譲渡担保権者の優劣については，最高裁判例が存在しないため，本問を解答するにあたっては，譲渡担保権を，公示方法に着目しながら抵当権と動産先取特権のいずれに引きつけるべきかを考えることになる。動産譲渡担保権の対抗要件が「引渡し」と考えられており，引渡しによる占有は観念的なものであることから，公示方法として不十分と考えれば，動産先取特権の判例に引きつけて考え，DはEに劣後するという結論になろう。

③　設問2

1　CF間の法律関係

　本件鋼材の所有者はFであったことから，設問2ではCとFのいずれに所有権があるのか，CF間に金銭債権があるかといったことを検討することになる。

　本件鋼材およびパイプの所有権の帰属については，まずCの前主Bが所有権を有していたかを検討する必要がある。AB間は他人物売買であって物権的に無効であるが，Bが即時取得により本件鋼材を原始取得しないかが問題となる。本件鋼材およびパイプの所有権の帰属を検討するにあたっては，承継取得と原始取得の視点を意識してほしい。また，Bが本件鋼材を成形してパイプにしていることから，加工により本件パイプの所有権がBに帰属しないかについても検討する必要がある。加工の検討を落とさないように心掛けたい。次に，Cが本件パイプの所有権を原始取得しないかを考えることになる。本問では，善意無過失を認定できる事実があげられているので，これを素直に認定したうえ，本件鋼材が盗品であることから193条にも触れる必要がある。回復までの2年間原所有者に所有権があるのか，193条の法的性質も論じられると丁寧だろう。また，本件パイプが埋め込まれてCの建物と一体化していることから，不動産の付合（242条本文）を検討する必要がある。所有権の帰属については，論じるべきことが多いので，端的に認定することが大事である。

　さらに，CF間の金銭債権については，Cが付合により本件パイプの所有権を取得するので，償金請求（248条・703条）を検討することになる。一般不当利得の「規定に従い」とあるため，一般不当利得を検討するのと同様に，利得・損失・因果関係・法律上の原因について検討する必要がある点に注意されたい。「法律上の原因」の検討のなかで，248条の趣旨が示せるとなおよい。そして，請求の範囲について，Bが加工した時点においては，本件パイプの所有権はFに帰属していたはずであるから，Bの損失とこれに対応するCの利得は500万円となろう。なお，本件鋼材は「盗品」であり，本件請負は売買と同視できるので，Cは「商人」Bから「善意」で「買い受けた」者である。そのため，Cは代価弁償（194条）を請求できるとも思える。しかし，Cは付合により所有権を取得し返還を要しない以上，これは否定されると考える。

2　BF間の法律関係

　BF間においては一般不当利得の検討をすることになる。「CからBへの代金の支払はまだされていない」と問題文にあることから，Bの利得は何か，立ち止まって考える必要がある。

　利得がないとしても，FはCに対し500万円の償金請求をすることができるから問題がないといえそうであるが，請負代金債権を取得したこと自体を利得と捉えることも十分可能である。答案例は，Bの労務に客観的に相当する100万円を差し引いた400万円を実質的な利益と構成している。FはBが本件パイプを埋め込むまでは本件パイプの所有権を有していたことを重視して500万円の損失と構成し，Bの労務に相当する100万円については，BのFに対する償金請求（248条・703条）との相殺を認めるという論述も間違いではないだろう。

【関連判例】

最決平成10年12月18日民集52巻9号2024頁（百選Ⅰ81事件）

最判平成10年1月30日民集52巻1号1頁（判例シリーズ31事件）

最判平成17年2月22日民集59巻2号314頁

【参考文献】

試験対策講座・物権法4章3節②，7章3節④【2】，10章2節②。判例シリーズ31事件。

第1　小問1⑴について

　　Dは，BがCに対して有する請負代金債権について，譲渡担保権
　に基づく物上代位権を行使することができるか。

　1　まず，物上代位性は優先弁済的効力を有する担保物権に認めら
　　れる性質であるところ，譲渡担保は優先弁済的効力を有する物的
　　担保であるから，304条の類推適用により，譲渡担保権に基づい
　　て物上代位できると解する。

　2　次に，請負代金債権が物上代位権行使の対象となるか。

　⑴　まず，目的物の転売による代金債権は，当該目的物に代わる
　　ものとして物上代位権行使の対象となる。これに対し，設定者
　　が目的物を用いて請負工事を行ったことによって取得する請負
　　代金債権は，材料費や工賃等をすべて包含する仕事完成義務の
　　対価であるから，当然にはその一部が当該目的物の転売による
　　代金債権に相当するものということはできない。

　　　そこで，譲渡担保権者は，原則として，請負代金債権に対し
　　て物上代位権を行使することができないが，請負代金全体に占
　　める当該目的物の価額の割合や請負契約における請負人の債務
　　の内容等に照らし，請負代金債権の全部または一部を当該目的
　　物の転売による代金債権と同視するに足りる特段の事情がある
　　場合には，その部分の請負代金債権に対して物上代位権を行使
　　できると解する。

　⑵　これを本問についてみると，まず，工事費用と明確に区別さ
　　れた本件パイプの価格は，請負代金債権全体の8割以上という
　　高い割合を占める。次に，本件請負契約においては，用途に見
　　合ったパイプを供給することが主たる債務といえ，その取付工
　　事を行うことは付随的な債務にすぎないと認められる。したが
　　って，600万円の請負代金債権のうち，500万円の部分について
　　は，本件パイプの転売による代金債権と同視するに足りる特段
　　の事情がある。

　3　また，請負代金の「払渡し」は，まだなされていない。

　4　よって，Dは，請負代金債権のうち500万円の部分に対して物
　　上代位権を行使することができる。

第2　小問1⑵について

　　本問では，BはCに対する請負代金債権をEに譲渡し，確定日付
　のある証書によりCに通知している。そこで，債権譲渡が「払渡し
　又は引渡し」にあたり，Dは請負代金債権に対して物上代位権を行
　使できないのではないか。

　1　そもそも，304条1項ただし書の類推適用により，譲渡担保権
　　者が物上代位権を行使するには払渡しまたは引渡しの前に差押え
　　をすることを要するとされる主たる目的は，抵当権とは異なり公
　　示が十分ではない動産譲渡担保権について，物上代位の目的債権
　　の譲受人等の第三者の利益を保護する点にある。

　　　そこで，「払渡し又は引渡し」には債権譲渡も含まれ，動産譲
　　渡担保権者は，物上代位の目的債権が譲渡され，第三者に対する

右欄注記：
⇒問題提起
⇒前提となる物上代位の行使の可否についての結論
⇒物上代位の対象についての問題提起
⇒規範
⇒あてはめ
⇒問いに答える
⇒問題提起
⇒趣旨
⇒規範

行番号：5, 10, 15, 20, 25, 30, 35, 40

対抗要件が備えられた後においては，目的債権を差し押さえて物　45
　　上代位権を行使することはできないと解する。
　2　したがって，Dは，請負代金債権に対して物上代位権を行使す ➡問いに答える
　　ることができず，DはEに劣後する。
第3　小問2について
　1　CF間の法律関係について　　　　　　　　　　　　　　　　　　50
　⑴　まず，Bは，取引行為によって，平穏に，かつ，公然と，善 ➡即時取得について
　　　意で本件鋼材の占有を始めているが，Bには盗難の事実を疑う
　　　べき事情があったため，過失があり，本件鋼材の所有権を即時
　　　取得できない（192条）。
　　　　次に，Bは，バルブを供して本件鋼材を加工し，本件パイプ　55 ➡加工について
　　　を製造しているが，バルブの価格と工作によって生じた価格の
　　　合計が本件鋼材の価格を超えるとはいえないから，Bは本件パ
　　　イプの所有権を取得できない（246条2項）。
　　　　また，Cは善意無過失で本件パイプの占有を始めているが，
　　　本件パイプは盗品であるから，即時取得の成立が盗難の時から　60
　　　2年間猶予される（193条）。そのため，本件パイプの所有権は
　　　Fに帰属するとも思える。
　　　　しかし，本件パイプは壁に埋め込まれて建物と一体化してお ➡付合について
　　　り，分離により壁や本件パイプが著しく損傷するため分離が不
　　　相当となったと考えられるから，本件パイプは建物に付合し，　65
　　　Cがその所有権を取得する（242条本文）。
　　　　したがって，Fは，Cに対して，所有権に基づく本件パイプ
　　　の返還請求権を有しない。そうだとすれば，Cも代価弁償請求
　　　権を有しない。
　　⑵　もっとも，かりに本件パイプが建物に付合しなければ，Fは　70 ➡償金請求について
　　　Cに対してその回復を請求することができたのであるから，付
　　　合によりCの500万円の受益とFの500万円の損失が認められ，
　　　これらの間には社会観念上の因果関係があり，また，付合によ
　　　る所有権取得は，物権的秩序と物の経済的価値を維持するため
　　　であって，価値の終局的移転を認める趣旨ではないから，Cの　75
　　　受益につき法律上の原因はない。
　　　　よって，Fは，Cに対して，500万円の償金請求権（248条・
　　　703条）を有する。
　2　BF間の法律関係について ➡不当利得返還請求について
　　　Bには，本件鋼材に相当する請負代金債権400万円を取得する　80
　　という受益があり，Fには400万円の損失がある。そして，両者
　　には社会観念上の因果関係があり，また，Bは本件鋼材を即時取
　　得していないから，法律上の原因もない。
　　　よって，Fは，Bに対して，400万円の不当利得返還請求権（703
　　条）を有する。　　　　　　　　　　　　　　　　　　　　　　　85
　　　　　　　　　　　　　　　　　　　　　　　　　　　以上

優秀答案

第1　小問1について

1　⑴CD間の法律関係について

　　Dは本件パイプに譲渡担保権を有しているところ，譲渡担保権も担保物権である以上，その優先弁済効のあらわれとして物上代位（304条）が認められる。そのため，Dは本件パイプの「売却」等によってBが受けるべき金銭等に対して物上代位することができる。

⇐○理由づけが示せている

　　本問では，本件パイプは，Cからの本件パイプの取付工事の依頼（請負契約）により壁に埋め込まれて建物と一体化している。この場合，請負金額は労務等の対価も含み，「売却」など304条1項本文列挙事由にあたらないため，物上代位は認められないようにも思える。しかし，請負代金のうち本件パイプ自体の代替価値であり実質的に「売却」等の対価にあたる部分については，304条1項本文の場合にあたりその限りで物上代位が認められると考えられる。

⇐△物上代位の制度趣旨から論じられるとなおよい

　　本問では，請負代金600万円のうち工事費用100万円はCの労務・技術の提供に対する対価であるが，本件パイプの価格500万円は本件パイプの代替価値として実質的に「売却」の対価にあたる。そして，当該請負代金はいまだ支払われていない（304条1項ただし書き）。

⇐△正しくはBである。対価のみならず，請負人の仕事内容にも着目できるとなおよい

　　したがって，請負代金のうち500万円について物上代位が認められる。

　　よって，DはCに対して500万円の支払を請求することができる。

2　⑵請負代金債権に関するDE間の優劣について

　　担保権者が物上代位をするためには，「その払渡し又は引渡しの前に差押えをしなければならない」とされている（304条1項ただし書き）。本問では，BC間で請負契約が締結された直後に請負代金債権がEに譲渡され，対抗要件を備えている（467条2項）ため，これが「払渡し又は引渡し」にあたる場合には，Dによる物上代位は認められないことになる。

⇐○条文に沿った問題提起ができている

　　「払渡し又は引渡し」の前に差押えが要求されている趣旨は，物上代位の目的となる金銭等について第三者の取引安全を図るところにある。登記で公示される抵当権と異なり，有効な公示方法のない譲渡担保等においてはその要請が強い。そのため，債権譲渡も「払渡し又は引渡し」にあたると考える。

⇐○判例を意識して考えていることが伝わる

　　したがって，債権譲渡前に差押えのされていない本問においては，もはやDによる物上代位は認められず，Eが優先する。

第2　小問2について

1　BF間の法律関係について

⑴ア　Aは本件鋼材の真の所有者でなく，処分権限を有さないため，AからBの承継取得は認められない。

　イ　そこで，即時取得（192条）が成立しないか。

　　　BはAとの売買という「取引行為」によって，本件鋼材の引渡しを受け「占有」を始めている。そして，占有者は，

「善意」で,「平穏」に, かつ,「公然」と占有するものと推 45
定される(186条1項)。実際にも, BはAが本件鋼材を盗ん
だことを知らなかった。もっとも, 本件鋼材が時価を100万
円を下回る価額で慌てて売却されたことから, Bには盗難の
事実を疑うべき事情があったにもかかわらず, 何ら確かめる
こともしていないため,「過失」が認められる。 50
　したがって, Bに即時取得は成立しない。

◀○条文操作が正確である

ウ　Bは本件鋼材を利用して, 自己所有のバルブも供したうえ
で成形や溶接などの「工作」を加えて本件パイプを製造して
いるが, これによって生じた価格200万円とバルブの価格を
加えたものが本件鋼材の価格300万円を超えるものとはいえ 55
ない。
　そのため, Bに加工による所有権の取得(246条1項2項)
も認められない。

(2)　Bは請負代金の一部として本件パイプの価格500万円の支払
という「利益」を取得している。一方で, Fは後述するように 60
その工事による付合により, 本件パイプの所有権を喪失すると
いう「損失」を受けている。両者は同一の請負契約を基礎に生
じており, 社会通念上の連結があるといえ, 因果関係が認めら
れる。前述のようにBは本件パイプの所有権を取得せず, 前記
「利益」の取得につき「法律上の原因」がない。 65
　したがって, FはBに対して, 500万円について不当利得返還
請求をすることができる(703条)。

◀△本問で「CからBへの代金の支払はまだされていない」とあることから, 請負代金債権が利得である

2　CF間の法律関係について

(1)ア　CはBとの請負の一環として実質的に売買という「取引行
為」によって, 本件鋼材を材料とした本件パイプの「占有」 70
を始めている。そして, CはBと異なり, Bが専門の建築業
者であったことから, 盗難の事実を知らず, また知ることが
できなかったため,「過失がない」といえる。そのため, C
に即時取得が成立する。
　もっとも, 本件鋼材は盗品であるため, 盗難の時から2年 75
間は被害者Fに所有権が留保される(193条)。

◀△理由づけが一言ほしい

イ　本件パイプが壁に埋め込まれて建物と一体化したことによ
り, これが建物に「附合」したといえる(242条本文)。その
ため, これによりCが本件パイプの所有権を取得する。

◀×「付合」が正しい

(2)　附合によりCが本件パイプの所有権という「利益」を取得し 80
たことにより, Fは, 附合が生じなければ保持できた本件パイ
プの所有権を喪失するという「損失」を受けている。そして,
両者に因果関係が認められ, かつCは前記「利益」の取得につ
き附合のほか「法律上の原因」がない。
　したがって, FはCに対して, その価値相当額500万円につい 85
て償金の請求をすることができる(248条・703条)。
以上

　本問は，旧司法試験平成22年度第2問であるが予備試験対策にも適した題材である。

　以下は，法務省が公開している本問の出題趣旨である。

　「小問1(1)は，譲渡担保に関する基礎的理解のもと，物上代位の成否とその対象について検討させるものである。小問1(2)は，物上代位における差押えの意義と債権譲渡との関係を譲渡担保に即して展開させるものである。小問2は，即時取得，回復請求，代価弁償に関する基礎的理解に基づきつつ，添付（加工及び付合）における所有権帰属ないし償金請求について論じさせ，論理的思考力と法的推理力を試すものである。」

優秀答案における採点実感 |||

① 全体

　全体を通じて，条文を引用し，条文に即した論述をしており，地に足がついた答案といえる。条文に即した論述は，答案作成の際にもっとも大切にすべきことのひとつであるから，この優秀答案を参考にしてほしい。

② 小問1

1　小問(1)

　物上代位の可否について，法的根拠をしっかり示せている。判例を知っていればただちに論点に飛びつきたくなるので，物上代位の根拠を一言でも述べられれば，まわりの受験生と差がつくと考えられる。

　請負代金債権が物上代位の対象になるかについては，304条1項本文に列挙されていないという問題意識は示せているが，形式的な論述となっており，物足りない印象を受けてしまう。制度趣旨にさかのぼった論述を心掛けてほしい。

2　小問(2)

　優秀答案は物上代位の要件を検討するなかで，請負代金債権を譲り受け，対抗要件を備えているEとの優劣を論じる姿勢が示されており，非常に読みやすい論述になっている。そして，公示方法に着目して抵当権と比較することで，判例への理解を示すことができている。強いていうのであれば，有効な公示方法がないからこそ，「差押え」を要求する趣旨に第三者の取引安全が含まれると解されているので，この点に関する理解も示せているとなおよかった。

③ 小問2

1　BF間の法律関係について

　「AからBの承継取得は認められない」との論述から，本件鋼材およびパイプの所有権の帰属につき，原始取得と承継取得の観点をもっていることがみてとれる。それ以降の論述も当事者ごとに正確な分析ができているだろうという安心感を読み手に与えるものとなっている。推定規定（186条1項）にも触れるなど，正確な条文操作も好印象である。

　また，不当利得の検討においても，因果関係を正確な理由づけとともに論じるなど，端的な要件認定でありながら，まわりと差がつく申し分のない論述になっている。

2　CF間の法律関係について

　BF間についての論述と同様に，正確な分析，端的な要件認定が好印象である。

　また，償金請求の範囲についても，所有権の帰属と連動した筋のとおった検討ができている。

次の文章を読んで，後記の〔設問１〕及び〔設問２〕に答えなさい。

I
【事実】
1．A（女性，昭和22年生）は，配偶者がいたが，平成２年５月頃から，B（男性，昭和27年生）と交際するようになり，同年10月には，配偶者との離婚の協議を始めた。
2．Aは，平成３年８月，配偶者と離婚した。A及びBは，これを契機として，マンションを賃借し，そこで同居をするようになった。もっとも，離婚を経験したAは，Bとの婚姻の届出をすることをためらい，Bと話し合いの上，その届出をしないままBとの生活を続けた。
3．平成３年当時，Aは，甲土地を所有しており，甲土地についてAを所有権登記名義人とする登記がされていた。A及びBは，相談の上，甲土地の上にBが所有する建物を建築することを計画した。この計画に従い，平成５年３月，甲土地の上に所在する乙建物が完成して，乙建物についてBを所有権登記名義人とする所有権の保存の登記がされ，同月，A及びBは，乙建物に移り住んだ。
4．Aは，かねてよりヨーロッパのアンティーク家具や小物の収集を趣味としていたが，平成18年秋頃から，そうした家具などを輸入して販売する事業を始めた。Aは，同年９月，この事業の資金として3000万円を銀行のCから借り入れた。その返済の期限は，平成22年９月30日と定められた。
5．同じく平成18年９月に，この借入れに係る債務を担保するため，Aは，甲土地についてCのために抵当権を設定し，また，Bも乙建物についてCのための抵当権を設定し，同月中に，それぞれその旨の登記がされた。乙建物については，Bが，Aから依頼されて，Aの事業に協力する趣旨で，抵当権を設定したものである。
6．Aの事業は，しばらくは順調であったものの，折からの不況のため徐々に経営が悪化し，平成22年９月30日が経過しても，Aは，Cからの借入金を返済することができなかった。そこで，Cは，甲土地及び乙建物について抵当権を実行することを検討するに至った。

〔設問１〕
【事実】１から６までを前提として，以下の(1)及び(2)に答えなさい。
(1) Aが，銀行のDに対し預金債権を有しており，その残高がCに対する債務を弁済するのに十分な額であると認められる場合において，Bは，乙建物について抵当権を実行しようとするCに対し，AがCに弁済をする資力があり，かつ，執行が容易である，ということを証明して，まずAの財産について執行しなければならないことを主張することができるか，理由を付して結論を述べなさい。
(2) Bは，Aに対し，あらかじめ，求償権を行使することができるか。また，仮にCが抵当権を実行して乙建物が売却された場合において，Bは，Aに対し，求償権を行使することができるか。それぞれ，委託を受けて保証をした者が行使する求償権と比較しつつ，理由を付して結論を述べなさい。

II　【事実】１から６までに加え，以下の【事実】７から10までの経緯があった。
【事実】
7．その後，Aの事業は，一時は倒産も懸念されたが，平成22年12月頃から，一部の好事家の間でアンティーク家具が人気を博するようになったことを契機として，収益が好転してきた。Aは，抵当権の実行をしばらく思いとどまるようCと交渉し，平成23年４月までに，Cに対し，【事実】４の借入れに係る元本，利息及び遅延損害金の全部を弁済した。

8．平成23年9月，Aは，体調の不良を感じて病院で診察を受けたところ，重篤な病気であることが判明した。Aは，同年11月に手術を受けたものの，手遅れであり，担当の医師から，余命が3か月であることを告げられた。そこで，Aは，平成24年1月18日，Bとの間で，AがBに甲土地を贈与する旨の契約を締結し，その旨を記した書面を作成した。

9．Aは，平成24年3月25日，死亡した。Aは，生前，預金債権その他の財産を負債の返済に充てるなどして，財産の整理をしていた。このため，Aが死亡した当時，Aに財産はなく，また，債務も負っていなかった。

10．Aが死亡した当時，Aの両親は，既に死亡していた。また，Aの子としては，前夫との間にもうけたE（昭和62年生）のみがいる。

11．その後，Eは，甲土地について相続を原因とする所有権移転登記をした。

〔設問2〕

　Eは，Bに対し，甲土地について，どのような請求をすることができるか。理由を付して説明しなさい。

答案構成用紙

① はじめに

平成23年と比較して，平成24年の問題文の量は２倍以上に増加している。もっとも，問われていることは明確であり，論点としても難しいというわけではない。問題の難易度は標準的なものと考えられる。

そのため，問題文の問いに忠実に答えるという姿勢で解答していくことで，一定水準以上の答案を作成できるであろう。論点に飛びつくのではなく，問いに答える姿勢が重要である。

② 設問１小問(1)

小問(1)では，保証人に認められる検索の抗弁（453条）が物上保証人にも認められるかが問われている。問題文に，「弁済をする資力があり，かつ，執行が容易である」とあることから，453条を想起してほしい。

解答の流れとしては，まず453条は保証人を対象としており物上保証人に直接適用できないことを示すことになる。原則論の提示は必須である。そのうえで，次に類推適用の可否を検討することになろう。

ここでは，保証人と物上保証人の性質の違いをふまえ，類推適用の可否を述べることで説得的な論述となると考えられる。答案例では，物上保証人の責任は，保証人と異なり抵当目的物に限定されており，保証人と同等に保護する必要はないといえること，検索の抗弁を物上保証人に認めると，抵当権の実行を不当に遅延させるおそれがあることを理由に類推適用を否定している。

民法では，条文の趣旨からスタートする意識が重要である。常に規定の趣旨を考え，論理的な思考を積みあげていくことが必要な科目といえる。このことを意識して学習をしていくと，本問にも十分対応できるものと考えられる。

なお，本問の論点は，制度趣旨から考えられる問題であるため，趣旨の理解が不十分な受験生は各自基本書で確認してほしい。

③ 設問１小問(2)

委託を受けた物上保証人の事前求償・事後求償の可否について，委託を受けた保証人の事前求償・事後求償と比較したうえで検討することが問われている。

委託を受けた保証人の事前求償（460条）・事後求償（459条１項），委託を受けた物上保証人の事後求償（372条・351条）については明文の規定がある。したがって，問われている委託を受けた物上保証人の事後求償権については，372条・351条を引いて条文の文言にあてはめるだけでよい。これは条文知識であるため，ここでつまずいてしまった人は，普段の勉強から条文を引くことを怠らないでほしい。合格ラインに達するためには，このような基本事項は落とさず論述したい。

これに対して，問題は委託を受けた物上保証人の事前求償の可否である。委託を受けた物上保証人の事前求償の可否については，比較対象である委託を受けた保証の事前求償に明文の規定があることをしっかりと示すことが必要となる。そのうえで，明文のない物上保証人の事前求償部分について類推適用ができないか検討することになろう。

この点については，「債務者の委託を受けてその者の債務を担保するため抵当権を設定した者（物上保証人）は，被担保債権の弁済期が到来したとしても，債務者に対してあらかじめ求償権を行使することはできない」とする最高裁判例（最判平成２年12月18日）があるため，その判示を参考に理由づけを論述していくことになろう。同判例は，保証の委託と物上保証の委託を比較し，結論を出している。紙面の関係上すべてを引用することはできないため，各自理由づけを確認してほしい。

答案例では，事前求償権の法的性質は委任事務費用の前払請求権（649条）と解されるところ，物上保証人の弁済は委任事務とはいえず，委任事務費用およびその前払請求権の発生を観念しえないこと，物上保証においては求償権の範囲はもちろん，その存在すらあらかじめ確定することはできないことを理由に類推適用を否定している。理由づけのまとめ方として，参考にしてほしい。

かりに判例を知らなかった場合は，事前求償権の法的性質，物上保証と保証の違いから，結論を

導き出すこととなろう。たとえわからない場合でも，基本から考え論述していくことで，論理的に筋のとおった答案を作成することが可能であると思われる。

4 設問2

遺留分侵害額請求については，論文用の対策をしていない受験生がほとんどであろう。もっとも，短答用の知識で十分対応できるため，焦らず淡々と条文に沿って検討していけば，合格ラインに到達することは難しいことではないであろう。

その際にも，まずは現在の権利関係を整理し，遺留分侵害額請求権を行使する必要があることを述べることでスムーズな論理展開となる。問題文は「どのような請求をすることができるか」となっていることから，遺留分侵害額請求権を行使する理由とその要件を充足するかを検討することが丁寧であろう。

答案例では，AがBに甲土地を贈与しているため，Eは甲土地を相続できないことを簡潔に述べたうえで，遺留分侵害額請求権の行使という流れになっている。

相続については，条文の引用を忘れてはいけない。細かいことだが，使用される条文は決まっているので，一度確認しておくことを勧める。一度確認しておけば，時間がない場面でも引用を忘れることはないであろう。

遺留分侵害額請求権行使の要件については，遺留分権者（1042条），贈与の期間制限（1044条）を検討することになる。問題文に贈与の時期，A死亡の日時が詳細に記載されているため，贈与の期間制限について検討してほしいことは明らかである。

このように，問題文を注意深く読むことで，検討漏れを防ぐことができる。そして，ここは条文の検討であるので，淡々と論述していくことになろう。

【関連判例】
最判平成2年12月18日民集44巻9号1686頁（判例シリーズ53事件）

【参考文献】
試験対策講座・親族・相続13章1節4。試験対策講座・債権総論6章5節1〜4。判例シリーズ53事件。

答案例

第1　設問1について
　1　小問(1)について
　　　Bは，Cに対し，AがCに弁済をする資力があり，かつ，執行が
　　容易であることを証明して，まずAの財産について執行しなけれ
　　ばならないことを主張することができるか。検索の抗弁を定める
　　453条は，保証人に関する規定であり，物上保証人に直接適用で　　　　5
　　きないため，同条を類推適用できないかが問題となる。
　　(1)　この点について，検索の抗弁は保証債務の補充性に基づいて
　　　認められる保証人保護のための抗弁であるところ，物上保証人
　　　の責任は，保証人と異なり，抵当目的物に限定されているため，　　10
　　　保証人と同等に保護する必要はないといえる。また，検索の抗
　　　弁を物上保証人に認めると，抵当権の実行を不当に遅延させる
　　　おそれがある。
　　　　そこで，物上保証人に同条を類推適用することはできないと
　　　解する。　　　　　　　　　　　　　　　　　　　　　　　　　　15
　　(2)　したがって，Bは上記主張をすることができない。
　2　小問(2)について
　　(1)　まず，主債務者から委託を受けて保証をした者は，一定の場
　　　合に，あらかじめ求償権を行使できる（460条）ところ，物上
　　　保証人であるBは，Aに対し，あらかじめ，求償権を行使する　　　20
　　　ことができるか。同条は保証人に関する規定であり，物上保証
　　　人に直接適用できないため，同条を類推適用できないかが問題
　　　となる。
　　　ア　この点について，事前求償権の法的性質は委任事務費用の
　　　　前払請求権（649条）と解されるところ，物上保証の委任は　　　25
　　　　弁済によって債務者を免責させる趣旨を含まない。そのため，
　　　　物上保証人の弁済は委任事務とはいえず，委任事務費用およ
　　　　びその前払請求権の発生を観念しえない。また，抵当不動産
　　　　の売却代金による被担保債権の消滅の有無およびその範囲は，
　　　　抵当不動産の売却代金の配当等によって確定するものである　　30
　　　　ことから，求償権の範囲はもちろん，その存在すらあらかじ
　　　　め確定することはできない。
　　　　　そこで，物上保証人に対し460条を類推適用できないと解
　　　　する。
　　　イ　したがって，Bは，Aに対し，あらかじめ，求償権を行使　　　35
　　　　することができない。
　　(2)　次に，かりにCが抵当権を実行して乙建物が売却された場合
　　　において，Bは，Aに対し，求償権を行使できるか。
　　　ア　この場合，委託を受けて保証をした者は，「自己の財産を
　　　　もって債務を消滅させるべき行為……をした」（459条1項）　　40
　　　　といえ，主債務者に対し求償権を行使できる。
　　　イ　他方，物上保証人Bは，抵当権の実行によって抵当不動産
　　　　たる乙建物の所有権を失ったといえるから，Aに対し，求償
　　　　権を行使できる（372条・351条）。

右段欄注

➡問題提起

➡保証人と物上保証人と
　の比較

➡結論

➡問いに答える

➡問題提起

➡判例を意識した理由づ
　け

➡結論

➡問いに答える

➡問題提起

➡保証の場合の根拠条文
　の指摘

➡物上保証の場合の根拠
　条文の指摘

第2　設問2について　　　　　　　　　　　　　　　　45
1　Eは，Aから相続により甲土地の所有権を承継したと主張して，
Bに対し，甲土地の所有権に基づき，乙建物収去甲土地明渡請求
をすることが考えられる。

➡考えられる請求㋐

(1)　Eは，Aの唯一の子（887条1項）として，Aの死亡より生じ
た相続によって，甲土地の所有権を承継する（882条，896条本　　50
文）。

一方，Bは，Aから甲土地の贈与（549条）を受けている。そ
こで，BとEが対抗関係に立つのであれば，先に「登記」（177
条）を備えたEが確定的に権利を取得し，Bは甲土地について
無権利者となるので，EがBに優先することになる。　　　　　55

(2)　相続の効果は包括承継（896条本文）であるから，相続人と
被相続人は同一視されるべきである。

➡対抗関係に立たないことの指摘

したがって，相続人は，被相続人からの譲受人との関係では
あたかも当事者類似の関係にあるから，両者は対抗関係に立た
ないと解する。　　　　　　　　　　　　　　　　　60

これを本問についてみると，EはBと対抗関係に立たないか
ら，EがBよりも先に登記を備えたからといって確定的にEが
所有権を取得することにはならない。

➡結論（請求㋐に対応させる）

(3)　よって，Eの上記の請求は認められない。

2　次に，Eは，上記の贈与により自己の遺留分が侵害されたとし　　65
て，Bに対して，遺留分侵害額請求（1046条1項）をすることが
考えられる。

➡考えられる請求㋑

(1)　まず，Eは，「兄弟姉妹以外の相続人」であって，「直系尊属
のみが相続人である場合」以外の場合である。そうすると，E
は，「遺留分を算定するための財産の価額」の2分の1の額の　　70
遺留分を受ける（1042条1項2号）。

➡条文を意識したあてはめ

次に，Aが死亡したのは平成24年3月25日であるから，同年
1月18日になされた上記の贈与は「相続開始前の1年間にした
もの」（1044条1項前段）にあたる。

そして，Aが死亡した当時，Aには財産はなく，また，債務　　75
も負っていなかったから，「遺留分を算定するための財産の価
額」は，甲土地の価額である(1043条1項)。

したがって，Eの受ける遺留分は，甲土地の価額の2分の1
である。

(2)　そして，Eは贈与や遺贈を受けてはおらず，Aの死亡時にA　　80
には財産も債務もない以上，Eが取得すべき遺産および承継す
べき債務はないから，Eの遺留分侵害額を算定するにあたって，
Eの上記遺留分から控除したり，加算すべきものはない（1046
条2項各号参照）。

➡自身の遺留分から控除，加算されるものがないことの確認

したがって，Eの遺留分侵害額は，甲土地の価額の2分の1　　85
である。

よって，Eは，Bに対し，甲土地の価額の2分の1に相当す
る金銭の支払請求をすることができる。　　　　　　以上

➡結論（請求㋑に対応させる）

第1　設問1(1)

1　本件で，Bは，自己の所有物である乙建物に，Aの「債務を担保するため」に，抵当権を「設定」した者であり，物上保証人（372条，351条）といえる。では，かかるBが抵当権を実行しようとしているCに対し，主債務者AがDに対する預金債権を有していることによりCに弁済をする資力があり，かつ，執行が容易であるということを証明して，まず，Aの財産について執行しなければならない旨の，いわゆる検索の抗弁権（453条）を主張することができるか。物上保証人に検索の抗弁権が認められるかが問題となる。

2(1)　この点，453条は，「保証人が」と規定しており，物上保証人に直接適用はできない。

(2)　では，類推適用はできないか。

　　　この点，453条の趣旨は，二次的な債務を負うこととなる保証人の負担を軽減する点にある。

　　　そうだとすると，物上保証人は，保証人と異なり，債務を負担するわけではなく，責任を負担するにすぎないから，同条の趣旨が妥当しない。

　　　したがって，物上保証人に453条を類推適用することもできないと考える。

3　よって，本件のBにも検索の抗弁権は認められず，まず，Aの財産に執行しなければならない旨を主張することはできない。

第2　設問1(2)前段

1　物上保証人Bは，主債務者Aに対し，あらかじめ求償権を行使することができるか。物上保証人に事前求償権が認められるかが問題となる。

2(1)　この点，委託を受けた保証人には，主たる「債務が弁済期にあるとき」に事前求償権（460条2号）が認められる。

(2)ア　これに対し，同条本文が「保証人」となっていることから，460条を直接適用して物上保証人に事前求償権を認めることはできない。

　イ　それでは，同条を類推適用して，これを認めることはできないか。

　　　この点，460条の趣旨は，債務の履行という事務の委託を受けた保証人には，委託事務の費用の前払請求権（649条）を観念できることからこれを認めた点にある。

　　　そうだとすると，物上保証人は責任を負担するだけで，債務の履行という事務の委託を受けているわけではないから，同条の趣旨が妥当しない。

　　　また，物上保証人の求償権の存否，範囲は抵当権が実行されるまで明らかにならないから，事前求償権を認めるとかえって，法律関係が混乱するおそれがある。

　　　したがって，460条を類推して，物上保証人に事前求償権を認めることはできないと考える。

（右側欄外コメント）

←△問題提起が長すぎる

←○直接適用ができず，類推適用が問題となることを指摘できている

←○自分なりの理由づけができている

←○直接適用ができず，類推適用が問題となることを指摘できている

←○判例（最判平成2年12月18日〔判例シリーズ53事件〕）を意識した理由づけができている

ウ　よって，本件でもBはAに対し，あらかじめ求償権を行使　45
　　　することはできない。
第3　設問1(2)後段
　1　Cが抵当権を実行して乙建物が売却された場合においてBは，
　　Aに対し，求償権を行使することができるか。
　2　この点，委託を受けた保証人が「自己の財産をもって債務を消　50
　　滅させるべき行為をした」ときには，主たる債務者に対して，求
　　償権を有する（459条1項）。

⬅△正しくは，「債務を消滅させるべき行為』をしたとき」である

　3　これに対して，物上保証人も，抵当権の「実行によって」抵当
　　目的物の「所有権を失った」ときは，債務者に対して，求償権を
　　有する（372条，351条，459条1項）。　55

⬅○条文の引用ができている

　　　よって，本件のBも，抵当権の実行によって乙建物の所有権を
　　失ったとして，Aに対して，求償権を行使することができる。
第4　設問2
　1　Eは，Aの子であり（887条1項），Aの死亡により，Aの財産
　　を相続する権利を有する（896条）。　60

⬅○前提となる権利関係が整理できている

　　　もっとも，甲土地を相続したとして，同土地につきBに対し，
　　所有権に基づき，返還請求権を主張することはできない。
　　　なぜなら，Aは死亡前にBに甲土地を贈与しており（549条），
　　EはAの包括承継人としてAと同視できるので，甲土地の所有権
　　はすでにいったんは失われているといえるからである。　65
　2　もっとも，Eは「兄弟姉妹以外の相続人」（1042条）であり，

⬅○正確な条文の引用ができている

　　また，本件贈与はAの死亡の約2か月前になされているから，
　　「相続開始前の1年間にしたもの」にあたる（1044条）。
　　　そこで，Eは甲土地についてBに対し，遺留分侵害額請求権
　　（1046条1項）の行使ができる。　70
　　　　　　　　　　　　　　　　　　　　　　　　　　　　以上

（法務省ウェブサイトより）

　本問は，民法の財産法と家族法の基本的な制度について，正確な理解と応用能力とを問うものである。まず，設問1は，人的担保である保証に認められる検索の抗弁（民法第453条）と事前求償権（民法第460条）が，物的担保である物上保証にも認められるかについて，保証と物上保証との異同に着目しつつ保証についての規定の類推適用の可能性を検討すること等を通じて，法的知識の正確性と論理的思考力を試すものである。また，設問2は，遺留分〔現「侵害額」〕請求権に関して，基本的な理解とそれに基づく事案分析能力を試すものである。

優秀答案における採点実感 ▌▌▌

1　全体

　本問は，条文の正確な理解，趣旨からの思考が重要となる。優秀答案は，全体を通じて条文の摘示が正確であり，条文の趣旨からさかのぼった思考ができている。そのため，出題趣旨に適合した答案が書けており，高評価につながったと考えられる。

　「理由を付して結論を述べなさい」と問題文が指示していることからみても，理由づけが重要であることがわかる。出題趣旨に適合した答案を作成するには，問題文をよく読むことが第一歩である。優秀答案は，問いに答えること，条文の引用をすること，といった基本的な事項がしっかりできている。

2　設問1(1)

　453条は，物上保証人に直接適用されないことを示したうえで，類推適用の可否を論じており，条文に沿った思考ができている。

　もっとも，問題提起部分が設問文の繰り返しになっており長すぎる。問題文の事実を分析し問題提起することは重要ではあるが，もう少しコンパクトにまとめたほうがよいであろう。

3　設問1(2)

　ここでも，物上保証人には事前求償権の規定が直接適用されないことを示したうえで，類推適用の可否を検討しており，条文に沿った思考ができている。そして，物上保証人と保証人の比較においても，最判平成2年12月18日を意識した理由づけがなされている。出題趣旨に合致した議論がなされており，高く評価されたであろう。

　事後求償についても，条文の摘示が不十分な答案が多いなか，正確に条文を引用し，本問の事実をあてはめることができている。条文の引用で差がつくこともあるため，普段からこのような答案を作成できるように意識してほしい。

4　設問2

　いきなり遺留分侵害額請求権に飛びつくのでなく，現在の法律関係を整理したうえで遺留分侵害額請求権行使の可能性に言及しており，高く評価されたと思われる。その際には，相続について適切な条文の指摘がなされており，好印象である。

次の文章を読んで，後記の〔設問1〕及び〔設問2〕に答えなさい。

【事実】

1．Aは，太陽光発電パネル（以下「パネル」という。）の部品を製造し販売することを事業とする株式会社である。工場設備の刷新のための資金を必要としていたAは，平成25年1月11日，Bから，利息年5％，毎月末日に元金100万円及び利息を支払うとの条件で，1200万円の融資を受けると共に，その担保として，パネルの部品の製造及び販売に係る代金債権であって，現在有しているもの及び今後1年の間に有することとなるもの一切を，Bに譲渡した。A及びBは，融資金の返済が滞るまでは上記代金債権をAのみが取り立てることができることのほか，Aが融資金の返済を一度でも怠れば，BがAに対して通知をすることによりAの上記代金債権に係る取立権限を喪失させることができることも，併せて合意した。

2．Aは，平成25年3月1日，Cとの間で，パネルの部品を100万円で製造して納品する旨の契約を締結した。代金は同年5月14日払いとした。Aは，上記部品を製造し，同年3月12日，Cに納品した（以下，この契約に基づくAのCに対する代金債権を「甲債権」という。）。Aは，同月25日，Dとの間で，甲債権に係る債務をDが引き受け，これによりCを当該債務から免責させる旨の合意をし，同月26日に合意した旨をCに通知した。

3．Aは，平成25年3月5日，Eとの間で，パネルの部品を150万円で製造して納品する旨の契約を締結した。代金は同年5月14日払いとした。Aは，上記部品を製造し，同年3月26日，Eに納品した（以下，この契約に基づくAのEに対する代金債権を「乙債権」という。）。乙債権については，Eからの要請を受けて，上記契約を締結した同月5日，AE間で譲渡制限の特約がされた。Aは，Bに対してこの旨を同月5日到達の内容証明郵便で通知した。

4．その直後，Aは，大口取引先の倒産のあおりを受けて資金繰りに窮するようになり，平成25年4月末日に予定されていたBへの返済が滞った。

5．Aの債権者であるFは，平成25年5月1日，Aを債務者，Cを第三債務者として甲債権の差押命令を申し立て，同日，差押命令を得た。そして，その差押命令は同月2日にCに送達された。

6．Bは，平成25年5月7日，Aに対し，同年1月11日の合意に基づき取立権限を喪失させる旨を同年5月7日到達の内容証明郵便で通知した。Aは，同年5月7日，D及びEに対し，甲債権及び乙債権をBに譲渡したので，これらの債権についてはBに対して弁済されたい旨を，同月7日到達の内容証明郵便で通知した。

〔設問1〕

(1)　**【事実】**1の下線を付した契約は有効であるか否か，有効であるとしたならば，Bは甲債権をいつの時点で取得するかを検討しなさい。

(2)　Cは，平成25年5月14日，Fから甲債権の支払を求められた。この場合において，Cの立場に立ち，その支払を拒絶する論拠を示しなさい。

〔設問2〕

Eは，平成25年5月14日，Bから乙債権の支払を求められた。この請求に対し，Eは，**【事実】**3の譲渡制限特約をもって対抗することができるか。譲渡制限特約の意義を踏まえ，かつ，Bが乙債権を取得した時期に留意しつつ，理由を付して論じなさい。

1 はじめに

　設問1，設問2ともに将来債権譲渡に関する論点が問われている。将来債権譲渡に関しては，平成29年改正により条文が新設された。本問は，新設された条文を用いながら，受験生みずからの頭で論理を組み立てて，その思考過程を説得的に答案上に示すことが求められる。また，問題量が多いため，各論点につき簡潔に思考過程を示すことが要求される。

2 設問1

1 小問(1)について

(1) 集合将来債権譲渡（譲渡担保）の有効性

　債権の譲渡に関しては，平成29年改正で466条の6第1項という条文が新設されたことにより，将来債権も譲渡することができるという点が明文化された。

　もっとも，平成29年改正前の判例（最判平成11年1月29日）は，「契約締結時における譲渡人の資産状況，右当時における譲渡人の営業等の推移に関する見込み，契約内容，契約が締結された経緯等を総合的に考慮し，将来の一定期間内に発生すべき債権を目的とする債権譲渡契約について，右期間の長さ等の契約内容が譲渡人の営業活動等に対して社会通念に照らし相当とされる範囲を著しく逸脱する制限を加え，又は他の債権者に不当な不利益を与えるものであると見られるなどの特段の事情の認められる場合には，右契約は公序良俗に反するなどとして，その効力の全部又は一部が否定されることがあるものというべきである」としていたこともあり，466条の6第1項も，将来債権譲渡が例外的に公序良俗違反により無効となる可能性を否定するものではない。

　そのため，本問との関係では，将来債権譲渡は原則，有効にできることを前提に，例外的に公序良俗違反となり，本件債権譲渡が例外的に無効とならないかを検討することが求められている。具体的には，上記判例が期間を8年3か月間と定めた債権譲渡を有効としたことを参考にするのであれば，本問において，目的債権の発生期間が1年間と短いことに言及するとよいだろう。

(2) Bの甲債権の取得時期

　理論上，将来債権譲渡の目的債権が，いつ譲受人に移転するかが問題となる。

　たしかに，債権が譲渡された場合に，その意思表示の時に債権が現に発生していないときは，譲受人は，発生した債権を当然に取得することにはなる（466条の6第2項）。もっとも，この規定はあくまで将来債権譲渡においては，債権が発生した時に譲受人が当該債権を当然に取得するという効果を明らかにしたものにすぎない。

　そのため，未発生の債権の移転を観念できるとの立場から契約時に移転すると考える説，またはそのような移転は観念できないとの立場から債権発生と同時に移転すると考える説，いずれの説を採ってもかまわない。これまでの判例（最判平成13年11月22日，最判平成19年2月15日）との整合性から契約時説が有力であるが，裁判例には，債権発生時説を採るものもある（東京高判平成16年7月21日）。

　当該債権が譲渡人のもとで発生してから譲受人に当然に移転するのか，それとも，最初から譲受人のもとで当該債権が発生するのか等といった理論的な問題については，平成29年改正後も，解釈に委ねられている。もっとも，本問では実益のない論点のため省略してよい。

2 小問(2)について

　Aの債権者Fは，債権譲受人Bが第三者対抗要件（467条2項）を備えるのに先立ち，甲債権の差押えを行っているため，甲債権がBに譲渡されたことは抗弁とならない。したがって，CがAに対する支払を拒絶する論拠としては，差押えに先立ちAD間で行われた免責的債務引受け（472条以下）が有効であり，かつFに対抗できることを主張するほかない。

　免責的債務引受けの合意の有効性については，㋐債権をBに譲り渡したAが合意の当事者となりうるか，㋑債務者Cを当事者とせず，債権者A・引受人Dの間で合意された免責的債務引受けが有効か，という点が問題となる。㋐については，債務引受け契約の合意が，譲受人Bが債務者対抗要件（467条1項）を備える前になされたため，合意当時，債務者Cとの関係ではAが甲債権の債権者であると認められる。したがって，Aは，債務引受けの合意の当事者となりうる。㋑については，

平成29年改正により，免責的債務引受を債権者と引受人となる者との契約によってすることができることが明文化された（472条2項前段）。もっとも，この場合，免責的債務引受は，債権者が債務者に対してその契約をした旨を通知した時に効力が生じる（472条2項後段）。本問では，条文の要件に端的にあてはめていけばよい。

　合意が有効だとしても，これを差押権者Fに対抗できるかが別途問題となる。この点については，判例は存在しない。考え方としては，ⅰ合意と債務者への通知（472条2項後段）が差押えに先立ってさえいればよく，対抗要件は不要であるとする考え，ⅱ対抗要件について民法で規定されていない以上，債務引受けを第三者に対抗することは許されないとする考え等がありうる。答案例ではⅰの考え方に立っている。

③　設問2

　将来債権譲渡契約締結後に，目的債権につき債権譲渡制限特約が付された場合の債権譲渡の効力が問題となる。466条2項により，債権譲渡制限の意思表示がされた場合であっても，債権譲渡の効力は妨げられない。そのため，譲渡制限特約が付された債権譲渡であっても，その効力は有効である。もっとも，466条3項により，債権譲渡制限の意思表示がされたことを知っていた，または重大な過失によって知らなかった譲受人その他の第三者に対しては，債務者は，その債務の履行を拒むことができ，かつ，譲受人に対する弁済その他の債務を消滅させる事由をもってその第三者に対抗することができる。

　そして，将来債権の譲渡後に譲渡制限特約が付された場合，債権譲渡契約を締結する段階ではまだ発生していない債権を譲渡に供するわけであるから，その債権に譲渡制限特約が付されるのか否かは譲受人には知る由もない。そうすると，このような場合，466条3項により，譲受人には譲渡制限特約を対抗できないとも思える。

　もっとも，平成29年改正により，将来債権の譲渡後に譲渡制限特約が付された場合の処理手順が明文化された。したがって，明文化された処理手順をしっかりおさえておく必要がある。具体的には，将来債権が譲渡された場合に，債務者対抗要件を具備した譲受人の利益と譲渡制限の意思表示により債権者を固定する債務者の利益との調整を図るという趣旨から，466条の6第3項により，将来債権譲渡の対抗要件（債務者に対する通知または債務者の承諾）を具備する前に譲渡制限特約が付された場合には，譲受人その他の第三者は譲渡制限特約を知っていたものとみなされる。そのため，将来債権に譲渡制限特約が付されていた場合，債権譲渡は有効とされるものの（466条2項），譲受人は譲渡制限特約について悪意とされることから，債務者は，譲受人からの請求を拒むことができ，譲渡人も弁済することで債務を消滅させることができるという結論となる（466条3項）。

　なお，将来債権譲渡の対抗要件が具備された後で，かつ債権が発生する前に譲渡制限特約が付された場合には，譲受人その他の第三者は善意であることが通常であるため，悪意または善意重過失といえるような事情のないかぎり，譲受人その他の善意の第三者には譲渡制限特約は対抗できないと考えられることもあわせておさえておくとよい。

【関連判例】
最判平成11年1月29日民集53巻1号151頁（判例シリーズ55事件）
東京高判平成16年7月21日民集61巻1号273頁
最判平成13年11月22日民集55巻6号1056頁（百選Ⅰ100事件）
最判平成19年2月15日民集61巻1号243頁

【参考文献】
試験対策講座・債権総論3章1節②【2】・【6】，2節③。判例シリーズ55事件。

答案例

第1　設問1(1)について
1　下線部の契約（以下「本件契約」という）の有効性
　本件契約は，将来債権を含む集合債権譲渡担保設定契約にあた
るが，このような契約は有効か。
　(1)　この点，経済取引上の需要が高いことから，目的債権が十分
　　に特定されている場合には，設定契約が公序良俗（90条）に反 　　5
　　するものでないかぎり，将来債権を含む集合債権譲渡担保設定
　　契約も有効であると解する。
　(2)　これを本問についてみると，本件契約の目的債権は発生原因
　　がパネル部品の製造および販売にかかる代金債権，発生期間が 　　10
　　今後1年間の代金債権とされており，目的債権と他の債権とを
　　識別できるから，目的債権は十分特定されている。
　　　また，本件契約の期間は1年間と比較的短く，本件契約が譲
　　渡人Aの営業活動を著しく制限するものあるいは債権者間の平
　　等を著しく害するものであるとはいえないから，本件契約が公 　　15
　　序良俗に反することもない。
　(3)　よって，本件契約は有効である。
2　Bの甲債権の取得時期
　甲債権は本件契約の目的債権に含まれるところ，Bが本件契約
によって甲債権を取得するのはいつか。 　　20
　(1)　この点，466条の6第2項により，「債権が譲渡された場合に
　　おいて，その意思表示の時に債権が現に発生していないときは，
　　譲受人は，発生した債権を当然に取得する」とされている。
　(2)　これを本問についてみると，将来債権たる甲債権は平成25年
　　3月1日のAC間の契約により具体的に発生している。 　　25
　(3)　よって，Bは平成25年3月1日に甲債権を取得する。
第2　設問1(2)について
　Cの立場からは，平成25年3月25日のAD間における免責的債務
引受けの合意により，Cは甲債務を免れている（472条1項）と主
張することが考えられる。このような主張は認められるか。 　　30
1　まず，甲債権は同年3月1日にBに移転しているが，当該債権
　譲渡についてBが債務者対抗要件（467条1項）を備えたのは，
　譲渡人Aが債務者Dに通知を行った同年5月7日である。そうだ
　とすれば，上記合意が行われた同年3月25日の時点では，Cとの
　関係で甲債権の債権者はAであり，上記合意は債権者・引受人間 　　35
　でなされたものといえる。
2　次に，免責的債務引受は，債権者・引受人間の契約ですること
　ができる（472条2項前段）が，債権者が債務者に契約した旨を
　通知した時に効力を生じる（472条2項後段）。
3　CからDへの債務移転は上記合意がCに通知された同年3月26 　　40
　日に効力が生じており，Fによる差押命令がCに送達されたのは
　同年5月2日であるから，債務移転が差押命令の送達に先行して
　いる。したがって，Cは上記合意により甲債務を免れていること
　をFに対抗できる。

➡契約の法的性質の認定
➡問題提起
➡判例を意識した規範定立

➡あてはめ

➡結論

➡問題提起

➡あてはめ

➡結論

➡Cが支払を拒絶する論拠
➡問題提起
➡免責的債務引受けの合意当時の債権者の認定

➡免責的債務引受けをFに対抗できることを認定

4　よって，Cの上記主張は認められる。　　　　　　　　　45　➡結論
第3　設問2について

　　本問では，Bが乙債権の譲渡について対抗要件を備えたのは，　　　➡問題提起
AE間の譲渡制限特約が締結された後の平成25年5月7日であると
ころ，将来債権の譲渡を行った後，対抗要件が具備されるまでの間
に譲渡制限特約がなされた場合に譲渡制限特約を対抗できるかが問　　50
題となる。

　1　この点について，将来債権が譲渡された場合に，債務者対抗要　　　➡条文の構造の確認
　　件を具備した譲受人の利益と譲渡制限の意思表示により債権者を
　　固定する債務者の利益との調整を図るという趣旨から，466条の
　　6第3項により，将来債権譲渡の対抗要件（債務者に対する通知　　55
　　または債務者の承諾）を具備する前に譲渡制限特約が付された場
　　合には，譲受人その他の第三者は譲渡制限特約を知っていたもの
　　とみなされる。そのため，将来債権に譲渡制限特約が付されてい
　　た場合，債権譲渡は有効とされるものの（466条2項），譲受人は
　　譲渡制限特約について悪意とされることから，債務者は，譲受人　　60
　　からの請求を拒むことができ（466条3項），譲渡人へ弁済するこ
　　とで債務を消滅させることができる。

　　　したがって，将来債権の譲渡を行った後，対抗要件が具備され　　　➡結論
　　るまでの間に譲渡制限特約がなされた場合に譲渡制限特約を対抗
　　できる。　　　　　　　　　　　　　　　　　　　　　　　　　　65

　2　よって，Eは本件特約をBに対抗できる。　　　　　　　　　　　➡あてはめ，問いに答え
　　　　　　　　　　　　　　　　　　　　　　　　　　以上　　　　　　る

第1　設問1について
　1　小問(1)について
　　(1)　AB間の，担保として，パネルの部品の製造及び販売に係る
　　　代金債権であって，現在有しているもの及び今後1年の間に有
　　　することとなるもの一切をBに譲渡するという契約は，いわゆ　　5
　　　る集合債権譲渡担保契約である。

← ○契約の性質を正確に
認定できている

　　(2)ア　このような集合債権譲渡担保契約は，債権が特定されてお
　　　り，その債権譲渡が他の債権者を害するなど公序良俗に反す
　　　るようなものでない限り有効となる。

← ○重要判例（最判平成
11年1月29日〔判例シ
リーズ55事件〕）を知
っていることをアピー
ルできている

　　　イ　本件の集合債権譲渡担保契約はパネルの部品の製造及び販　　10
　　　売に係る代金債権を対象と特定しており，また，その範囲も
　　　現在有しているもの及び今後1年間に有することとなるもの
　　　と特定されている。よって，特定性の要件は満たしている。

← ○あてはめが簡潔に
されている

　　　　また，担保となるのは，現在有している債権及び今後1年
　　　間に取得する債権とされており，他の債権者を害するような　　15
　　　態様ではないから，公序良俗に反するものでもない。
　　　ウ　よって，本件集合債権譲渡担保契約は有効である。
　　(3)　そして，譲渡担保契約においては，契約によって目的物の所
　　　有権は移転し，担保権者は，被担保債権の弁済期が到来するま
　　　で目的物の処分を禁止される。これは集合債権譲渡担保におい　　20
　　　ても同様に考えられるから，担保権者は債権を，集合債権譲渡
　　　担保契約によって取得し得る。もっとも，将来債権の部分につ
　　　いては，いまだ発生しておらず，それについては債権発生と同
　　　時に担保権者が取得することとなる（466条の6第2項）。

← ○将来債権譲渡担保契
約の特性に着目して，
結論を導き出すことが
できている

　　　　よって，Bは甲債権を，それが発生する平成25年3月1日に　　25
　　　取得する。
　2　小問(2)について
　　(1)　Fのする甲債権の支払請求は，甲債権の差押えによって甲債
　　　権の処分権限を得たことによるものである。
　　(2)ア　これに対して，Cは，甲債権に係る債務はCからDに引き　　30
　　　受けられたとして，その支払を拒絶することが考えられる。
　　　イ　Aは，平成25年3月25日に，Dとの間で，甲債権に係る債
　　　務をDが引き受け，これによりCを当該債務から免責させる
　　　旨の合意をしている。この合意は，債務者の交替による更改
　　　（514条）であり，免責的債務引受（472条）である。　　35

← ×更改は，旧債務を消
滅させ新債務を成立さ
せる契約であり，債務
の同一性を保ったまま
移転する免責的債務引
受とは区別される

　　　　免責的債務引受は，更改前の債務者の意思に反することは
　　　できないとされている。Cは，Fからの支払請求を拒絶する
　　　意思があるのであるから，AD間の免責的債務引受について，
　　　反対の意思を有しているとは認められない。よって，AD間
　　　の免責的債務引受は有効である。　　40

← ×改正により明文規定
が存在する

← △合意時にはAはすで
に甲債権をBに譲渡し
ていたという問題点に
も気づけると，なおよ
い

　　　ウ　そうだとしても，免責的債務引受には，債権譲渡の場合の
　　　ような第三者対抗要件の規定がない（467条2項参照）。そう
　　　すると，免責的債務引受を知らなかったFは不利益を受ける
　　　ようにも思われる。しかし，Fとしては，改めてDを第三債

← ○債務引受けをFに対
抗できるかという問題
点に気づけている

務者として差押命令を得れば足り，Dが債務引受けをしたからといって，弁済を受けられなくなるわけではない。

　　エ　よって，Fに不利益もないのであるから，Cは，Fからの支払請求を拒絶することができる。

第2　設問2について
1　譲渡制限特約とは，契約当事者間で，当該契約により生じる債権の譲渡を制限する特約であり（466条2項），債権が譲渡されることにより過酷な取立てが行われるのを防止するためになされるものである。そのため，譲受人その他の第三者が譲渡制限の意思表示の存在について悪意または重過失だった場合には，債務者は債務の履行を拒むことができる（466条3項）。

2(1)　では，この意義を踏まえて，Eは乙債権の支払を譲渡禁止特約をもって，対抗できるか。

　(2)　Bが乙債権を取得したのは，平成25年3月5日のことであり，譲渡制限特約は，同日にAからBに対して通知されている。そして，Bが乙債権の譲渡について対抗要件を備えたのは，AE間の譲渡制限特約が締結された後の平成25年5月7日である。

　　　そして，将来債権が譲渡された場合に，債務者対抗要件を具備した譲受人の利益と譲渡制限の意思表示により債権者を固定する債務者の利益との調整を図るという趣旨から，466条の6第3項により，将来債権譲渡の対抗要件（債務者に対する通知又は債務者の承諾）を具備する前に譲渡制限特約が付された場合には，譲受人その他の第三者は譲渡制限特約を知っていたものとみなされる。

　(3)　よって，Eは本件特約をBに対抗できる。

以上

⬅○事案の把握OK

⬅○条文をよく理解している

⬅○結論OK

　設問1のうち，小問1は，将来債権譲渡が原則として有効であることをふまえ，担保目的でされた将来債権の譲渡契約の結果，債権譲受人が将来債権をいつの時点で取得したのかについて，動産譲渡担保・不動産譲渡担保と異なる債権譲渡担保の特性を意識しながら理論的に説明をすることができる能力を試すものである。小問2は，担保目的での将来債権譲渡がされた後に債権者・引受人間でされた免責的債務引受の効力および対抗力に留意しつつ，譲渡債権について差押債権者が有する地位を，事実に即して論じさせるものである。また，設問2は，将来債権譲渡を目的とする契約が締結された後に譲渡債権に付された譲渡制限特約をもって債権譲受人に対抗することができるか否かを，平成29年の民法改正で新設された譲渡制限特約に関する民法466条の6第3項の理解をふまえ，論述をすることを求める設問である。

優秀答案における採点実感 ▌▌▌

①　全体

　本問は，判例や学説で未解決の論点が多いうえ，問題の量も非常に多く，かなりの難問であった。論理が整合していない答案や，設問1に分量を割きすぎた答案が多かったなか，この優秀答案は各論点につき簡潔ながらも答案全体をとおして論理が一貫し，バランスもよかった。そのため，高い評価を受けたと考えられる。

②　設問1(1)

　最判平成11年1月29日の規範をあげ，あてはめていることはもちろん評価されるが，優秀答案において注目すべきところは，これを非常にコンパクトにまとめていることである。この判例をもとに論点を大展開した結果，大量の時間と紙幅を無駄にした受験生は多いと思われる。かぎられた時間のなかで，綿密な答案構成を行うことが，いかに重要かがわかる。

　Bが債権をいつ取得したのかについても，債権譲渡契約締結時に目的債権が未発生であることに着目したうえで一定の結論を導いており，「債権譲渡担保の特性を意識しながら理論的に説明をすること」を求める出題趣旨と完璧に合致した答案となっている。譲渡担保の法的性質などの典型論点を論じることに注力し，本問の契約が将来債権を目的とすることを無視した答案が多かったことから，きわめて高い評価を受けたと思われる。特に民法の答案作成においては，知っている論点をとりあえず吐きだすのではなく，設問から問題点をみずからみつけようとする姿勢が欠かせない。

③　設問1(2)

　免責的債務引受けが行われたことのみを示す答案や，本問においてFが債務引受けの当事者でないことを無視して債務引受けの有効性を検討した後，ただちに結論を導く答案がほとんどであったなか，優秀答案は，債務引受けの有効性および対抗力をコンパクトかつ的確に検討している。免責的債務引受けは平成29年改正によって明文規定が設けられたため，条文を見つけられなかった点は残念であった。もっとも，改正前の知識と理解に基づいて，自分の頭で問題点を抽出して解答を導こうとする姿勢には見習うべきものがある。

　更改と免責的債務引受けの違いについても，知識を整理しておこう。

④　設問2

　譲渡制限特約の意義を簡潔に説明したうえで，本問においてBが譲渡制限特約について悪意または善意無重過失かを丁寧に検討できている。特に，将来債権譲渡と譲渡制限特約との関係については平成29年の民法改正により条文が新設されている。この優秀答案のように条文を拾う姿勢はぜひ見習ってほしい。

第27問　平成20年度旧司法試験論文問題第1問

　　Aは，工作機械（以下「本件機械」という。）をBに代金3000万円で売却して，引き渡した。この契約において，代金は後日支払われることとされていた。本件機械の引渡しを受けたBは，Cに対して，本件機械を期間1年，賃料月額100万円で賃貸し，引き渡した。この事案について，以下の問いに答えよ。

1　その後，Bが代金を支払わないので，Aは，債務不履行を理由にBとの契約を解除した。この場合における，AC間の法律関係について論ぜよ。

2　AがBとの契約を解除する前に，Bは，Cに対する契約当初から1年分の賃料債権をDに譲渡し，BはCに対し，確定日付ある証書によってその旨を通知していた。この場合において，AがBとの契約を解除したときの，AC間，CD間の各法律関係について論ぜよ。

答案構成用紙

思考過程

1 はじめに

本問は，契約の債務不履行解除をめぐる法律関係について，各当事者がどのような請求および主張，反論を行うかを自分で設定しながら論じるべき問題である。

出題論点が網羅的で，気づきにくいものもあるが，要件事実的に主張・反論を整理していくと，論点に気づきやすくなるものと考えられる。

2 設問

1 小問1

(1) 所有権に基づく引渡請求について

本件売買契約を解除したAの生の主張としては，まず「本件機械を返してほしい」というものが考えられるため，AのCに対する所有権に基づく引渡請求が認められるかを検討していく。

Cとしては，自身が本件機械の解除を対抗できない「第三者」（545条1項ただし書）にあたるため，Aの請求は排斥されるとの反論をすることが考えられる。そこで，Cが「第三者」にあたるかが問題となる。

この点については，解除の法的性質を論じたうえで，①「第三者」の意義，②対抗要件の要否，③主観的態様を論じることになる。①同条項の「第三者」とは契約解除前に登場した者をいい，③その主観的態様は問わないのが通説である。②対抗要件の要否について，判例（大判大正10年5月17日）は登記を具備する必要があるとしており，ここにいう登記は対抗要件と理解されている。これに対し，通説は権利保護要件と解するが，いずれにせよ，結論に大きな差異はないといわれている。上記3点をセットで論じるよう，準備しておくことが大事である。

そして，動産賃貸借にいう権利保護要件としては何が要求されるのか，立ち止まって考える必要がある。不動産物権変動においては，対抗要件たる登記を具備することで，自己の権利を保全するためになしうることを果たしたといえるため，登記の具備が権利保護要件とされている。賃借権については，債権である以上，一般に対抗要件具備による対抗力の取得は認められていないものの，例外的に，不動産賃借権については，その社会生活上の重要性から，登記の具備による対抗力の取得が明文上認められている（605条）。これに対して，動産賃借権についてはこのような規定がない。そうだとすれば，動産賃借権については，対抗力の取得や権利保護要件の具備は想定されていないと考えることができる。

他方，178条の「引渡し」をもって動産賃借権を対抗できるとする見解もある（大判大正8年10月16日参照）。この見解の理論構成として，賃借人はだれに返還するかにつき重大な利害関係を有する以上，賃借人と新所有者との関係を対抗関係と捉え，動産賃貸借の対抗力を認めるものが考えられる。

しかし，「売買は賃貸借を破る」という大原則からすると，前者のような考え方によるべきと考える。

ところで，判例のように引渡しによる対抗力を認める見解に立てば，AはCに対し本件解除を対抗できず，Aの引渡請求は認められないという結論になろう。ここで，復帰的物権変動によって賃借人たる地位がBからAに移転したとの構成が考えられるが，権利保護要件説によると，復帰的物権変動の構成は矛盾すると考えられるので，注意する必要がある。

(2) 使用利益の不当利得返還請求について

次にAの生の主張としては，「金銭を請求したい」というものが考えられるため，Aの解除から引渡しまでの使用利益の不当利得返還請求（703条）が認められるか，検討することになる。

Cに「利得」があるかが問題となるが，この要件を検討するにあたっては，Aによる本件機械の売買契約解除から，本件機械が返還されるまでの間，BC間の法律関係はどうなっているのかを正確に分析する必要がある。

2 小問2

(1) AC間の法律関係

BD間で債権譲渡があったという事情が加わるが，なおAとしては，小問1と同様に本件機械の所有権に基づく引渡請求，および使用利益の不当利得返還請求をすることが考えられる。

(2) CD間の法律関係

Bから1年分の賃料債権を譲り受けたDとしては，BC間の賃料債権を請求することが考えられる。

ア　この請求を検討するにあたっても，要件事実を意識するとよい。譲り受けた債権を請求するにあたっては，まずは，債権の取得原因事実が認められるかを検討する必要がある。Dは「契約当初から1年分の賃料債権」を譲り受けており，賃料債権は使用の対価であるから，このような債権は将来使用したときに発生する将来債権である。

このとき，将来債権の譲渡自体は有効（466条の6第1項）であるが，譲渡が有効となる前提として，将来債権は特定されていなければならない。将来債権を譲渡担保に供した事案につき判例は，特定のための要素として，「発生原因となる取引の種類，発生期間」をあげており（最判平成13年11月22日），このような要素から，本問では特定されていることは明らかであろう。

イ　本件賃料債権譲渡の有効性が認められれば，次に債務者の抗弁を考えることになる。本問では，Aの解除およびAのCに対する引渡請求により，BC間の賃貸借契約は履行不能になって終了すると解されるため，このような事情が「生じた事由」（468条1項）にあたるという主張が考えられる。これが認められた場合，賃貸借契約締結から解除までの賃料債権の支払は免れないものの，解除後から本来の契約期間満了までの賃料債権の支払を拒むことができる。

しかし，Aによる本件売買契約の解除は，確定日付ある通知がBからCに到達した後の事情であって「通知を受けるまでに……生じた事由」でないとも思えるため問題となる。

この点について，有力説は抗弁発生の基礎となるべき事由が通知時に存在すれば足りるとし，抗弁発生の基礎となるべき事由も「生じた事由」にあたるとしている。すなわち，双務契約から生じた一方の債権が譲渡された場合には，双務契約は将来の債務不履行によって契約解除される可能性があるから，債務不履行（解除原因）そのものは通知後に生じても，債務者は解除をもって譲受人に対抗できるとする。請負契約から生じる報酬請求権が譲渡されその旨通知された後，請負契約を解除したことをもって債務者は報酬請求権の消滅を対抗できるかが争われた事案につき，判例（最判昭和42年10月27日）はこれを認めており，上記有力説の理論形成の基礎となっている。答案例も，これに従っている。

ウ　さらに，Dが「第三者」（545条1項ただし書）にあたるのではないかを検討する必要がある。解除された契約により発生した債権を譲り受けた者は「第三者」にあたらないという判例があるが（大判明治42年5月14日），本問では，売買代金債権そのものを譲り受けたわけではないため，素直に「第三者」の定義にあてはめて，これにあたるという結論になろう。

【関連判例】
大判大正8年10月16日民録25輯1824頁
大判大正10年5月17日民録27輯929頁
最判平成13年11月22日民集55巻6号1056頁（百選Ⅰ100事件）
最判昭和42年10月27日民集21巻8号2161頁（判例シリーズ57事件）
大判明治42年5月14日民録15輯490頁

【参考文献】
試験対策講座・物権法11章2節4。試験対策講座・債権総論3章1節4。試験対策講座・債権各論1章4節5。
我妻栄「物権法（民法講義Ⅱ）」196頁以下。

答案例

第1　小問1について
1　Aは，Cに対して，所有権（206条）に基づく返還請求権として
本件機械の引渡請求をすることが考えられる。

　　　この請求が認められるためには，Aが本件機械を所有しており，
Cがこれを現に占有している必要がある。　　　　　　　　　　　　5
(1)　これに対して，CはAB間の売買契約（555条）による所有権
喪失の抗弁を主張することが考えられるところ，Aは本件売買
契約を解除（541条本文）したことを主張することによりこの
抗弁を排斥することが考えられる。
(2)　そこで，Cは，解除前の「第三者」にあたると主張すること　　10
で，Aによる解除の主張を排斥できないか。「第三者」（545条
1項ただし書）の意義が問題となる。
　ア　そもそも，双務契約の拘束から債権者を解放するという解
　　除制度の趣旨から，解除によって当該契約は遡及的に消滅す
　　ると解する。そして，同項ただし書の趣旨は，このような遡　　15
　　及効により害される者を保護する点にあることから，「第三
　　者」とは，解除された契約から生じた法律関係を基礎として，
　　解除までに新たな権利を取得した者をいうと解する。
　　　　また，何ら帰責性のない解除権者の犠牲のもと，「第三
　　者」が保護される以上，「第三者」は，権利保護要件を具備　　20
　　することが必要であると解する。さらに，債務不履行があっ
　　たからといって当然に解除されるわけではなく，第三者が債
　　務不履行の事実を知っているかどうかは意味をもたないので，
　　善意は要件とならない。
　イ　本問では，動産賃借権における権利保護要件が何か問題と　　25
　　なる。しかし，不動産賃借権における605条のような明文規
　　定がなく動産賃借権には対抗力が認められないと解されるこ
　　とからすると，権利保護要件も存在しないと解することが相
　　当といえる。そうだとすれば，Cは，権利保護要件を具備で
　　きないため，「第三者」にあたらない。　　　　　　　　　　30
　　　　したがって，Cは「第三者」にあたらないため，Aによる
　　解除の主張は認められる。
(3)　よって，Aの請求は認められる。
2　次に，Aは，Cに対して，引渡しまでの使用利益を不当利得
（703条）として返還請求することが考えられるが，Aの引渡請　　35
求があるまでBC間の契約は他人物賃貸借として有効（559条本
文・561条・601条）であるため，CはBに対して賃料支払義務が
あり，Cには「利益」がない。
　　よって，Aは上記請求をすることができない。
第2　小問2について　　　　　　　　　　　　　　　　　　　　40
1　AC間について
(1)　まず，小問1同様，Aは，Cに対して，所有権に基づく本件
機械の引渡請求をすることができる。
(2)　また，後述のとおり，CはDに対して賃料支払義務を負うた

（右欄注記）

→考えられる請求

→請求の要件

→解除によりAに所有権
　が帰属するとの主張

→問題提起

→規範

→権利保護要件が必要で
　あること
→主観的態様

→あてはめ

→考えられる請求，これ
　が認められないことの
　端的な認定

→AのCに対する請求権
　について簡潔に認定

め「利益」がなく，Aは，Cに対して，使用利益を不当利得と　45
して返還請求することはできない。
2　CD間について

　D は，C に対して，BC間の賃貸借契約（601条）に基づく賃料　　➡考えられる請求
請求をすることが考えられる。

　この請求が認められるためには，賃料債権の発生原因事実およ　50　➡請求の要件
び取得原因事実を主張する必要がある。

⑴　まず，本件譲渡債権は将来債権であるが，譲渡の対象となる　　➡賃料債権の譲渡が有効であること
　　債権が特定され，公序良俗（90条）に反する等の特段の事情の
　　ないかぎり，その譲渡も有効である（466条の6第1項）。本問
　　の賃料債権の発生原因は，期間1年，賃料月額100万円とする　55
　　本件機械の賃貸借契約であり，始期と終期は契約当初から1年
　　と明確に特定されているうえ，公序良俗に反する特段の事情も
　　存しないため，有効といえる。

⑵　これに対して，Cは，Dに対して，本件賃貸借契約は履行不　　➡賃料債権が消滅しているとの主張
　　能により終了し，賃料債務は当然に消滅していると反論するこ　60
　　とが考えられる。

　　本問では，AB間の売買契約解除およびAのCに対する引渡請
　　求により，BのCに対する使用収益債務は履行不能となる。そ
　　して，継続的契約である賃貸借契約は，一方の債務の履行不能
　　により契約自体が当然に終了すると解するため，Cの賃料債務　65
　　も消滅する。

　　もっとも，上記事実は，本件債権譲渡がCに通知された後の　　➡問題提起
　　事実であるため，Cは，Dに上記事実を対抗できないのではな
　　いか（468条1項）。

ア　この点について，債権譲渡に関与しない債務者の保護の観　70　➡規範
　　点から，債務者が債権の譲受人に「事由」を対抗するために
　　は，通知時点で抗弁事由それ自体が発生している必要はなく，
　　抗弁事由発生の基礎となる事由が存在していれば足りると解
　　する。

イ　本問における抗弁は，本件賃貸借契約の履行不能による賃　75　➡あてはめ
　　料支払債務の消滅である。そして，この抗弁発生の基礎とな
　　る事由として，通知前にAB間の売買契約の解除原因となる
　　Bの代金支払債務の未履行の事実が存在している。

　　したがって，Cは，履行不能による賃料支払債務の消滅を
　　「事由」として，Dに対抗しうる。　　　　　　　　　　　　80

⑶　これに対し，Dは解除前に解除された売買契約から生じた法　　➡Dが解除の「第三者」にあたるとの主張
　　律効果を基礎として新たに賃料債権を取得した者として「第三
　　者」にあたるので，解除を原因とする賃料支払債務の消滅の主
　　張を自己に対抗できないと反論することができる。

⑷　よって，Dの請求は認められる。なお，Cは，Bに対して債　85　➡結論，不都合性のフォロー
　　権譲渡の対価を不当利得として請求できる。

以上

第1　設問1

　AがCに対して，所有権に基づく返還請求として本件機械の引渡しを請求し，これをCが拒むと考えられるため，以下，同請求が認められるかを検討する。

1　Aの請求

　Aは本件機械を所有し，Cが本件機会を現に占有しているとして，所有権に基づく返還請求を行う。　　　　　　　　　　　　　　　5

2　Cの反論

　Cは，AがBに本件機械を3000万円で売った（民法555条）（以下「本件売買」という）以上，Aは所有権を喪失したと反論する。　10

3　Aの再反論

　Aは，本件売買を解除（541条本文）したため，Cの反論は認められないと再反論する。そこで，この再反論が認められるか，Cが「第三者」（545条3項）に当たり，解除を主張できないのではないか，検討する。　　　　　　　　　　　　　　　　　　　15

⑴　「第三者」の意義

　545条1項ただし書きは，契約からの開放を目的とする解除の遡及効から第三者を保護する規定である。そこで，「第三者」とは，解除前の第三者をいうと考える。そして，帰責性のない解除権者を犠牲にして第三者を保護することになるため，　20
第三者は権利保護要件として対抗要件を要すると考える。なお，条文の文言から，第三者の主観は問わないと解する。

⑵　検討

　本件では，本件売買の解除前に，BがCに本件機械を賃料月額100万円で賃貸した（601条）（以下「本件賃貸借」という）　25
ため，解除前の第三者である。しかし，動産賃貸借では，対抗要件がない（605条参照）ため，賃貸借の対抗要件を備えられない。

　よって，Cは「第三者」とはいえず，Aは解除を主張できる。

4　以上から，Aの請求が認められる。　　　　　　　　　　30

第2　設問2

1　AC間

　BがCに対して有する賃料債権がDに対して譲渡されても，AC間の法律関係に影響せず，設問1と同様，AのCに対する所有権に基づく返還請求としての本件機械引渡請求が認められる。　35

2　CD間

　DがCに対して，BD間の債権譲渡により，本件賃貸借に基づくCに対する賃料債権を得たと主張し，賃料支払請求をすると考えられるため，この成否を検討する。

⑴　債権譲渡の有効性　　　　　　　　　　　　　　　　40

　本件では，1年分の賃料債権という複数の将来債権の譲渡がされている。BC間の賃貸借契約という1つの契約から生じる，契約開始から1年という特定期間に生じる債権の譲渡であるから，対象が特定されているといえるうえ，公序に反する特段の

（右欄注記）

◁○問題提起までの流れがよい

◁×545条1項ただし書である

◁○現場としては十分な論述である

◁○特定と公序良俗に反しないかの問題を端的に検討している

事情もないため，有効である（466条の6第1項参照）。　45

(2)　そこで，Dは上記請求を行う。

(3)　Cの反論

　　Cは，AB間の売買契約が解除され，Bは本件機械の所有権者ではなくなった以上，賃貸人としてCに本件機械を使用収益させる債務が履行不能となり，本件賃貸借は終了したとして，賃　50　料債務を負わないと反論すると考えられる。

(4)　Dの再反論

　　Dは，BからCに対して確定日付ある証書で債権譲渡が通知されたところ，解除は譲渡後の事情だから「生じた事由」（468条1項）とはいえず，対抗できないと再反論する。　55

　　そこで，この再反論の成否を検討する。

　ア　「生じた事由」の意義

　　468条1項は，債権譲渡に関与し得ない債務者を保護するための規定である。債務者の保護を充実させるべく，「生じた事由」とは，抗弁事由発生の基礎がある場合をも含むと考　60　える。

　イ　検討

　　本件では，解除は債権譲渡後にされている。しかし，本件売買は債権譲渡前にされており，さらに，本件売買の代金が支払われないという事情も，債権譲渡前に生じている。すな　65　わち，解除の発生の基礎は，債権譲渡前にあったということができる。

　　したがって，「生じた事由」として，解除を対抗できる。

(5)　よってDの再反論が認められず，解除を対抗でき，Dの請求は認められない。　70

　　　　　　　　　　　　　　　　　　　　　　　以上

◁○問題意識を正確に示せている

◁×「第三者」にあたるかの検討を落としている

　本問は，旧司法試験平成20年度第1問であるが予備試験対策にも適した題材である。

　以下は，法務省が公開している本問の出題趣旨である。

　「小問1は，解除の効果と「第三者」（民法第545条第1項ただし書）の意義・要件，動産賃借権の対抗力の有無とその根拠，対抗力の有無から導かれる解除者と第三者との関係及び解除者が権利を主張するための要件などを論じさせ，基本的知識とその応用力を試すものである。小問2は，債権譲渡の有効性と対抗要件に関する基礎的な理解を前提としつつ，債権譲渡が小問1の帰結に影響を及ぼすか否かについて，前記「第三者」や民法第468条第2項〔現「1項」〕の「事由」等との関係を検討させ，基本的知識に加え，論理的思考力及び判断能力を問うものである。」

優秀答案における採点実感 |||

① 全体

　本問を解答するにあたり，漏れなく問題点を検討するためには，要件事実的に当事者の主張・反論を整理することが不可欠である。優秀答案は，当事者間の法律関係において考えうる請求を的確に設定したうえで，要件事実を摘示しながら，漏れなく問題点を検討しており，上位合格を狙える答案となっている。また一貫して論述の流れがよく，読みやすい答案となっている。

② 設問1

　545条1項ただし書の「第三者」をめぐる論点を，解除の法的性質から端的に論じることができており，好印象である。また，いきなり「第三者」の論点に入るのではなく，所有権喪失の抗弁を示すことで，当事者の主張反論構造について理解の伝わる答案になっている。

　動産賃貸借の対抗力については，判例に対する理解が伝わらないものの，605条を参照し，試験の現場で考えたものとしては十分な論述であろう。不動産賃貸借については十分勉強したという受験生は多いだろうが，動産賃貸借について判例・学説の状況を知っているという受験生は少なかったと考えられる。知らなかったならば，優秀答案のように手掛かりになる条文を摘示し，そこから無理のない結論を導くよう心掛けるとよいだろう。

　なお，優秀答案は使用利益の不当利得返還請求を立てていないが，これが否定されることからすると，不合格となるような致命傷ではないと考えられる。

③ 設問2

　AC間について，的確な論証がなされている。

　CD間について，ここでも，請求原因として検討すべき将来債権譲渡の有効性（466条の6第1項）を，判例を意識しながら論述しており，正確な理解が示されている。将来債権譲渡の有効性は，当然なものと考えて落としやすい論点であるから，優秀答案を見習いたいところである。

　Cの抗弁について，使用収益させる債務が履行不能となれば賃貸借契約が終了する理由を一言論じることができるとなおよいが，本件解除が「生じた事由」（468条1項）にあたらないかを的確に検討できている。ここで，解除が通知後の事情であるという問題意識も示すことができており，好印象である。

　なお，Dについても「第三者」にあたらないかの検討がされておらず，この点は唯一残念であった。しかし，ここを落とした受験生は少なくないと考えられる。ここまでの実力十分な論述からすれば，紛れもなく優秀答案ということになろう。

次の文章を読んで，後記の〔設問〕に答えなさい。

【事実】
1．Aは，自宅の一部を作業場として印刷業を営んでいたが，疾病により約3年間休業を余儀なくされ，平成27年1月11日に死亡した。Aには，自宅で同居している妻B及び商社に勤務していて海外に赴任中の子Cがいた。Aの財産に関しては，遺贈により，Aの印刷機械一式（以下「甲機械」という。）は，学生の頃にAの作業をよく手伝っていたCが取得し，自宅及びその他の財産は，Bが取得することとなった。

2．その後，Bが甲機械の状況を確認したところ，休業中に数箇所の故障が発生していることが判明した。Bは，現在海外に赴任しているCとしても甲機械を使用するつもりはないだろうと考え，型落ち等による減価が生じないうちに処分をすることにした。

　　そこで，Bは，平成27年5月22日，近隣で印刷業を営む知人のDに対し，甲機械を500万円で売却した（以下では，この売買契約を「本件売買契約」という。）。この際，Bは，Dに対し，甲機械の故障箇所を示した上で，これを稼働させるためには修理が必要であることを説明したほか，甲機械の所有者はCであること，甲機械の売却について，Cの許諾はまだ得ていないものの，確実に許諾を得られるはずなので特に問題はないことを説明した。同日，本件売買契約に基づき，甲機械の引渡しと代金全額の支払がされた。

3．Dは，甲機械の引渡しを受けた後，30万円をかけて甲機械を修理し，Dが営む印刷工場内で甲機械を稼働させた。

4．Cは，平成27年8月に海外赴任を終えて帰国したが，同年9月22日，Bの住む実家に立ち寄った際に，甲機械がBによって無断でDに譲渡されていたことに気が付いた。そこで，Cは，Dに対し，甲機械を直ちに返還するように求めた。

　　Dは，甲機械を取得できる見込みはないと考え，同月30日，Cに甲機械を返還した上で，Bに対し，本件売買契約を解除すると伝えた。

　　その後，Dは，甲機械に代替する機械設備として，Eから，甲機械の同等品で稼働可能な中古の印刷機械一式（以下「乙機械」という。）を540万円で購入した。

5．Dは，Bに対し，支払済みの代金500万円について返還を請求するとともに，甲機械に代えて乙機械を購入するために要した増加代金分の費用（40万円）について支払を求めた。さらに，Dは，B及びCに対し，甲機械の修理をしたことに関し，修理による甲機械の価値増加分（50万円）について支払を求めた。

　　これに対し，Bは，本件売買契約の代金500万円の返還義務があることは認めるが，その余の請求は理由がないと主張し，Cは，Dの請求は理由がないと主張している。さらに，B及びCは，甲機械の使用期間に応じた使用料相当額（25万円）を支払うようDに求めることができるはずであるとして，Dに対し，仮にDの請求が認められるとしても，Dの請求が認められる額からこの分を控除すべきであると主張している。

〔設問〕
　【事実】5におけるDのBに対する請求及びDのCに対する請求のそれぞれについて，その法的構成を明らかにした上で，それぞれの請求並びに【事実】5におけるB及びCの主張が認められるかどうかを検討しなさい。

① はじめに

本問では，DのBに対する請求，DのCに対する請求について，その中身と，BおよびCの反論が示されている。関連判例を思い浮かべながら，これらを正確に分析することに尽きる問題といえよう。関連判例を思い浮かべることができないとしても，諦めることなく，法的根拠を考えて，端的な要件認定を徹底させることができたかどうかが重要になってくる。

② 設問

1 DのBに対する請求

(1) 支払済みの代金500万円の返還請求

この請求については，Bが「本件売買契約の代金500万円の返還義務があること」は認めているものの，ここでDの解除の根拠を示すことは，後の請求を検討するうえでの大前提であるから，これを示す必要がある。

甲機械はCのものであって本件売買契約は他人物売買であることを条文とともに指摘し，Cから返還を求められたこと，Dは「甲機械を取得できる見込みはない」と考えたという事情から，本問が履行不能に基づく契約の解除の場面であることを示せば足りる。

(2) 増加代金分の費用40万円の支払請求

Dは415条1項本文，2項1号より，履行不能に基づく損害賠償請求権を根拠に上記請求をすることが考えられる。

そして，最初に法的根拠を述べたあとは，要件認定をすることになる。ここでは，「責めに帰することができない事由」と損害について検討する。判例は，「責めに帰することができない事由」について他人物売主が所有者から買い受ける契約をし，これが後に所有者から否定されたために訴訟を提起したという事情があってもなお「未だもって取引の通念上不可抗力によるものとは解し難い」として帰責事由を認めている（最判昭和41年9月8日）。このような判断からすると，安易に責めに帰することができない事由があったと認めてはならないことが読みとれる。もちろん，このような判示を知らない受験生も多いと思う。しかし，本問BはCに対し電話するなどして売却の交渉をすることは容易にでき，これをすべきであったのに何ら行動にでていないことからすると，「取引上の社会通念に照らして」帰責事由を肯定する結論には迷わないであろう。

「損害」の範囲についても，通常損害にあたり，因果関係があるとしてこれを肯定すればよいだろう。当然に損害に含まれると判断した場合であっても，損害賠償請求においては，損害の範囲がどこまでかを常に注意してほしい。

なお，本問において，乙機械は修理後の「甲機械と同等品」であると考えれば，その修理はDの負担において行うことを前提として甲機械を譲り受けた以上，乙機械を購入した時の増加代金分40万円はそもそも損害にあたらないか，因果関係がないことになる。この点については，稼動可能な乙機械の購入に要した増加代金分をだれが負担するのが公平か，という見地から自分なりに考えて答案を作成すればよいと思われる。

(3) 修理による価値増加分50万円の支払請求

Bに甲機械の所有権はないため，196条の費用償還請求や不当利得返還請求は認められない。

そこで，修理による価値増加分50万円を保持できなかったことを「損害」と捉え，415条1項本文，2項1号により履行不能に基づく損害賠償を請求できないかを検討する必要がある。

Dは，Bが所有権を移転できなかったことにより，修理による価値増加分50万円を保持できない結果となっているから，このような逸失利益自体を「損害」といえるだろう。

(4) 使用料相当額の控除

解除をすると，一般規定たる545条1項本文に基づき原状回復義務が生じる。そこで，この原状回復のなかに，使用利益の返還が含まれるのかを考えていくことになる。

この点について，判例（最判昭和51年2月13日）は，「原状回復義務の内容として，解除までの間目的物を使用したことによる利益を売主に返還すべき義務を負うものであり，この理は，他人の権

利の売買契約において，売主が目的物の所有権を取得して買主に移転することができず，……該契約が解除された場合についても同様である」としている。

しかし，他人物売買の解除の場合には，契約当事者間での給付利得の返還問題と所有者・占有者間での侵害利得の返還問題が競合するところ，売主への使用利益の返還義務を認めれば，悪意の買主に二重の負担を強いる可能性があるという問題がある。本問では所有者Bからも使用料相当額の控除を主張されているため，そのような問題意識は顕在化してくる。このような点にも配慮しつつ筋のとおった論述ができると，加点が期待できるであろう。

なお，使用利益の返還を一般的に肯定した後，果実収受権についての189条1項の適用関係を論じることも可能である。しかし，少数説と考えられていること，本問Dは悪意であることから，論じる必要はないと思われる。

2　DのCに対する請求

(1)　修理による甲機械の価値増加分50万円の支払請求

DはBから甲機械の引渡しを受けてから，甲機械を30万円かけて修理している。そこで，196条に基づき上記請求をすることが考えられる。

196条の要件を検討するにあたっては，修理による価値増加分が「必要費」（同条1項）か「有益費」（同条2項）かを認定する必要がある。もともと修理を要する状態で，そのようなものとして甲機械を購入し引渡しを受けていることを重視すると，Dが主張する価値増加分含めて「有益費」と認定することができよう。

しかし，196条2項本文は「回復者」，すなわち，本問ではCの選択に従うとされており，Cは修理代金の30万円の償還を選択するものと考えられる。

(2)　使用料相当額の控除

使用料相当額の返還請求の根拠としては，190条1項が考えられる。ここは端的に要件を認定すればよい。

【関連判例】

最判昭和41年9月8日民集20巻7号1325頁
最判昭和51年2月13日民集30巻1号1頁（判例シリーズ67事件）

【参考文献】

試験対策講座・債権各論1章4節⑤【4】，2章2節③【1】⑷。試験対策講座・物権法3章3節③【1】・【2】。

第1　DのBに対する請求について
1　売買代金500万円の返還請求
　　　DはBに対し，561条の義務が履行不能であるとして，本件売
　　買契約の解除を原因とする原状回復請求権（545条1項本文）を
　　根拠に，上記請求をすることが考えられる。　　　　　　　　　　5
　　　Aが死亡し，甲機械がCに遺贈された本問では，甲機械の所有
　　権はCに帰属している（985条1項）。そのため，BD間の本件売
　　買契約は，他人物売買（561条）にあたる。そして，Cはただち
　　に甲機械の返還を求めており，BがDに対し甲機械の所有権を移
　　転するという義務は「契約その他の債務の発生原因及び取引上の　10
　　社会通念に照らして」履行不能となっている（412条の2第1項）。
　　そのため，542条1項1号により本件売買契約を解除することが
　　できる。したがって，解除の一般規定たる545条1項本文により
　　原状回復義務が生じるので，上記請求は認められる。
2　増加代金分40万円の支払請求　　　　　　　　　　　　　　　15
　　　Dは履行不能に基づく損害賠償請求権（415条1項本文）を根
　　拠に上記請求をすることが考えられる。
　(1)　そもそも，他人物売主たるBは所有権移転義務を負うところ
　　　（561条），CはDに対し甲機械の返還を求めており，上述のと
　　　おり，この義務は履行不能となっている。そうである以上，B　20
　　　の履行不能が「責めに帰することができない事由によるもの」
　　　でない場合であれば，415条1項，2項1号に基づく上記請求
　　　は認められる余地があると考える。
　　　　そこで，Bの帰責事由についてみると，Bは海外赴任中のC
　　　に電話をかける等して売却意思を確認することが容易にできた　25
　　　にもかかわらず，これを怠ったから，「取引上の社会通念に照
　　　らして」帰責事由がある。
　(2)　そして，印刷業を営むDが，これに不可欠な甲機械の所有権
　　　を取得できず甲機械を返還しなければならないとすれば，甲機
　　　械の同等品で稼働可能な別の機械をただちに購入することは通　30
　　　常ありうるところである。したがって，増加代金分40万円は
　　　「よって通常生ずべき損害」（416条1項）にあたる。
　　　　よって，Dの上記請求が認められる。
3　修理による価値増加分50万円の支払請求
　(1)　まず，修理による甲機械の価値増加分50万円を保持できなか　35
　　　ったという「損失」があるとして，Bに対し不当利得返還請求
　　　（703条）を根拠に50万円の請求をすることが考えられる。し
　　　かし，Bには甲機械の所有権が帰属しないため，これに対応す
　　　る「利益」を得ていない。したがって，この請求は認められな
　　　い。　　　　　　　　　　　　　　　　　　　　　　　　　　40
　(2)　そうだとしても，Dは修理による価値増加分50万円につき，
　　　履行不能に基づく損害賠償請求（415条1項本文，2項1号）
　　　をすることができる。なぜなら，Bには履行不能につき「取引
　　　上の社会通念に照らして」帰責事由が認められるところ，Bが

➡請求の根拠

➡他人物売買であること

➡結論

➡請求の根拠

➡履行不能

➡帰責事由

➡損害

➡請求の根拠

➡結論

➡請求の根拠

➡要件を充足すること

所有権を移転させることができればDは修理による価値増加分 45
50万円を保持できたはずである以上,「通常生ずべき損害」に
あたるといえるからである。

　　したがって,上記請求が認められる。　　　　　　　　　　　⇒結論
　4　使用料相当額の控除
　　　上記Dの請求に対し,Bは甲機械の使用期間に応じた使用料相 50　⇒法律構成
当額25万円につき,本件解除に基づく原状回復請求権(561条,
412条の2第1項,542条1項1号,545条1項本文)を有し,こ
れと対当額において相殺する(505条1項)と主張する。

　　　しかし,Bは甲機械の所有者ではなく,そもそも甲機械の使用　　　⇒最判昭和51年2月13日
権原を有していない。そこで,他人物売主BはDに対し,使用利益 55　（民集30巻1号1頁）
につき本件解除に基づく原状回復請求権を有するかが問題となる。　⇒問題提起
　⑴　他人物売買を解除した場合,一般原則たる545条1項本文に
　　基づき原状回復義務が生じると解されるところ,給付・反対給
　　付の対価的均衡を保った清算をすべきであるから,この原状回
　　復義務には,目的物の使用利益の返還も含まれると解する。 60

　　　したがって,他人物売買が解除された場合,他人物売主は,　　　⇒規範
　　買主に対して,目的物の使用利益の返還を請求することができ
　　ると解する(同条2項参照)。
　⑵　したがって,BはDに対し上記原状回復請求権を有し,Dの　　　⇒論点の帰結
　　請求と相殺することは認められる。 65
　5　よって,DのBに対する請求は565万円の限度で認められる。　　⇒結論
第2　DのCに対する請求について
　1　修理による甲機械の価値増加分50万円の支払請求
　　　Dは,Cに対し,196条2項本文に基づき,甲機械の修理による　⇒請求の根拠
　　価値増加分50万円の支払請求をすることが考えられる。 70

　　　本件売買契約に基づき引渡しを受けた際,すでに甲機械は数箇　⇒有益費であること
所の故障が発生しており,稼動させるためには修理が必要であっ
って,そのような状態から甲機械の価値を増加させたことからす
ると,Dが支払った甲機械の修理費は,占有物の改良のために支
出した「有益費」にあたる(196条2項本文)。 75

　　　したがって,DはCに対し196条2項本文に基づき費用償還請求
ができるが,回復者Cは「増加額」50万円ではなく「支出した金
額」である30万円の償還を選択すると考えられる。この場合,D　　⇒結論
はCに対し30万円の限度で上記請求をすることが認められうる。
　2　使用料相当額の控除 80
　　　上記請求に対し,Cは使用料相当額25万円についての返還請求　⇒法律構成
権(190条1項)と対当額において相殺すると主張する。
　　　Dは甲機械がBの所有に属することを知っていたから,「悪意の　⇒要件を充足すること
占有者」にあたり,使用料相当額の返還義務を負う。したがって,
CはDに対し使用料相当額の返還請求権を有し,Dの請求と相殺 85
することは認められる。
　3　よって,DのCに対する請求は25万円の限度で認められる。　　⇒結論
　　　　　　　　　　　　　　　　　　　　　　　　　　　　以上

第1　DのBに対する請求並びにBの主張
1　DのBに対する売買代金500万円の請求
　　DのBに対する上記請求の法的構成は，解除に基づく原状回復
請求（561条，412条の2第1項，542条1項1号，545条1項本
文）であると考えられる。　　　　　　　　　　　　　　　　　　5
　　まず，本件売買契約は，Aから遺贈を受けたCが所有者である
甲機械を目的物とするBD間の他人物売買契約（561条）である。
そして，所有者CがDに甲機械の返還を求めていることから，売
主Bは権利を買主に移転する義務が履行できない状況である。甲
機械の買主であるBは，甲機械が他人物であることについて悪意　　10
であるが，悪意であっても解除権の行使はできるため，悪意の買
主Bの解除に基づく原状回復請求は認められる。

⬅△遺贈による所有権取
得について条文を指摘
してほしい

2　DのBに対する増加代金費用40万円の請求
　　DのBに対する上記請求の法的構成としては，解除に基づく損
害賠償請求であると考えられる。　　　　　　　　　　　　　　　15
　　そこで，412条の2第1項，542条1項1号に基づいて，契約を
解除し，損害賠償請求（415条1項本文，2項1号）をすること
ができると考える。
　　本件では，Dが乙代替機を購入しており，増加代金分として40
万円の損害が生じている。さらに，乙代替機の購入は，Bが甲機　　20
械の権利を移転できないことに起因して生じている。加えて，D
は印刷業を営んでいることから，甲機械の権利が移転されなけれ
ば，代替機の購入を強いられることは通常予測できる。したがっ
て，因果関係もある。よって，買主Dの解除に基づく損害賠償請
求は認められる。　　　　　　　　　　　　　　　　　　　　　　25
　　以上の検討からすると，DのBに対する請求は双方認められ，
540万円について請求が認められるように思える。

⬅△どの要件にあてはめ
ているのかがわかりに
くい

3　Bの反論
　　上記請求に対してBは，甲機械の使用料相当額（25万円）の請
求権をもって相殺（505条1項本文）する旨の主張をしていると　　30
考えられる。
(1)　まず，使用料相当額の請求権の法的構成としては，545条2
　　項が考えられる。
(2)　次に，Bは，他人物売買の売主であるが，Dに対して使用料
　　相当額を請求することができるか問題となる。解除がなされた　　35
　　場合，他人物売買契約の買主が売主に対して使用利益の返還義
　　務を負うか問題となる。
　ア　たしかに，他人物売買の売主は所有権を有していないため，
　　　使用収益権限がない。
　　　しかし，解除によって売買契約が遡及的に効力を失う結果　　40
　　として，契約当事者に契約に基づく給付がなかったと同一の
　　財産状態を回復させるためには，買主が引き渡しを受けた目
　　的物を解除するまでの間に使用したことによる利益をも返還
　　させる必要がある。そして，原状回復のため，利益を返還さ

⬅○十分な論証である

せる必要があることは，他人物売買の場合でも異ならない。　　45
　　　　　したがって，他人物売買の売主に対して買主は，解除に伴
　　　う原状回復義務の内容として使用利益を返還する義務を負う。
　　イ　これを本問についてみるに，他人物売買契約の売主である
　　　Bは，買主であるDに対して，使用利益の返還義務を負うと
　　　いえる。したがって，BはDに対して使用料相当額の請求権　　50
　　　を有するといえる。
　(3)　以上からすると，Bは，上記請求権をもって，25万円の限度
　　　でDの請求権と相殺するすることができる。
　(4)　よって，Dの請求は，515万円の限度で認められる。
第2　DのB・Cに対する請求並びにB・Cの主張　　　　　　　　55
　1　修理代金50万円の請求
　(1)　上記請求の根拠は，196条1項本文であると考えられる。
　　　　機械を稼働させるために修理が必要であったのであるから，
　　　本件修理は，「必要費」にあたる。
　　　　また，196条1項は支出した費用を償還する規定であるから，60
　　　価値増加分（50万円）ではなく，現実に支出した30万円の限度
　　　で償還請求が認められるべきである。
　(2)　そして，同条の請求権は，占有者が物の所有者に対する請求
　　　権であると解されるから，所有者であるCに対してのみ認めら
　　　れ，Bに対しては認められない。　　　　　　　　　　　　　65
　(3)　したがって，Dの上記請求はCに対して30万円の限度で認め
　　　られる。
　2　Cの主張
　(1)　上記に対してCは，甲機械の使用料（25万円）請求権をもっ
　　　て修理代金30万円との相殺の主張をしていると考えられる。　70
　　　　CのDに対する使用料請求権の法的構成としては，不当利得
　　　（703条）であると考えられる。
　　　　Cは，甲機械の所有者である一方，Dは，Cとの関係で「法
　　　律上の原因なく」甲機械を占有している。使用料相当額につい
　　　てCに「損失」があり，Dに甲機械を使用できた「利益」があ　75
　　　り両者に因果関係が認められる。したがって，不当利得の要件
　　　を充足するため，CはDに対して25万円の使用料請求権を有す
　　　るから，同額をもって，Dの修理代金請求権と相殺できる。
　(2)　よって，Dの請求は，5万円の限度で認められる。
　(3)　なお，以上のように考えると，使用料請求権の重複が発生す　80
　　　る。しかし，所有者であるCがBに対して使用料についての不
　　　当利得を請求することが可能であるから，Cが不当に利益を得
　　　るという状況は発生しない。よって，上記結論を採ったとして
　　　も不都合性は生じないものと思われる。
　　　　　　　　　　　　　　　　　　　　　　　　　　　以上　85

◀△有益費の認定のほう
　が自然

◀△Bに対する修理によ
　る価値増加分の請求に
　ついて別の構成を検討
　してほしい

◀○端的な認定

◀△Dが二重の負担を強
　いられることへのフォ
　ローがあればなおよい

出題趣旨 ▮▮▮

　本設問は，①他人物売買において売主が権利を買主に移転することができなかったことを理由に買主が契約を解除した場合に，買主は，売主に対してどのような請求をすることができるか（特に，他人物売買であることについて買主が悪意であるが，売主から確実に権利を移転することができると説明されていた点をどのように評価するか，），②他人物売買が解除された場合に，買主と目的物の所有者との間では，どのような清算をするのが相当か，さらには，③これらの検討を通じて，他人物売買の売主，買主，目的物の所有者の三者間の利害調整をいかにして図るのが相当かを問うものであり，これにより，幅広い法的知識や，事案に即した分析能力，論理的な思考力があるかどうかを試すものである。

優秀答案における採点実感 ▮▮▮

① 全体

　形式面については，適切な項目を立て，問いに対応した論述をすることで，読みやすいものになっている。問いに対応した論述をすることは最重要であるから，この点は是非参考にしてほしい。また内容面についても，各請求が認められるための要件を漏れなく検討し，合格に不可欠な論述がされている。そして，条文や制度の違いを指摘するなど，非常に戦略的なところもある。したがって，この優秀答案は合格ラインを超えた上位を狙う答案といえるだろう。

② 設問

1　DのBに対する請求ならびにBの主張

　まず，売買代金500万円の請求については，冗長な論述になりがちなところ，端的でありながら条文の違いを意識した論述がされており，印象がよい。

　次に，増加代金費用40万円の請求についても，関連判例を意識した十分な論証がされている。しかし，要件検討においては，因果関係を論じていることが一読してわかるよう，書き方を工夫するとなおよい。

　Bの反論については，使用料相当額の控除の主張を，相殺という法律上の主張というかたちで明示しており，関係当事者の主張を適切に読み解いていることがうかがえる。このような指摘は，Bの主張が認められるかという問いに対する解答に不可欠であるから，このような指摘ができているかどうかで，合格ラインに達するかどうかが変わってくるのである。

　また使用料相当額の請求についても，関連判例を意識した論証がされており，十分な能力がうかがえる。ただ，請求の根拠となる条文については，545条1項本文をあげる考えもあるので，なぜ同条2項なのかを，一言でも論じられるとよかった。事前に論証を用意していなくとも，何かしらの理由を述べるという姿勢は，非常に大切である。

2　DのB・Cに対する請求ならびにB・Cの主張

　修理による価値増加分50万円の請求については，Cとの関係では漏れなく要件を検討できており，そのような姿勢は好印象である。

　他方，Bとの関係では，196条を根拠に請求できないことは，条文上明らかであるから，Dの主張を適切に読み解けていないと，読み手に思われてしまうだろう。

　Cの相殺の主張については，使用料相当額の支払請求の根拠を適切に立て，その要件を丁寧に検討できており，好印象である。また，BおよびCがDに対し使用料相当額の支払請求権を有するという結論への問題意識をもち，これに答えようという姿勢は素晴らしい。ただ，ここはDが二重の負担を強いられることに問題があるのであって，「Cが不当に利益を得るという状況が発生しない」からよいということにはならないので，注意が必要である。

次の文章を読んで，後記の〔設問1〕及び〔設問2〕に答えなさい。

【事実】

1．Aは，自宅近くにあるB所有の建物（以下「B邸」という。）の外壁（れんが風タイル張り仕上げ）がとても気に入り，自己が所有する別荘（以下「A邸」という。）を改修する際は，B邸のような外壁にしたいと思っていた。

2．Aは，A邸の外壁が傷んできたのを機に，外壁の改修をすることとし，工務店を営むCにその工事を依頼することにした。Aは，発注前にCと打合せをした際に，CにB邸を実際に見せて，A邸の外壁をB邸と同じ仕様にしてほしい旨を伝えた。

3．Cは，B邸を建築した業者であるD社から，B邸の外壁に用いられているタイルがE社製造の商品名「シャトー」であることを聞いた。CはE社に問い合わせ，「シャトー」が出荷可能であることを確認した。

4．Cは，Aに対し，Aの希望に沿った改修工事が可能である旨を伝えた。そこで，AとCは，工事完成を1か月後とするA邸の改修工事の請負契約を締結した。Aは，契約締結当日，Cに対し，請負代金の全額を支払った。

5．工事の開始時に現場に立ち会ったAは，A邸の敷地内に積み上げられたE社製のタイル「シャトー」の色がB邸のものとは若干違うと思った。しかし，Aは，Cから，光の具合で色も違って見えるし，長年の使用により多少変色するとの説明を受け，また，E社に問い合わせて確認したから間違いないと言われたので，Aはそれ以上何も言わなかった。

6．Cは，【事実】5に記したA邸の敷地内に積み上げられたE社製のタイル「シャトー」を使用して，A邸の外壁の改修を終えた。ところが，Aは，出来上がった外壁がB邸のものと異なる感じを拭えなかったので，直接E社に問い合わせた。そして，E社からAに対し，タイル「シャトー」の原料の一部につき従前使用していたものが入手しにくくなり，最近になって他の原料に変えた結果，表面の手触りや光沢が若干異なるようになり，そのため色も少し違って見えるが，耐火性，防水性等の性能は同一であるとの説明があった。また，Aは，B邸で使用したタイルと完全に同じものは，特注品として注文を受けてから2週間あれば製作することができる旨をE社から伝えられた。

7．そこで，Aは，Cに対し，E社から特注品であるタイルの納入を受けた上でA邸の改修工事をやり直すよう求めることにし，特注品であるタイルの製作及び改修工事のために必要な期間を考慮して，3か月以内にその工事を完成させるよう請求した。

〔設問1〕
　【事実】7に記したAの請求について，予想されるCからの反論を踏まえつつ検討しなさい。

【事実（続き）】

8．【事実】7に記したAの請求があった後3か月が経過したが，Cは工事に全く着手しなかった。そこで，嫌気がさしたAは，A邸を2500万円でFに売却し，引き渡すとともに，その代金の全額を受領した。

9．なお，A邸の外壁に現在張られているタイルは，性能上は問題がなく，B邸に使用されているものと同じものが用いられていないからといって，A邸の売却価格には全く影響していない。

〔設問2〕
　Aは，A邸をFに売却した後，Cに対し，外壁の改修工事の不備を理由とする損害の賠償を求

めている。この請求が認められるかを，反対の考え方にも留意しながら論じなさい。なお，
〔設問1〕に関して，AのCに対する請求が認められることを前提とする。

答案構成用紙

① はじめに

設問1では，Aの請求が632条，559条本文・562条1項本文に基づく追完請求権によるものであることを示したうえで，その要件を充足するかを検討することが求められる。その際，「予想されるCからの反論を踏まえ」た検討を行わなければならない。設問2では，Aの請求が415条に基づく損害賠償請求権によるものであることを示したうえで，AがすでにA邸をFに譲渡していること，A邸には市場価値の下落がなかったことをふまえ，「反対の考え方にも留意」しつつ請求の当否を検討することが求められる。

② 設問1

1 請負契約の総論

請負人は仕事完成義務を負っており，仕事完成義務の内容は，請負契約の内容に適合した仕事を完成させることである。したがって，仕事の目的物が請負契約の内容に適合していない場合に，注文者は，請負人に対し，債務不履行責任（仕事完成義務の不履行）を理由として，追完請求や損害賠償請求をすることができる。そこで，本問では，Cによっていちおうの仕事が完成されAに引き渡されているところ，完成した仕事の内容が請負契約の内容に適合しないのではないかが問題となる。

2 売買における目的物の契約不適合

平成29年改正前民法下においては，請負人の担保責任は債務不履行責任（不完全履行）の特則であるとともに，売買契約の瑕疵担保責任の特則でもあるとされていたが，平成29年改正により，請負人の担保責任は原則として売買における目的物の契約不適合に関する規律に委ねられている。

そこで，問題処理との関係では，目的物の契約不適合を考える前提として，本問の事情を具体的に拾いながら「契約の内容」（562条1項本文）を認定することが求められる。特に，本問では，AがCにA邸をB邸と同じ仕様にするよう依頼した事実だけでなく，外壁の仕様の一般的重要性，工事開始時にAがCにあえてタイルの色がB邸と違う旨を指摘したこと等の事実をあわせて評価することが必要となる。

3 追完債務の履行不能該当性

契約内容の重要性および修補に過分の費用がかかるかについての検討が，追完債務がそもそも履行不能（412条の2第1項）とならないかとの関係で求められる。修補費用については，設問において具体的な額が示されていないため，タイルの色をAの希望どおりにするためにタイルをすべて張り替えることの相当性等をふまえ，論述してほしい。

③ 設問2

1 A邸の市場価格の下落がなかったこと

市場価格が下落しなかったことから，Aには何ら「損害」が生じていないとして，損害賠償請求権は発生していないとの考え方がありうる。しかし，そもそも533条本文括弧書は「債権の履行に代わる」損害賠償請求を認めている。そうだとすれば，修補の必要が生じ，その修補に費用がかかる場合には，その費用をもって「損害」とみることが，同項前段の趣旨に合致する。よって，市場価格の下落がなくとも，目的物が契約の内容に適合しないものである以上，「損害」の発生が認められる。

2 AがA邸をすでにFに譲渡していること

この点については，①AがA邸をFに譲渡したため損害賠償請求権は発生しえない，②かりに請求権が譲渡前にすでに発生していたとしても，譲渡により消滅する，という考え方がありうる。

①については，そもそも修補に代わる損害賠償請求権は，請負人の債務不履行責任に対応する権利であるから，追完請求権と同時に，すなわち契約の内容に適合しない目的物の引渡し時点で発生すると考えるべきである。この考え方によれば，損害賠償請求権は譲渡より前にすでに発生していることとなる。

②については，譲渡によりAがA邸を修補する必要性が失われ，またAは結果的に市場価格が下

落しない状態でFに売却できたことから，Aの請求を認めることはAを不当に利するとも思える。このことから，請求権が譲渡により消滅するとの考え方がありうる。しかし，この考え方によれば，Aが前もって修補費用相当額の請求をし，その支払を受けてからFにA邸を売却した場合との均衡がとれないことが問題となる。答案例では，そもそも415条に基づいて発生する修補に代わる損害賠償請求権が，目的物の所有権に基づくものではなく請負契約上の地位に基づくものであることを根拠に，損害賠償請求権が目的物の譲渡によっても消滅しないことを導いている。いずれの見解に立つとしても，緻密な利益衡量を行ったうえで説得的な論証をしていれば，高い評価を得られるだろう。

【参考文献】
試験対策講座・債権総論 2 章 3 節②。試験対策講座・債権各論 2 章 2 節③【 1 】(4)。

答案例

第1　設問1について
1　AはCに対して契約不適合責任に基づく追完請求（632条，559
条本文・562条1項本文）として本件請求をすることが考えられ
る。

⇨請求の根拠を明らかにする

　(1)　まず，AC間の請負契約において目的物の引渡しは要しない 5
と解されるところ，仕事の完了時において，Cが完成させた外
壁という「目的物」が「契約の内容に適合しないもの」といえ
るか。

⇨検討すべき要件の明示

　　ア　この点，Cの反論として，完成した外壁はAが当初考えて
いた外壁と耐火性・防水性等の機能は同一であり，表面の手 10
触り，光沢，色が若干異なるにすぎず，完成させた外壁は品
質において「契約の内容に適合しない」とはいえないという
ものが考えられる。

⇨あてはめ（想定される反論にも触れる）

　　イ　もっとも，外壁は来訪者や通行人の目にとまるものであり，
その色は一般的に外壁の重要な要素である。また，AはB邸 15
のような外壁にするために，あえてCに対してB邸を実際に
見せている。さらに，工事の開始時にAはタイルの色がB邸
のものと若干異なることを指摘している。これらの事情から，
AはタイルがB邸のものと色まで同一であることを求め，C
もそれを了承しており，タイルの色は特に約定されて重要な 20
内容として契約の内容となっていたといえるが，Cが完成さ
せた外壁は，これに沿っていない。

　　ウ　したがって，Cが完成させた外壁という「目的物」は「契
約の内容に適合しないもの」といえる。

⇨結論

　(2)　これに対して，Cは，完成した外壁に機能上の不備はないの 25
であるから，本件において外壁が契約内容に適合していないと
いう不備は重要なものではなく，若干の色の違いを修正するの
にタイルのすべてを張り替えなければならない本件は，その修
補に著しく過分の費用を要するのであって，本件請求の履行は
「契約その他の債務の発生原因及び取引上の社会通念に照らし 30
て不能」（412条の2第1項）であると反論すると考えられる。

⇨予想されるCからの反論（追完の不能）

　　　しかし，前述のように，本問で問題になっているタイルは来
訪者や通行人の目にとまる外壁のタイルであり，A邸の印象を
大きく左右するものであるから，外壁の不備が重要でないとは
いえない。また，外壁の契約内容の重要性にかんがみれば，す 35
べてのタイルの張替えもやむをえないといえ，その修補が「契
約その他の債務の発生原因及び取引上の社会通念に照らして不
能」とまではいえない。

⇨再反論

　　　したがって，この反論は認められない。

⇨結論

2　以上より，Aの上記請求は認められる。 40
第2　設問2について
1　Aは，Cに対して，415条1項本文に基づいて修補に代わる損
害賠償の請求をすると考えられるが，Aは外壁の改修工事にかか
る費用相当額の損害についての損害賠償請求権を有するか。

⇨問題提起
⇨請求の根拠を明らかにする

(1) まず，A邸の外壁に現在張られているタイルは，A邸の売却 45 ➡反対の考え方に留意（「損害」の有無）
価格にまったく影響を与えていないから，そもそもAには「損
害」が生じていないとの考え方もありうる。

しかし，現に外壁の修補が必要であった以上，「損害」が生
じていないということはできない。

(2) 次に，損害賠償請求の時点でAはA邸を売却しており，この 50 ➡反対の考え方に留意（損害賠償請求権の存否）
時点で修補の必要がなくなったのであるから，損害賠償請求権
は発生しえず，かりにそれより以前に発生していたとしても，
A邸の売却により損害賠償請求権は消滅したとの考え方もあり
うる。

しかし，そもそも修補に代わる損害賠償請求権は，請負人の 55
契約不適合責任に対応する権利として修補請求権と同時に成立
するものである。そのため，AがA邸をFに売却した後に損害
賠償請求をしたとしても，修補費用相当額の損害賠償請求権は
Aのもとで発生している。また，注文者が請負人の契約不適合
責任を追及する権利は，注文者という契約上の地位に与えられ 60
たものであるから，注文者が目的物を第三者に譲渡した後も契
約不適合責任は存続すると解すべきである。したがって，A邸
が2500万円で売却できたとしても，Aの損害賠償請求権が消滅
することはない。

(3) よって，上記の損害賠償請求権は存在する。 65 ➡結論
2　以上より，Aの上記請求は認められる。 ➡形式的に問いに答える

以上

第1　設問1について
1　Aの請求はAC間で請負契約（民法（以下省略）632条）が締結
されていることから，559条本文・562条1項本文に基づく追完請
求であると考えられる。かかる請求は認められるか。
　⑴　まず本件で「目的物」が「契約の内容に適合しないもの」で
　　あると認められるか。本件タイルは耐火性，防水性等性能的に
　　は問題がないとされていたためCからは「契約の内容に適合し
　　ないもの」とはいえない，との反論が考えられる。そこで，か
　　かる客観的不備がないと考えられる場合にも「契約の内容に適
　　合しないもの」といえるか。
　　ア　この点，「契約の内容」がそもそもどのようなものである
　　　かは目的物の種類・品質等に着目しながら個別具体的に当事
　　　者間の合理的意思を解釈する必要がある。また，請負契約に
　　　おいては通常注文者に対し，請負人の方が専門的な知識を有す
　　　ることが多いと考えられるので合理的意思により定まる個別
　　　具体的契約内容について，請負人は注文者の要求を広くくむ
　　　ことを前提に解釈を行うべきであると考える。
　　イ　本件では，たしかにタイルについて耐火性や防水性などタ
　　　イルに不備がない以上，外壁が「契約の内容に適合しないも
　　　の」とはいえないとも思える。しかし，本件ではAは発注前
　　　にCにB邸を見せたうえで同じ仕様にしてほしいと述べてい
　　　る。またAはタイルの色がB邸のものと異なると考えていた
　　　とき，光の具合で色が変化するとの説明をCから受けている。
　　　かかる場合，請負人が注文者Aの意図をくみ取るとAは単に
　　　B邸と同じ機能を有するタイルによる補修を望んでいるので
　　　はなく，B邸のタイルと同デザインのタイルによる補修を行
　　　うことが本件「契約の内容」として定められたといえる。よ
　　　ってかかるタイルによる補修を行っていない点で本件では
　　　「目的物」たる外壁が「契約の内容に適合しないもの」とい
　　　え，Cの反論は失当となる。
　⑵　そして，外壁が「契約の内容に適合しない」以上，上記より
　　どのタイルを用いて外壁を改修するかは契約の主たる目的とな
　　っていることから，重要な不備があるといえる。
　⑶　もっとも，補修を行うのに過分の費用を要する場合には，本
　　件請求の履行は「契約その他の債務の発生原因及び取引上の社
　　会通念に照らして不能」（412条の2第1項）となるところ，補
　　修を行うとなった場合Cには再度工事を行うのと同程度の費用
　　が掛かり過分の費用を要すると反論することが考えられる。そ
　　こで，いかなる場合に過分の費用を要する場合に該当するのか
　　が問題となる。
　　ア　この点について，請負契約において追完請求が認められて
　　　いる趣旨は当事者間の公平を図ることにあると考えられる。
　　　そこで，過分の費用にあたるかは，かかる趣旨にかんがみて
　　　費用負担を課すことが当事者間の公平を害するかという点か

5

10

15

20

25

30

35

40

⬅○設問に現れた事実を
あげながら，適切な反
論を示せている

⬅○独特な理由づけであ
るが，規範としては筋
が通っており，かつわ
かりやすい。瑕疵の判
断に際し契約内容を参
照するという帰結も妥
当

⬅○契約内容を設問に現
れた事実から詳細かつ
的確に確定している

⬅○Cの反論OK

⬅△過分の費用を要する
かというよりは，「契
約その他の債務の発生
原因及び取引上の社会
通念に照らして不能」
に該当するかの問題で
あろう

ら判断する。
　イ　本件では，たしかにＣには倍近くの費用が掛かることになり，過分の費用を要するとも思える。しかし，本件ではＣはＡがＢ邸同様の様相のタイルによる修補を望んでいることを知っておきながら異なるタイルで改修を行っており，再度改修を行わざるをえなくなることは予見しえたといえ，Ｃに上記負担を課すのは当事者間の公平の観点からして酷とはいえない。よって本件では過分の費用を要しないといえ，本件請求の履行は「契約その他の債務の発生原因及び取引上の社会通念に照らして不能」（412条の2第1項）であるとはいえない。

2　以上より，Ａの上記請求は認められる。

第2　設問2について
1　Ａは，Ｃに対して，415条に基づいて修補に代わる損害賠償の請求をすると考えられるところ，Ａ邸の外壁のタイルについて性能上の問題はなく現にＡ邸の売却価格には全く影響しておらずＦとの関係では何ら問題はないとも思える。そこで，かかる場合にも上記請求は認められるか。

2(1)　この点について，533条本文括弧書は追完請求が認められる場合にも損害賠償請求を肯定しているが，元所有者が追完請求をしえた段階では損害賠償請求権は発生しており目的物が移転してもかかる請求権自体は移転しないので，条文の文言に沿うと請求は認められると考えられる。また，注文者が損害賠償を請求した際，請負人が即座に対応すれば損害賠償が認められるが，請負人が追完をする義務を遅滞し注文者が請負目的物を売却せざるをえなくなった場合には請求が認められないというのでは請負人はいつまでも追完を行わない方が有利となりえ不合理である。
　　以上の理由により，損害賠償請求は請負目的物の移転後も行うことができる。

(2)　以上より，本件請求は認められる。

以上

45

50

55

60

65

70

75

←△結論が問題提起に対応していない，上記のように問題提起すべきであった

←○本問の問題点を理解したうえで，説得力のある反対説を提示できている

←○請求権の発生時期を明らかにしたうえで，説得的な理由づけができている

←○反対説の考え方により生じる不都合をみずから捻りだし，説得的な理由づけをすることができている

←△市場価値の下落が生じていないにもかかわらず「損害」が認められるかという点についても論じられるとなおよかった

設問1は，AのCに対する請求が632条，559条本文・562条1項本文に基づく追完請求権によるものであることを明らかにしたうえで，この請求に対するCからの主要な反論が，①「B邸と同じ仕様」になっていないことが仕事の完成の内容に適合しないものにあたるか，②Aによる修補請求が履行不能となっているのではないかという点に依拠することをふまえ，それぞれについて請負契約の特徴を理論面で正確かつ細密に示しつつ，本問事案に現われた具体的事実に即してAの主張の当否を検討することを求めるものである。

設問2は，AのCに対する請求が415条1項に基づく損害賠償請求権によるものであることを明らかにしたうえで，①AがすでにA邸をFに譲渡していること，②その譲渡に際して，A邸には市場価値の下落がなかったことをふまえ，本問事案における同条の損害賠償請求が瑕疵の修補に代わるものであることの意味を理論的に検討しつつ，本問事案に現われた具体的事実に即してAの主張の当否を検討することを求めるものである。

優秀答案における採点実感 ▌▌▌

① 全体

本問は，暗記した論証パターンを吐きだすだけでは答案を書くことが難しい問題である。この優秀答案は，記憶の吐きだしではなく，作成者が設問をよく読み，問題点を的確に理解したうえで，自分の頭で理由づけ，規範を考え，自分の言葉であてはめを行っていることが，読む者に一目でわかる。出題趣旨の要求するポイントをほぼ完璧に捉えており，余計な記述はいっさいない。文章も一文一文洗練されており，読む者に意味が伝わらない文章はひとつもない。受験生に見習ってほしい点が非常に多く詰まっている，紛れもない優秀答案である。

② 設問1

形式面では，「予想されるCの反論を踏まえつつ」論じるよう求める設問に対応し，論点ごとに反論をきちんと提示できている。問いに答えるという姿勢は，答案を書き慣れた受験生でも忘れがちなことであるが，基本中の基本であり，絶対に忘れてはならない。

内容面では，出題趣旨があげる2つの論点を完璧に拾い，条文の要件に丁寧にあてはめながら論述ができており，好印象である。特に，「目的物」が「契約の内容に適合しないもの」かを考える際，「契約の内容」が何であるかを本問の事情を用いながら分析的な検討ができている点が高い評価に結びついたといえる。

ただ，本件追完請求が履行不能（412条の2第1項）となっているかの検討が不十分となってしまったことは残念であった。

③ 設問2

「反対の考え方にも留意しながら」論じるよう求められているが，この優秀答案は非常に説得的な反論を示せている。Aが目的物をFに譲渡していることが問題の所在であることに気づき，その点をしっかりと論述に活かせている。まず，損害賠償請求権が追完請求権に代わるものであることに着目し（これは出題趣旨に合致する），請求権の発生時期を認定し，理由づけを丁寧に示せている。次に，請負人が誠実な対応を行わなければかえって請求が認められなくなるという不都合性を見つけだし，その点もしっかりと理由づけに盛り込めている。いずれも設問についての深い考察がなければ考えつくことができないだろう。

もっとも，Fへの譲渡に際して市場価格の下落がなかったことが「損害」の認定に影響しないかについてこの答案は明示的に論じておらず，これを論じていれば更に高い評価となったと考えられる。

次の文章を読んで，後記の〔設問１〕及び〔設問２〕に答えなさい。

【事実】

1．Aは，個人で建築業を営むBに雇用された従業員である。同じく個人で建築業を営むCは，3階建の家屋（以下「本件家屋」という。）の解体を請け負ったが，Bは，その作業の一部をCから請け負い，Cが雇用する従業員及びAと共に，解体作業に従事していた。Cは，A及びBに対し，建物解体用の重機，器具等を提供し，Cの従業員に対するのと同様に，作業の場所，内容及び具体的方法について指示を与えていた。

2．Cは，平成26年2月1日，Aに対し，本件家屋の3階ベランダ（地上7メートル）に設置された柵を撤去するよう指示し，Bに対し，Aの撤去作業が終了したことを確認した上で上記ベランダの直下に位置する1階壁面を重機で破壊するよう指示した。

　　Aは，同日，Cの指示に従って，本件家屋の3階ベランダに設置された柵の撤去作業を開始した。ところが，Bは，Aの撤去作業が終了しないうちに，本件家屋の1階壁面を重機で破壊し始めた。これにより強い振動が生じたため，Aは，バランスを崩して地上に転落し，重傷を負った（以下「本件事故」という。）。なお，Cは，このような事故を防ぐための命綱や安全ネットを用意していなかった。

3．Aは，転落の際に頭を強く打ったため，本件家屋の解体作業に従事していたことに関する記憶を全て失った。しかし，Aは，平成26年10月1日，仕事仲間のDから聞いて，本件事故は【事実】2の経緯によるものであることを知った。

4．その後，Bは，Aに対して本件事故についての損害を賠償することなく，行方不明となった。

　　そこで，Aは，平成29年5月1日，Cに対し，損害賠償を求めたが，Cは，AもBもCの従業員ではないのだから責任はないし，そもそも今頃になって責任を追及されてもCには応じる義務がないとして拒絶した。

5．Aは，平成29年6月1日，弁護士Eに対し，弁護士費用（事案の難易等に照らし，妥当な額であった。）の支払を約して訴訟提起を委任した。Eは，Aを代理して，同月30日，Cに対し，①債務不履行又は②不法行為に基づき，損害賠償金及びこれに対する遅延損害金の支払を請求する訴訟を提起した。

〔設問１〕

　AのCに対する請求の根拠はどのようなものか，【事実】5に記した①と②のそれぞれについて，具体的に説明せよ。また，【事実】5に記した①と②とで，Aにとっての有利・不利があるかどうかについて検討せよ。なお，労災保険給付による損害填補について考慮する必要はない。

【事実（続き）】

6．Cは，本件事故の前から，妻Fと共に，自己所有の土地（以下「本件土地」という。）の上に建てられた自己所有の家屋（以下「本件建物」という。）において，円満に暮らしていた。本件土地はCがFとの婚姻前から所有していたものであり，本件建物は，CがFと婚姻して約10年後にFの協力の下に建築したものである。

7．Cは，Aからの損害賠償請求を受け，平成29年7月10日，Fに対し，【事実】1及び2を説明するとともに，「このままでは本件土地及び本件建物を差し押さえられてしまうので，離婚しよう。本件建物は本来夫婦で平等に分けるべきものだが，Fに本件土地及び本件建物の全部を財産分与し，確定的にFのものとした上で，引き続き本件建物で家族として生活した

い。」と申し出たところ，Fは，これを承諾した。

8．Cは，平成29年7月31日，Fと共に適式な離婚届を提出した上で，Fに対し，財産分与を原因として本件土地及び本件建物の所有権移転登記手続をした。Cは，上記離婚届提出時には，本件土地及び本件建物の他にめぼしい財産を持っていなかった。

　　CとFとは，その後も，本件建物において，以前と同様の共同生活を続けている。

〔設問2〕

　Eは，平成30年5月1日，Aから，㋐CとFとは実質的な婚姻生活を続けていて離婚が認められないから，CからFへの財産分与は無効ではないか，㋑仮に財産分与が有効であるとしても，本件土地及び本件建物の財産分与のいずれについても，Aが全部取り消すことができるのではないか，と質問された。

　本件事故についてAがCに対して損害賠償請求権を有し，その額が本件土地及び本件建物の価格の総額を上回っているとした場合，Eは，弁護士として，㋐と㋑のそれぞれにつき，どのように回答するのが適切かを説明せよ。

答案構成用紙

① はじめに

　設問1は，債務不履行に基づく損害賠償請求と不法行為に基づく損害賠償請求の具体的な違いを事案の特徴を活かしながら論述することが求められている。それに対し，設問2は，協議離婚や詐害行為取消該当性を絡めながら，財産分与の基本的知識を前提として，財産分与の有効性を論述することが求められている。請求間のメリット・デメリットが問われたり，家族法に関連する論点が問われたりと，本番は困惑した受験生も多かったかもしれないが，問われている知識はいずれも基本的なものであり，民法の基本的知識があれば十分に対応が可能な問題であるといえる。

② 設問1

1 ①債務不履行に基づく損害賠償等の請求について

　本問では，AB間には雇用契約（623条）およびBC間には請負契約（632条）があるが，AC間には何ら契約関係がない。そのため，原則，AはCに対して，債務不履行に基づく損害賠償請求（415条1項本文）はできないことにまずは言及すべきである。

　もっとも，契約関係がなくとも，ある法律関係に基づいて特別な社会的接触関係に入った当事者間では，その法律関係の付随義務として当事者の一方または双方が相手に対して信義則上，安全配慮義務を負う。本問では，直接の契約関係にない私人間においていかなる場合に安全配慮義務が観念できるのか，自分なりに具体的な基準を示し，本問の具体的な事情を拾いながら，あてはめができれば十分である。

　そのうえで，債務不履行に基づく損害賠償請求が認められるには，安全配慮義務以外の要件の充足も必要となるので，その点への言及も簡潔にすることが望ましい。

2 ②不法行為に基づく損害賠償等の請求について

　AはCに対して，使用者責任を理由とした不法行為に基づく損害賠償請求（715条1項）をすることが考えられるところ，この損害賠償請求の要件が充足されているかを問題文の事情を条文の文言にあてはめながら検討することが求められている。

　具体的には，①「ある事業のために他人を使用する者」該当性，②加害行為が「事業の執行について」行われたこと，③被用者の行為が709条の要件をみたすこと，④715条1項ただし書の免責事由の不存在について言及することが求められている。他の設問とのバランスもあるので，あまり長々とは書かず，端的な認定をすれば十分である。

3 ①と②の請求のメリット・デメリットについて

　債務不履行と不法行為の違いとして，消滅時効，帰責事由や過失の主張立証責任，遅延損害金の起算点等に言及することが求められている。両者の違いに言及したうえ，問いに答えるという観点から，その違いがAにとって有利か不利かまで言及してほしい。

⑴　消滅時効に関しては，安全配慮義務違反に基づく損害賠償請求においては，「人の生命又は身体の侵害による損害賠償請求権」であることから，「権利を行使することができることを知った時から5年間」（166条1項1号），「権利を行使することができる時から20年間」（167条，166条1項2号）で消滅時効にかかるのに対し，不法行為に基づく損害賠償請求においては，「人の生命又は身体を害する不法行為による損害賠償請求権」であることから，「損害及び加害者を知った時から5年間」（724条の2，724条1号）で消滅時効にかかる。本問は人の生命・身体の侵害を前提とした請求であるため，167条や724条の2の指摘を忘れずにする必要がある。

　本問では，ほかに論じるべき点が多いため，消滅時効の起算点について長々と論じることは避け，端的に条文を指摘するのが望ましい。

　なお，復習の便宜のため若干触れておくと，本問では，本件事故の発生した平成26年2月1日から起算すると，訴訟を提起した平成29年6月30日時点で3年が経過している。724条の2は平成29年改正によって新設された規定であるため，平成29年改正前民法のもとでは，平成26年2月1日を「損害及び加害者を知った時」とすると消滅時効が経過してしまうこととなる。そのため，「損害及び加害者を知った時」の意義が問題となる。

判例および通説は，被害者が損害の発生を現実に認識し，加害者に対する賠償請求が事実上可能な状況のもとに，その可能な程度にこれを知った時と解する。本問では，Aは記憶を失っていたため，Dから経緯を聞かされるまでの間は，損害賠償請求は事実上不可能というべきであろう。

(2)　帰責事由や過失の主張立証責任に関しては，安全配慮義務違反に基づく損害賠償請求の本質は債務不履行責任なので，債務者が帰責事由の主張立証責任を負うのに対し，不法行為に基づく損害賠償請求においては，債権者（被害者）が過失の主張立証責任を負うという点に端的に言及し，債務不履行に基づく損害賠償請求の方がAにとって有利と指摘できれば十分である。

(3)　遅延損害金の起算点に関しては，安全配慮義務違反に基づく損害賠償請求は債権者から履行の請求を受けた時から履行遅滞に陥るのに対し，不法行為に基づく損害賠償請求においては，被害者救済の観点から，不法行為の時から履行遅滞に陥るという点に端的に言及し，不法行為に基づく損害賠償請求の方がAにとって有利と指摘できれば十分である。

③ 設問2

1　離婚および財産分与の有効性（㋐について）

　財産分与の有効性の前提として，離婚後も実質的な婚姻生活を続ける場合の離婚の有効性を検討する必要があるため，離婚の際に必要な離婚の意思の解釈が問題となる。

　判例は，婚姻意思とは異なり，離婚の意思は，離婚届に向けられた意思があれば足りるという形式的意思説に立っているので，この説からは本問の離婚も有効である。

2　詐害行為取消と財産分与（㋑について）

　財産分与に対する詐害行為取消しの可否が本問では問題となるところ，判例（最判昭和58年12月19日）は，分与者がすでに債務超過の状態にあって当該財産分与によって一般債権者に対する共同担保を減少させる結果になるとしても，それが768条3項の規定の趣旨に反して不相当に過大であり，財産分与に仮託してされた財産処分であると認めるに足りるような特段の事情のないかぎり，詐害行為として，債権者による取消しの対象とはならないとしている。また，判例（最判平成12年3月9日）は，「離婚に伴う財産分与として金銭の給付をする旨の合意がされた場合において，右特段の事情があるときは，不相当に過大な部分について，その限度において詐害行為として取り消されるべきものと解するのが相当である」としている。

　本問との関係では，これらの判例の理解を示したうえで，詐害行為取消権を行使する際のその他の要件にも言及しながら，答案を作成することが求められている。そして，詐害行為取消権の行使が認められるとした場合，AがCに対して有する損害賠償請求権の額が本件土地および本件建物の価格の総額を上回っているという本問の事情を考慮しながら，取消しが認められる範囲にも忘れずに言及をしてほしいところである。

【関連判例】

最判昭和58年12月19日民集37巻10号1532頁
最判平成12年3月9日民集54巻3号1013頁（百選Ⅲ19事件）

【参考文献】

試験対策講座・親族・相続2章2節⑤【7】(3)。判例シリーズ47事件。

答案例

第1　設問1
1　①に基づく損害賠償等の請求について
　(1)　AはCに対して，債務不履行に基づく損害賠償請求（民法415
　　条1項本文。以下法名省略）をすることが考えられる。

> ア　AC間には何ら契約関係がないため，Aは，Cに対して，債
> 　務不履行に基づく損害賠償請求ができないのが原則である。　　5
> イ　もっとも，ある法律関係に基づいて特別な社会的接触関係
> 　にあった当事者間では，その法律関係の付随的義務として信
> 　義則上安全配慮義務が認められるところ，直接の契約関係が
> 　なくとも，従業員との関係と同視する立場にある場合には，　10
> 　安全配慮義務は生じると解すべきである。

➡規範

　　　本件では，AはCから作業の場所，内容等の具体的な指示
　　を受け，建物解体用の重機，器具等も提供されたものを使用
　　していたから，解体作業中，Cの従業員と同視しうる立場に
　　あったといえ，Cには安全配慮義務があったといえる。　　　15
　　　そして，Cがこの安全配慮義務を履行し安全ネット等を設
　　置していれば，本件事故を防ぐことは十分可能であったのに，
　　Cはこれを怠り，その結果，Aは重傷を負っているから，本
　　件債務不履行と損害との間には因果関係も認められる。

➡あてはめ

　(2)　よって，①の請求は認められる。　　　　　　　　　　　20

➡結論

2　②に基づく損害賠償等の請求について
　(1)　Aは，Cに対し，使用者責任を理由とした不法行為に基づく
　　損害賠償請求（715条1項）をすることが考えられる。
　　　ア　まず，本件で，CはBに対し具体的指示を与えているため，
　　　　雇用契約等がなくとも，一方から他方への実質的指揮監督関　25
　　　　係があるといえるから，Cは「ある事業のために他人を使用
　　　　する者」にあたる。
　　　イ　また，Bが本件事故を起こしたのは，本件家屋の解体作業
　　　　中であるから，「その事業の執行について」といえる。
　　　ウ　そして，BはAの存在を確認したうえで家屋の解体を行う　30
　　　　べきであったのに，これを怠っており，「過失」がある。
　　　エ　また，Bのこのような行為によりAは重傷という「損害」
　　　　を負っていることから，両者の間には因果関係が認められる。
　　　オ　したがって，BにはAに対する不法行為責任が成立する。
　(2)　よって，②の請求は認められる。　　　　　　　　　　　35

➡要件への簡潔なあてはめ

➡結論

3　Aにとっての有利・不利
　(1)　請求権の時効消滅については，①の債権は「権利を行使する
　　ことができることを知った時」（166条1項1号）から5年で時
　　効にかかるが，Aは記憶喪失により平成26年10月1日になって
　　はじめて権利行使を現実に期待できる程度に事実関係を知った　40
　　から，平成29年6月30日時点では時効が完成していない。
　　　一方，②の請求権は損害および加害者を知った時から5年で
　　消滅時効にかかるところ（724条の2，724条1号），①と同様
　　に，これらを現実に認識したのは平成26年10月1日であるから，

➡比較の視点①消滅時効

平成29年6月30日時点では時効が完成していない。　　　　　　　45
　　　　したがって，時効消滅の観点からは，①も②も差がない。
　(2)　主張立証責任については，使用者責任における被用者の過失
　　　は原告Aに主張立証責任が生じるのに対し，債務不履行におい
　　　ては，債務不履行の存在のみを主張立証すればよく，原告は被
　　　告の帰責事由の有無について主張立証する必要はないから，①　50
　　　の請求のほうがAにとって有利である。

➡比較の視点②帰責事由・過失の主張立証責任

　(3)　債務不履行責任は相手方に請求してから相手は履行遅滞に陥
　　　るのに対し，不法行為責任は，不法行為時から相手は履行遅滞
　　　に陥るから，遅延損害金の請求では，②の請求のほうがAにと
　　　って有利である。　　　　　　　　　　　　　　　　　　　　55

➡比較の視点③遅延損害金の起算点

第2　設問2
1　㋐について
　(1)　本件離婚は無効であるとして，本件財産分与も無効であると
　　　主張しえないか。

➡問題提起

　　　　婚姻の場合には，新たな法律関係が形成されるから，当事者　60
　　　間に真に社会観念上夫婦であると認められる関係を設定する効
　　　果意思たる実質的婚姻意思（742条1号）が必要であるのに対
　　　し，離婚の場合には，法律関係が解消されるのみであるので，
　　　適切な離婚届が提出されればよいと解する。
　(2)　本件では，離婚届は適切に提出され，本件離婚は有効である　65
　　　以上，㋐を理由とする財産分与の無効主張はできない。

➡結論

2　㋑について
　(1)　AはCに対して有する本件事故の損害賠償請求権（415条1項
　　　本文，715条1項）を被保全債権として，本件財産分与を詐害
　　　行為として取り消すことはできないか（424条1項本文）。　　70
　　　ア　まず，財産分与が詐害行為取消の対象となるか。

　　　　　詐害行為取消権の対象行為は財産行為なので，身分行為は
　　　　対象ではないが（424条2項），共同担保保全の必要性と身分
　　　　行為の尊重の調和から，夫婦共同財産の清算分配という768
　　　　条3項の趣旨に反し不相当に過大で，財産分与に仮託したと　75
　　　　認めるに足りる特段の事情がある場合には，当該不相当部分
　　　　の限度において，詐害行為取消の対象となると解する。

➡規範

　　　　そうすると，本件財産分与は，本件土地と本件建物の差押
　　　えから逃れる目的でなされており，夫婦共同財産の清算分配
　　　という側面は乏しく768条3項の趣旨に反し不相当に過大で，80
　　　財産分与に仮託したものといえるから，不相当部分の限度に
　　　おいて，詐害行為取消の対象となる。

➡あてはめ

➡結論

　　　イ　また，Cは，ほかにめぼしい財産もなかったため，当該財
　　　　産分与により自身が無資力となり，他の債権者を害すること
　　　　を知っているから，詐害意思も認められる。さらに，受益者　85
　　　　Fも，他の債権者を害することにつき「悪意」である。
　(2)　以上より，Aは，本件財産分与のうち不相当部分の限度にお
　　　いて，詐害行為として取り消すことができる。　　　　　以上

第1　設問1について
1　①について
　　①の請求の根拠は415条の安全配慮義務違反に基づく損害賠償
　請求権である。
　(1)　まず，Cに「債務」があるか。　　　　　　　　　　　　　　5
　　ア　この点について，AC間には，直接の契約関係がないので，
　　　原則としてCに「債務」はない。

　⬅○原則論から丁寧に論述できている

　　　　しかし，特殊な社会的な接触関係に入った当事者間におい
　　　ては，相手方の生命身体財産に対して不測の損害を生じさせ
　　　ないようにする信義則上（1条2項）の義務を負うと考える。10
　　イ　これを本問についてみると，CはAに対し，重機や器具等

　⬅○適切なあてはめである

　　　を提供し，Cの従業員と同様に，作業の場所，内容，及び具
　　　体的方法について指示を与えていたのであるから，ACは特
　　　殊な社会的な接触関係に入った当事者間といえるのでCは，
　　　上記義務を負う。　　　　　　　　　　　　　　　　　　　15
　(2)　そして，AはCの指示に従って行っていたところ重傷を負っ
　　たのであるから，Cの指示と損害との間に因果関係があり，C
　　は本件事故を防ぐための命綱や安全ネットを用意していなかっ
　　たのであるから，安全配慮義務について帰責性がある。
　(3)　よって，同請求が認められる。　　　　　　　　　　　　　20
2　②について
　　②の請求の根拠は715条の使用者責任に基づく損害賠償請求権
　である。
　(1)　まず「他人を使用」とは事実上の指揮監督関係があれば足り

　⬅○要件をすべて検討できていてよい

　　るところ，Bは作業の一部をCから請け負っており，その作業　25
　　の場所，内容や，具体的方法についての指示を与えていたので
　　あるから事実上の指揮監督関係があり，「他人を使用」といえる。
　(2)　また，BはAの撤去作業が終了しないうちに，撤去作業を始
　　め，Aに重傷を負わせていることから，本件事故につき過失が
　　あり，Bに不法行為責任が成立する。　　　　　　　　　　　30
　(3)　更に，BはCから請け負った解体作業を行っていることから，行
　　為の外形から客観的に判断して，「事業の執行」についてといえる。
　(4)　よって，同請求が認められる。
3　①と②の比較について
　(1)　時効期間について　　　　　　　　　　　　　　　　　　　35

　⬅○条文を丁寧に示せていてよい

　　　　①の債務不履行責任の時効期間は，権利を行使することがで
　　　きることを知った時から5年間である（166条1項1号）。本問
　　　では，Aが本件事故につき知ったのが平成26年10月1日である
　　　から，請求時点で未だ時効期間を経過していない。
　　　　他方，②の不法行為責任の時効期間は，損害及び加害者を知　40
　　　った時から5年間である（724条の2，724条1号）。したがっ
　　　て，①と同様に請求時点で未だ時効期間を経過していない。
　　　　そこで，①②とで，Aにとって有利・不利とはいえない。
　(2)　立証責任について

①については，帰責性の立証責任は，債務者であるCである。　45
　他方②については，被用者たるBの帰責性の立証責任は，債
　権者であるAである。
　　そこで，立証責任については，①の方が，Aにとって有利である。
第2　設問2
1　㋐について　　　　　　　　　　　　　　　　　　　　　　　　50
　　CF間の離婚が有効か，明文なく問題となる。
　(1)　この点について，離婚の場合にも742条の婚姻無効の規定が
　　類推適用されるとも思えるが，離婚は婚姻と異なり，創設的な
　　行為でなく，消極的な行為であるから，離婚の意思は届出意思
　　に向けられていれば足りるため，同条は類推適用されず，届出　55
　　さえあれば，離婚の意思がなくとも有効である。

◀○婚姻との違いに着目できていてよい

　(2)　本問では，適式な離婚届を提出した以上離婚は有効である。
　　そこで，財産分与は有効である。

◀△問いに形式的に答えられるとよりよかった

2　㋑について
　　Aは損害賠償請求権を被保全債権として，Fに対して本件財産　60
　分与の詐害行為取消をすることが考えられる（424条1項）
　(1)　まず本件財産分与が詐害行為取消の対象になるか。
　　ア　この点について，財産分与は身分行為であるため，「財産
　　　権を目的としない法律行為」（424条2項）にあたり，取消の
　　　対象とならないのが原則であるが，責任財産保全の必要性も　65
　　　あるので，財産分与に仮託してなされた不相当に過大な財産
　　　的処分行為といえる場合には，「財産権を目的としない法律
　　　行為」といえず，取消の対象となると考える。

◀○原則論から丁寧に論述できている

　　イ　本件では，土地と建物全部を財産分与しており，不相当に過
　　　大な財産的処分行為といえるので，詐害行為取消の対象となる。70
　(2)　次に，詐害行為にあたるか否かは，主観と客観の詐害性を相
　　関的に決すべきところ，本問は不相当な財産分与であるから，
　　客観的に詐害性が強いので，主観の詐害性は単なる認識で足り
　　るところ，CFに通謀があるから，詐害行為にあたる。また，
　　Fは，Cから説明を受けているので「害すべき事実を知らなか　75
　　った」とは言えない。
　(3)　よって，詐害行為取消が認められる。
　(4)　そうだとしても，いかなる範囲で認められるか。
　　　この点について，本問では，AのCに対する損害賠償請求権
　　は，本件土地などの価格の総額を上回っているところ，同条は　80
　　財産管理事由の原則の例外として認められたものであるから，
　　責任財産保全に必要最小限度で認められるので，取消の範囲は，
　　責任財産保全に必要な限度で認められるのが原則である。
　　　もっとも，不動産の場合は不可分であるから，例外的に，全
　　部につき取り消すことができる。本件土地及び建物の全部につ　85
　　き詐害行為取消することができる。
　(5)　よって，本問では，本件土地及び建物全部について詐害行為
　　取消することができると回答するのが適切である。　　　以上

◀○問いに形式的に答えられておりよい

（法務省ウェブサイトより）

設問1は，労働災害の事案を題材として，安全配慮義務違反を理由とする債務不履行責任や不法行為責任に関する基本的な知識・理解を問うとともに，債務不履行に基づく損害賠償と不法行為に基づく損害賠償とでどのような具体的規律の相違があるかについて，事案に応じた分析を行う能力を試すものである。

請求の根拠に関する解答に当たっては，債務不履行については直接の契約関係にない当事者間における安全配慮義務の成否等に関し，不法行為については注文者・請負人間の使用者責任の成否等に関し，自説を論理的に展開し，事案に応じた当てはめを行うことが求められる。また，有利・不利に関する解答に当たっては，消滅時効，帰責事由や過失の主張立証責任，遅延損害金の起算点等につき，事案に即した評価を行うことが求められる。

設問2は，仮装離婚及びこれに伴う財産分与による責任財産の隠匿について，協議離婚及び財産分与の有効性に関する基本的な知識・理解を問うとともに，財産分与の詐害行為該当性や取消しの範囲について，事案に応じた分析を行う能力を試すものである。

離婚及び財産分与の有効性に関する解答に当たっては，離婚をする意思の意義・内容に関する解釈を展開した上で，離婚の有効性と財産分与の有効性とを論ずることが求められる。また，詐害行為に関する解答に当たっては，財産分与制度の趣旨を踏まえつつ，最高裁昭和58年12月19日判決・民集37巻10号1532頁も意識して，事案に応じた当てはめを行うことが求められる。

優秀答案における採点実感 |||

1 全体

本問では書くべきことが非常に多いため，債務不履行・不法行為に基づく損害賠償請求の要件をすべてまんべんなく丁寧に検討している答案は意外にも少なかった。もっとも，この優秀答案においては，請求が認められるか，要件を必要最小限度ですべてコンパクトに論じられており，好印象である。是非，自身で論述をする際には，この優秀答案の論述は参考にしてほしい。

2 設問1

問題文の事情をしっかりと要件のあてはめに活かせており，好印象である。もっとも，両請求の有利・不利についてはあっさりとした記載にとどまってしまっているので，もう少し，両請求の有利・不利について分析的な論述ができるとなおよかった。

3 設問2

離婚の有効性については婚姻との違いにまで着目しながら，論述ができているところが高く評価できる。また，詐害行為取消ができるかという点についても丁寧なあてはめができており，好印象である。分量との関係から必須ではないが，要件を先出しできると検討漏れを防止することができるので，是非，分量に余裕があるときは要件を先出しすることも検討してみるとよい。

論点・論証一覧

いかなる場合に「詐術」にあたるか，条文上明らかでなく問題となる。

> この点，21 条の趣旨は，制限行為能力者制度の弊害を緩和し，可及的に取引の安全を図ろうとする点にある。
> このような趣旨にかんがみると，本条の「詐術」の概念は拡大して解釈する必要がある。
> そこで，積極的術策を用いた場合のみならず，制限行為能力者であることを黙秘していた場合でも，他の言動などとあいまって相手方を誤信させ，または誤信を強めたものと認められるときも「詐術」にあたると解する。

94 条 2 項の第三者は条文の文言どおり「善意」で足りるのか，無過失をも要求するのか。

> この点，虚偽表示においては，みずから虚偽の外形を作出した本人の帰責性は大きい。
> そうだとすれば，利益衡量上，第三者が保護される範囲をより広く解釈すべきである。
> したがって，94 条 2 項の第三者は，条文の文言どおり「善意」で足りると解する。

94 条 2 項の「第三者」は登記を具備している必要があるか，明文がなく問題となる。

> この点，94 条 2 項の「第三者」は承継取得者に近く，本人とは前主と後主の関係に立つから，対抗要件としての登記（177 条）は不要と解される。
> また，虚偽表示においては，本人の帰責性は大きいから，利益衡量上，権利保護資格要件としての登記も不要と解される。
> したがって，94 条 2 項の「第三者」は，登記を具備している必要がないものと解する。

94 条 2 項で保護される「第三者」と仮装譲渡人からの譲受人との優劣が問題となる。

> この点，仮装譲渡人も，94 条 2 項の「第三者」が登記を具備するまでは実体法上の無権利者となるわけではないから，あたかも仮装譲渡人を起点とした二重譲渡があったのと同様に考えられる。
> そこで，94 条 2 項で保護される「第三者」と仮装譲渡人からの譲受人は，いずれか先に登記を具備したほうが優先すると解する（177 条）。

当事者間に「通謀」（94 条 1 項）がないことから 94 条 2 項を直接適用できないものの，類推適用できないかが問題となる。

> 94 条 2 項の趣旨は，相手方の帰責性のもとに虚偽の外観が作出され，それを信頼して取引に入った者を保護する点にあるから，⑦虚偽の外観，⑦本人の帰責性，⑦外観への信頼がある場合には，94 条 2 項を類推適用するべきと考える。

そして，本人が虚偽の外観作出に関与していないとしても，虚偽の外観について知りながらあえて放置していた場合やこれと同視しうる場合には，94条2項に加えて110条を類推適用し，外観に対する信頼があるというためには善意かつ無過失であることを要すると考える。

○ 96条3項の「第三者」の意義 第3問

96条3項の「第三者」の意義が問題となる。

この点，同項の趣旨は，詐欺により取り消された意思表示が有効であったと信じて，新たに利害関係をもつにいたった第三者を保護するところにある。

そこで，同項の「第三者」とは，取消しによる遡及的無効のゆえに害される第三者，すなわち詐欺による意思表示の取消前に新たな独立した法律上の利害関係を有するにいたった者をいうと解する。

○ 96条3項の「第三者」と登記の要否 第3問

96条3項の「第三者」は登記を具備している必要があるか，明文がなく問題となる。

この点，96条3項の「第三者」は承継取得者に近く，いわゆる本人と非両立の関係に立つものではないから（前主と後主の関係），対抗関係には立たない。そうだとすれば，対抗要件としての登記（177条）は不要であると解される。

また，被詐欺者には，詐欺されたことにつき少なからず帰責性が存する。さらに，「第三者」は善意無過失の者にすでに限定されていることからすれば，利益衡量上，権利保護資格要件としての登記も不要であると解される。

したがって，96条3項の「第三者」は，登記を具備している必要がないと解する。

○取消後の第三者 第1問

取消後の第三者が保護されるための法律構成が問題となる。

この点，取り消すまでは意思表示は有効であるから，取消しにより復帰的物権変動が生じたといえる。

そのため，取消しの相手方を起点とした二重譲渡類似の関係にあるといえ，本人と第三者は対抗関係に立つ。

したがって，178条（不動産の場合は177条）により，両者の優劣は引渡し（不動産の場合は登記）の先後により決せられるものと解する。

代理

○親権者と子との利益相反行為 第4問

利益相反行為（826条1項）の判断基準が問題となる。

この点，子の利益と取引関係に入った第三者の利益との調和を図るため，利益相反行為にあたるか否かは，親権者が子を代理してした行為自体を外形的客観的に考察して判定すべきと解する。

○親権者による代理権の濫用 第4問

利益相反行為にあたらないとしても，法定代理権（824条本文）の濫用にあたり，効果帰属が否定されないか。「代理人が自己又は第三者の利益を図る目的で代理権の範囲内の行為をした場合」（107条）の解釈が問題となる。

この点，利益相反行為にあたらない行為については，親権者の広範な裁量（824条本文参照）に委ねられている。

そこで，それが子の利益を無視して自己または第三者の利益を図ることのみを目的とするなど，親権者に法定代理権を授与した法の趣旨に著しく反する特段の事情が存しないかぎり，「代理人が自己又は第三者の利益を図る目的で代理権の範囲内の行為をした場合」にあたらないと解する。

○無権代理人が本人を共同相続した場合
　無権代理人が他の共同相続人とともに本人を共同相続（898条，899条）した場合の効果が問題となる。

　　この点，相続により無権代理人としての地位と本人としての地位が融合することを前提として，無権代理人の相続分に相当する部分において無権代理行為は当然有効になるとの見解がある。
　　しかし，これでは，他の共同相続人の利益を損ない，法律関係を複雑にするのみならず，相手方の取消権（115条本文）を相続という偶然の事情で奪うことになり，妥当でない。
　　そもそも相続とは，現に存在していた地位の承継であるから，無権代理人には無権代理人の資格と本人の資格が併存すると解される（地位併存説）。
　　そして，無権代理人は，本人の有していた無権代理行為の追認権を他の共同相続人とともに不可分的に承継し，追認権の準共有関係（264条本文）が生じる。
　　そこで，他の共同相続人全員の追認がないかぎり，無権代理行為は当然に有効になるものではないと解する（264条・252条本文）。
　　もっとも，他の共同相続人が全員追認しているのに，無権代理行為を行った無権代理人の追認拒絶で追認の効果を否定することは不当である。
　　そこで，他の共同相続人が全員追認をしている場合に無権代理人が追認を拒絶することは，信義則（1条2項）に反し許されないと解する。

○本人による追認拒絶後の無権代理人の本人相続
　追認拒絶後死亡した本人を無権代理人が相続した場合の無権代理行為の効果が問題となる。

　　この点，本人の追認拒絶によって，無権代理行為の無効の確定という効果が生じ，追認権は消滅する。
　　そして，相続とは現に存在していた地位の承継をもたらすにすぎないから，その後に無権代理人が本人を相続しても，追認権が存在しないことに変わりはない。
　　そこで，この場合には，無権代理行為が有効になるものではないと解する。

○日常家事代理と110条
　夫婦の一方が無断でした法律行為が「日常の家事」（761条本文）にあたらないとしても，夫婦の一方と取引をした第三者は，761条本文の法定代理権を基本代理権とし，110条の表見代理の成立によって保護されないかが問題となる。

　　たしかに，広く一般的に110条の表見代理の成立を認めると，夫婦の財産的独立（夫婦別産制，762条1項）を著しく損なうことになる。
　　しかし，他方で，第三者の信頼をいっさい保護しなければ，取引の安全の要請に反することになる。
　　そこで，夫婦別産制と取引の安全の要請との調和の観点から，第三者において当該行為が当該夫婦の日常家事に関する法律行為の範囲内と信ずるにつき正当な理由があるときにかぎり，110条の趣旨を類推適用して，第三者は保護されると解する。

○制限行為能力者の取消しと現存利益
　いかなる範囲で返還請求権の主張をなしうるか，現存利益の内容が問題となる。

　　この点，現存利益とは受けた利益がそのままのかたちで，またはかたちを変えて残っている場合を

いう。

　そこで，浪費してしまったときは現存利益が存しないが，生活費にあてたときには現存利益が残っているものと解する。

時効
○自己物の時効取得の可否
第6問，第7問
　162条は「他人の物」と規定していることから，自己の物についても時効取得できるかが問題となる。

　この点，時効制度の趣旨は，永続した事実状態を尊重し，社会の法律関係の安定を図る点にある。
　そうであれば，永続した事実状態こそが重要であり，対象物が自己の物か他人の物かは重要ではない。
　しかも，162条が「他人の物」と規定したのは，通常自己の物に時効の援用を認める必要がないからにすぎない。
　したがって，自己の物についても時効取得できると解する。

○不動産賃借権の時効取得の可否
第6問
　不動産賃借権が163条にいう「財産権」にあたるかが問題となる。

　たしかに，債権は，通常1回の行使によって消滅する権利であるから，永続した事実状態の尊重という時効制度の趣旨になじまない。
　しかし，不動産賃借権は，占有を要素とし，不動産の支配を通じて永続した事実状態を観念しうる。
　したがって，不動産賃借権は，同条にいう「財産権」にあたると解する。
　もっとも，真の権利者（所有者）の時効中断の機会を確保する必要があり，そのためには，事実状態が継続し，外部的に認識可能なことが必要である。
　そこで，不動産賃借権を時効取得するためには，①目的物の継続的な用益という外形的事実が存在し，かつ②それが賃借の意思に基づくことが客観的に表現されていることが必要である。

［物権法］
物権変動
○177条の「第三者」
第23問
　177条にいう「第三者」とはどのような者をいうか。

　そもそも，177条の趣旨は，物権変動につき登記による公示を要求することで，不動産取引の安全を図る点にあるところ，「第三者」とは，当事者およびその承継人以外の者で，かつ，登記の欠缺を主張する正当な利益を有する者をいう。

○177条の「第三者」（背信的悪意者排除論）
第7問
　「第三者」（177条）には悪意者も含むか，条文上明らかでなく問題となる。

　この点，177条は自由競争の範囲で取引の安全を図った規定であるから，悪意者も保護されてよい。
　そこで，「第三者」には悪意者も含むと解する。
　もっとも，単なる悪意を超えて，相手方を害する目的を有するなどの場合には，自由競争の範囲を逸脱するものであり，保護に値しない。
　そこで，登記の欠缺を主張することが信義則（1条2項）に反するような背信的悪意者は「第三者」に含まれないと解する。

○通行地役権の対抗

第7問

未登記の通行地役権者は，承役地の譲受人に対し，要役地の通行地役権を対抗できるか。承役地の譲受人はいかなる場合に「第三者」（177条）にあたらないことになるかが問題となる。

> この点，通行地役権について明示の設定契約がなされることはまれで，その多くは黙示の合意が認定される。
>
> それにもかかわらず，背信的悪意者に限定すれば，通行地役権はその多くが承役地の譲受人に対抗できなくなり，通行地役権者の保護として不十分である。
>
> そうだとすれば，信義則（1条2項）に照らして第三者に通行地役権の負担を甘受させるべきかどうかを判断し，それによって対抗力の有無を決すべきである。
>
> そこで，譲渡時に，①承役地が継続的に通路として使用されていることが物理的状況から客観的に明らかであり，かつ，②譲受人がそのことを認識しまたは認識しえたときは，特段の事情のないかぎり，登記の欠缺を主張する正当な利益を有する「第三者」にあたらないと解する。

○建物登記名義人に対する建物収去土地明渡請求の可否

第6問

建物収去土地明渡請求の相手方が問題となる。

> たしかに，建物を収去して土地所有権に対する侵害状態を除去しうべき地位にあるのは，建物所有者であるから，この者が建物収去土地明渡請求の相手方となるのが原則である。
>
> しかし，相手方を建物所有者にかぎると，建物譲渡人は建物譲渡を理由に容易に建物収去の義務を逃れ，土地所有者に酷な結果が生じうる。
>
> そもそも土地所有者と建物譲渡人の関係は，土地所有者が地上建物の譲渡による所有権の喪失を否定してその帰属を争う点で，あたかも建物の物権変動における対抗関係（177条）にも似た関係といえる。
>
> そこで，みずからの意思に基づいて所有権の登記を有するものは，引き続き上記登記名義を保有するかぎり，所有権の喪失を主張して建物明渡義務を免れることはできない。

○取得時効と登記

第6問，第7問，第23問

時効取得者は，第三者に対して，時効取得を登記（177条）なくして対抗できるか。

> この点，永続した事実状態の尊重という時効制度の趣旨と公示による取引の安全の確保という登記制度の趣旨との調和を図る必要がある。
>
> そこで，時効取得者は，時効完成前の第三者に対しては，時効取得を登記なくして対抗できるが，時効完成後の第三者に対しては，時効取得を登記なくして対抗できないと解する。

○取得時効と登記（紙面に余裕がある場合）

第6問，第7問

時効取得者は，第三者に対して，取得時効を登記（177条）なくして対抗できるか。

> この点，時効完成前の第三者との関係では，時効取得者とそれにより権利を失う者との関係は承継取得者とその前主の関係に類似するといえる。
>
> したがって，時効完成前の第三者との関係では，登記なくして権利を対抗できると解する。
>
> これに対して，時効完成後の第三者との関係では，時効完成時点で所有権の移転があり，時効取得者および第三者への二重譲渡関係に類似するといえる。
>
> したがって，時効完成後の第三者との関係では，両者は対抗関係に立ち，登記なくして権利を対抗できないと解する。

○指図による占有移転と即時取得

第1問

　指図による占有移転（184条）が「占有を始めた」（192条）といえるか，条文上明らかでなく問題となる。

> 　この点，即時取得は真正権利者の権利喪失という犠牲のもと，譲受人の信頼を保護する制度であるため，保護に値するほどの強い物的支配を確立していなければ「占有を始めた」にあたらないと解する。
> 　そして，指図による占有移転は利害関係を有しない第三者による占有を通じて譲渡が公示される点で公示の信頼性が比較的高く，保護に値するほどの強い物的支配を確立しているといえる。
> 　そこで，指図による占有移転は「占有を始めた」といえると解する。

○占有改定と即時取得

第10問

　占有改定（183条）でも「占有を始めた」（192条）といえるか，条文上明らかでなく問題となる。

> 　この点，即時取得の要件として占有開始を要求した趣旨は，原権利者の静的安全を保護する点にあるから，「占有を始めた」といえるには，原権利者の権利を奪うことが正当化される程度の物的支配が要求される。
> 　そのため，一般外観上従来の占有状態に変更を生ずるような場合には「占有を始めた」といえると解する。しかし，占有改定（183条）は，外部的行為を必要とせず，占有状態に一般外観上変更を生じない。
> 　そこで，占有改定では，「占有を始めた」といえないと解する。

占有権
○悪意占有者の損害賠償義務（191条本文前段）

第10問

○費用償還請求（196条）

第29問

所有権
○多数持分権者の少数持分権者に対する明渡請求

第22問

　共有者相互間において明渡請求が認められるか。

> 　この点について，少数持分権者であっても，自己の持分に基づいてその持分に応じて共有物を使用する権限を有し（249条），これに基づいて共有物を占有すると認められるから，その使用の全部が違法とはいえない。また，多数持分権者であっても，その持分に応じた使用が許されるにすぎないところ，共有物の引渡しを求めるということは，結局，自己に対する全部の使用・収益を求めることになるといえる。
> 　そうだとすれば，共有物についての明渡請求は，多数持分権者によるものといえども，当然には認められないというべきである。
> 　そこで，多数持分権者が共有物の明渡しを求めるためには，明渡しを求める理由が認められなければならないと解する。

　では，いかなる場合に明渡しを求める理由が認められるか。

> 　この点について，共有物の利用方法は管理事項（252条本文）に属するため，持分の過半数によって決定することができる。そのため，全共有者の協議を経て，持分の過半数によって現に単独使用している共有者による使用を終了させる旨の決定がなされた場合には，原則として，もはや当該共有者の占有権原は消滅する。このような場合には，明渡しを求める理由が認められる。
> 　もっとも，信義則（1条2項）上，単独使用している共有者の占有を保護すべき特段の事情が認められる場合には，持分過半数の決定によっても，その占有を奪うことは許されないと解する。

○償金請求権（248条）

第24問

抵当権
○抵当権の効力の及ぶ範囲——従物 第8問

○抵当権侵害——妨害予防請求権 第8問
　抵当権者は抵当権の効力として物権的請求権を行使しうるか，明文の規定がなく問題となる。

> 　そもそも抵当権も，所有権その他の物権と同様，抵当目的物を支配する物権の一種である。
> 　そこで，抵当権者は，抵当権の効力として物権的請求権を行使しうると解する。
> 　もっとも，抵当権実行前の段階では，目的物の価格が債権額を下回るか否かはほとんど予測がつかない。
> 　そこで，物権的請求権を行使するためには，目的物の価値の減少の可能性があれば足りると解する。

○抵当権侵害——不法行為に基づく損害賠償請求（損害の有無） 第8問

○抵当権侵害——不法占有者に対する妨害排除請求権 第8問
　抵当権者は，不法占有者に対して，抵当権に基づいて妨害排除請求をすることができるかが問題となる。

> 　たしかに，抵当権は非占有担保物権であるから，抵当権者は，原則として，抵当不動産の使用または収益について干渉できない。
> 　しかし，第三者による不法占有が抵当権の実行を妨害し，抵当権者の優先弁済請求権を侵害する現実を無視することはできない。
> 　そこで，第三者が抵当不動産を不法占有することにより，抵当不動産の交換価値の実現が妨げられ，抵当権者の優先弁済請求権の行使が困難となるような状態があるときは，抵当権者は，占有者に対し，抵当権に基づいて妨害排除請求をすることができると解する。

○抵当権侵害——妨害排除請求をなしうる時期 第8問
　いまだ被担保債権の弁済期が到来していない場合でも，抵当権者は抵当権に基づく妨害排除請求をすることができるか。抵当権に基づく妨害排除請求をなしうる時期が問題となる。

> 　たしかに，抵当権は交換価値を把握する権利であるから，抵当権者は抵当権設定当初から交換価値を支配している。
> 　そうだとすると，抵当権侵害のおそれさえ生じていれば，弁済期の到来を問わず，抵当権に基づく妨害排除請求をなしうるとも考えられる。
> 　しかし，弁済期前は，なお債務者からの弁済が期待できるから，妨害排除請求を認める必要性は小さい。
> 　そこで，抵当権に基づいて妨害排除請求をなしうるのは，債務者が履行遅滞に陥った時など抵当権の実行が現実的な問題となった時以降にかぎられると解する。

留置権
○ 295条2項の類推適用 第10問
　占有すべき権原を有していたが後に喪失した場合，295条2項は直接適用されないが，同条項が類推適用されるか。

> 　この点，295条2項の趣旨は，占有が不法行為により始まった場合にまで留置権を認めることは公平の観念に反する点にある。
> 　そうだとすれば，占有権原を事後的に喪失した場合も，公平の観念に反するといえ，その趣旨が妥当する。
> 　そこで，権原のないことにつき悪意または有過失であれば，295条2項が類推適用されると解する。

非典型担保

○将来債権譲渡担保の有効性・取得時期 第26問
そもそも，将来債権譲渡担保設定契約は有効か。

> この点，経済取引上の需要が高いことから，目的債権が十分に特定されている場合には，設定契約が公序良俗（90条）に反するものでないかぎり，将来債権を含む集合債権譲渡担保設定契約も有効であると解する。
>
> そして，466条の6第2項により，「債権が譲渡された場合において，その意思表示の時に債権が現に発生していないときは，譲受人は，発生した債権を当然に取得する」とされている。

○集合物譲渡担保の有効性 第9問

○集合物譲渡担保権者と動産先取特権者の関係 第9問
譲渡担保権者は「第三取得者」（333条）にあたるのか，譲渡担保の法的性質と関連して問題となる。

> この点，判例は，譲渡担保を所有権の移転と解し（所有権的構成），譲渡担保権者は特段の事情のないかぎり，「第三取得者」にあたるとする。
>
> しかし，これでは目的物の価額に余剰がでた場合，先取特権者はその余剰部分にかかっていくことができなくなり，不合理である。
>
> そもそも譲渡担保は，所有権移転の形式をとりつつも，その実質は債権を担保することにある。
>
> そのため，担保的実質を重視し，譲渡担保を担保権の設定と解する（担保権的構成）。
>
> したがって，譲渡担保権者は，質権者などと同様，「第三取得者」にあたらないと解する。

○所有権留保の法的性格 第10問
所有権留保の法律構成が問題となる。

> この点，所有権留保の特約の法形式にかんがみ，所有権は売主に属し，買主は利用権と代金完済という停止条件の成就によって所有権を取得する期待権を有するにすぎないと解する（所有権的構成）。

○請負代金債権について譲渡担保権に基づく物上代位 第24問
請負代金債権が物上代位（304条1項本文）の対象になるか。

> 設定者が目的物を用いて請負工事を行ったことによって取得する請負代金債権は，材料費や工賃等をすべて包含する仕事完成義務の対価であるから，当然にはその一部が当該目的物の転売による代金債権に相当するものということはできない。
>
> そこで，譲渡担保権者は，原則として，請負代金債権に対して物上代位権を行使することができないが，請負代金全体に占める当該目的物の価額の割合や請負契約における請負人の債務の内容等に照らし，請負代金債権の全部または一部を当該目的物の転売による代金債権と同視するに足りる特段の事情がある場合には，その部分の請負代金債権に対して物上代位権を行使できると解する。

○債権譲渡と物上代位（譲渡担保の場合） 第24問
債務者は請負代金債権を第三者に譲渡し，確定日付のある証書により第三債務者に通知している。そこで，債権譲渡が「払渡し又は引渡し」（304条1項ただし書）にあたり，譲渡担保権者は請負代金債権に対して物上代位権を行使できないのではないか。

> そもそも，304条1項ただし書の類推適用により，譲渡担保権者が物上代位権を行使するには払渡しまたは引渡しの前に差押えをすることを要するとされる主たる目的は，抵当権とは異なり公示が十分ではない動産譲渡担保権について，物上代位の目的債権の譲受人等の第三者の利益を保護する点に

ある。
　そこで、「払渡し又は引渡し」には債権譲渡も含まれ、動産譲渡担保権者は、物上代位の目的債権が譲渡され、第三者に対する対抗要件が備えられた後においては、目的債権を差し押さえて物上代位権を行使することはできないと解する。

[債権総論]
債権の効力
○種類債権──特定の有無　　　　　　　　　　　　　　　　　　　　　　　　　　　　第 11 問

○種類債権──特定後の変更権　　　　　　　　　　　　　　　　　　　　　　　　　　第 11 問
　種類債権の特定後、債務者に他の物で給付するという変更権が認められるか。

　　この点、特定の趣旨は、債務者の種類物の調達義務を「その物」の善管注意義務（400 条）に軽減させ、もって債務者の利益を図る点にある。
　　そうだとすると、債務者が特定の利益を欲しなければ、これを強制する必要はないといえる。
　　しかも、変更権を認めるほうが本来の契約の目的を達成でき、債権者の利益にもなる。
　　そこで、種類債権の特定後といえども、債権者に不利にならない場合は、信義則上（1 条 2 項）、債務者に変更権が認められると解する。

○履行補助者の行為と債権者の帰責事由との関係　　　　　　　　　　　　　　　　　　第 12 問
　「債務者の責めに帰することができない事由」（415 条 1 項ただし書）を考えるにあたり、履行補助者の行為と債務者の帰責事由との関係が問題となる。

　　他人の利用により債務者の活動範囲・収益が拡大するのだから、これから生じる不利益も債務者が負担することが信義則上（1 条 2 項）公平である。
　　そこで、「契約その他の債務の発生原因及び取引上の社会通念に照らして」（415 条 1 項ただし書）債務者の帰責事由を考えるにあたり、履行補助者の行為をひとつの判断要素として評価すべきと解する。

○拡大損害　　　　　　　　　　　　　　　　　　　　　　　　　　　　　　　　　　第 12 問
　416 条は何を定めたものかが問題となる。

　　この点、損害賠償請求の趣旨は、一方の被った損害を他方に填補させることによって、当事者間の公平を図ろうとする点にある。
　　そうだとすると、無限に拡大する可能性のある損害の範囲を通常予想された因果関係の範囲に限定して、当事者間の公平を図る必要がある。
　　そこで、416 条は、相当因果関係の範囲内の損害の賠償を定めたものと解する。
　　すなわち、416 条は、賠償すべき損害の範囲として、通常損害（1 項）はもとより、特別事情によって生じた損害のうち債務者の予見すべき事情によるもの（2 項）を定めたものと解する。

○安全配慮義務　　　　　　　　　　　　　　　　　　　　　　　　　　　　　　　　第 30 問
　直接の契約関係にはないものの事実上の指揮監督下におかれていた者は、指揮監督していた者に対して、債務不履行に基づく損害賠償請求をすることができるか。

　　この点、当事者間には何ら契約関係がないため、債務不履行に基づく損害賠償請求ができないのが原則である。
　　もっとも、ある法律関係に基づいて特別な社会的接触関係にあった当事者間では、その法律関係の付随的義務として信義則上安全配慮義務が認められるところ、直接の契約関係がなくとも、従業員と

の関係と同視する立場にある場合には，安全配慮義務は生じると解すべきである。

債権債務の移転
○将来債権譲渡担保と譲渡制限特約　　　　　　　　　　　　　　　　　　　　　　第26問

○抗弁の承継と切断　　　　　　　　　　　　　　　　　　　　　　　　　　　　　第27問

○確定日付ある証書による通知が競合した場合の優劣の判断基準　　　　　　　　　第15問
　確定日付ある証書による通知が競合した場合，何によって対抗要件具備の優劣を決すべきか，条文上明らかでなく問題となる。

　　この点，467条1項が通知・承諾を対抗要件とした趣旨は，債務者の債権譲渡の認識を通じて，債務者の第三者に対する表示を公示方法とした点にある。
　　そして，467条2項が確定日付を要求した趣旨は，旧債権者が債務者と通謀して譲渡の通知・承諾の日時をさかのぼらせる等の行為を可及的に防止する点にある。
　　そうだとすれば，467条2項は，467条1項の対抗要件制度の構造に何らの変更を加えるものではない。
　　そこで，この場合，通知の到達の先後によって対抗要件具備の優劣を決すべきと解する。

○債権譲渡と相殺　　　　　　　　　　　　　　　　　　　　　　　　　　　　　　第16問
　自働債権の弁済期が受働債権の弁済期よりも後に到来する場合であっても，相殺の抗弁が468条1項の対抗「事由」に含まれるか。

　　この点，相殺は，相殺権を行使する債権者の立場からすれば，担保的機能を有するものである。
　　したがって，このような相殺の機能を重視して，債権譲渡の通知を受けるまでに譲渡人に対する反対債権を取得する場合であれば，弁済期の前後を問わず，相殺の抗弁は468条1項の対抗「事由」となると解する。

○免責的債務引受の効力（472条1項）　　　　　　　　　　　　　　　　　　　　　第26問

○劣後譲受人への弁済と478条　　　　　　　　　　　　　　　　　　　　　　　　第15問
　劣後譲受人に対してなされた弁済に478条の適用を認めることができるか。

　　この点，467条2項は，債務者の劣後譲受人に対する弁済の効力についてまで定めているものとはいえない。
　　そうだとすれば，その弁済の効力は，478条等債権の消滅に関する規定によって決する必要がある。
　　そこで，劣後譲受人に対してなされた弁済にも478条の適用を認めることができると解する。
　　このように解しても，優先譲受人は劣後譲受人に対し不当利得の返還（703条，704条）を求めうるので，必ずしも467条2項の規定を没却することにはならない。

債権の消滅
○受領権者としての外観を有する者に対する弁済（478条）──弁済者の「過失」の内容
　　　　　　　　　　　　　　　　　　　　　　　　　　　　　　　　　　　　　第15問
　債務者の弁済につき「過失」がなかったというための要件が問題となる。

　　この点，467条2項は，対抗要件具備の優先者を正当な債権者とする対抗要件主義を採用する。
　　そうだとすれば，劣後譲受人への弁済を安易に478条によって救済すると，対抗要件主義を没却す

る。

　そこで，債務者の弁済につき「過失」がなかったというためには，劣後譲受人を真の債権者であると信ずるにつき相当な理由があることが必要であると解する。

○弁済の提供の方法・程度 第 11 問
　現実の提供の方法・程度が問題となる。

　そもそも，弁済の提供の意義は，債務者が単独で完了することのできない給付について，その給付に必要な準備をして債権者の協力を求める点にある。
　このような意義にかんがみ，現実の提供は，定められた時期・場所で，弁済できる状態にあれば足りると解する。

○差押えと相殺 第 16 問
　弁済期の前後を問わず第三債務者は相殺をもって差押債権者に対抗できるかが，511 条 1 項の解釈として問題となる。

　この点，相殺の制度は，相殺権を行使する債権者の立場からすれば，受働債権のうえにあたかも担保権を有するにも似た地位が与えられるという機能（相殺の担保的機能）を有するものである。
　そうだとすれば，両債権の対立がある以上，弁済期の前後を問わず相殺を期待するのは当然であって，このような期待は最大限尊重されるべきである。
　したがって，第三債務者は，差押え前に債権者に対して取得した債権であれば，弁済期の前後を問わず，相殺をもって差押債権者に対抗できると解する。

○相殺権の濫用 第 16 問

責任財産の保全
○債権者代位権──登記または登録の請求権以外の特定債権の保全への転用 第 13 問
　登記または登録の請求権以外の特定債権を保全するための債権者代位権行使が認められるかが問題となる。

　この点，債権者代位権は，強制執行の準備的機能を果たし，債務者の責任財産を保全するために認められた制度であるから，責任財産で保全される債権，すなわち，金銭債権が被保全債権となるのが原則である。
　また，私的自治の原則からは，他人の権利への干渉は可及的に限定されるべきであるから，債務者は無資力，すなわち責任財産が不十分な状態であることを原則とするべきである。
　しかし，①特定債権の場合は，強制執行による救済が不可能であり，債権者代位権の転用を認める社会的要請が強い。また，②423 条の文言が被保全債権を金銭債権に限定しておらず，更に③債権者代位権の場合，425 条のような規定がない。そうだとすれば，転用を認めても格別の問題は生じない。
　そこで，ほかに格別の救済方法がなく，債権者代位権を認めることが合理的であると判断される場合には，制度の合理的な転用として，423 条の 7 を類推適用し，登記または登録の請求権以外の特定債権を保全するための債権者代位権の行使も認められると解する。
　そして，特定債権の保全は債務者の責任財産とは関係がないから，無資力要件は不要と解する。

○債権者代位権──転用事例における無資力要件の要否 第 13 問
　金銭債権保全のために，無資力要件なくして債権者代位権を行使しうるかが問題となる。

　この点，被保全債権が金銭債権の場合に無資力要件が必要とされる趣旨は，通常金銭債権が債務者

の責任財産によって保全される関係にあることから，債務者の資力を基準に代位権行使の範囲を限定する点にある。

そうだとすれば，金銭債権が被保全債権であっても，その債権が債務者の責任財産によって保全されない場合，無資力要件が不要となる場合もあると解しうる。

よって，責任財産の保全を目的とする場合には無資力要件を必要とし，ほかの目的の場合には転用事例として無資力要件は不要と解する。

○詐害行為取消権——相当な価格での不動産の売却と詐害行為　　　　　　　　第14問

○詐害行為取消権——範囲・方法　　　　　　　　第14問

共同抵当の目的とされた不動産（不可分）の売買契約が詐害行為に該当する場合において，当該売買によって抵当権が消滅したときの取消しの範囲および原状回復の方法が問題となる。

この点，詐害行為取消権の目的は，逸出財産の債務者の責任財産への原状回復に求められるので，目的物が性質上不可分の場合には，全部を取り消し，現物返還によるべきである（424条の8，424条の6第1項前段）。

もっとも，抵当権が消滅したようなときには，逸出した財産を原状のままに回復することが不可能もしくは著しく困難であり，また，債務者および債権者に不当に利益を与える結果となるので，このときは，詐害行為の目的不動産価額からその不動産が負担すべき抵当権の被担保債権の額を控除した残額の限度で売買契約を取り消し，その価額賠償によるべきである（同項後段参照）。

○詐害行為取消権と財産分与　　　　　　　　第30問

財産分与が詐害行為取消権の対象となるか。

詐害行為取消権の対象行為は財産行為なので，身分行為は対象ではないが（424条2項），共同担保保全の必要性と身分行為の尊重の調和から，夫婦共同財産の清算分配という768条3項の趣旨に反し不相当に過大で，財産分与に仮託したと認めるに足りる特段の事情がある場合には，当該不相当部分の限度において，詐害行為取消の対象となると解する。

多数当事者と保証
○物上保証人の事前求償権の有無　　　　　　　　第25問

460条は保証人に関する規定であり，物上保証人に直接適用できないため，同条を類推適用できないか。

この点について，事前求償権の法的性質は委任事務費用の前払請求権（649条）と解されるところ，物上保証の委任は弁済によって債務者を免責させる趣旨を含まない。そのため，物上保証人の弁済は委任事務とはいえず，委任事務費用およびその前払請求権の発生を観念しえない。

また，抵当不動産の売却代金による被担保債権の消滅の有無およびその範囲は，抵当不動産の売却代金の配当等によって確定するものであることから，求償権の範囲はもちろん，その存在すらあらかじめ確定することはできない。

そこで，物上保証人に対し460条を類推適用できないと解する。

○物上保証人の検索・催告の抗弁の有無　　　　　　　　第25問

検索の抗弁を定める453条は，保証人に関する規定であり，物上保証人に直接適用できないため，同条を類推適用できないか。

この点について，検索の抗弁は保証債務の補充性に基づいて認められる保証人保護のための抗弁であるところ，物上保証人の責任は，保証人と異なり，抵当目的物に限定されているため，保証人と同

等に保護する必要はないといえる。

また，検索の抗弁を物上保証人に認めると，抵当権の実行を不当に遅延させるおそれがある。

そこで，物上保証人に 453 条を類推適用できないと解する。

[債権各論]
契約総論
○解除と「第三者」（545 条 1 項ただし書）　　　　　　　　　　　　　　第 27 問
「第三者」の意義をいかに解するか。

そもそも，双務契約の拘束から債権者を解放するという解除制度の趣旨から，解除によって当該契約は遡及的に消滅すると解する。そして，同項ただし書の趣旨は，このような遡及効により害される者を保護する点にあることから，「第三者」とは，解除された契約から生じた法律関係を基礎として，解除までに新たな権利を取得した者をいうと解する。

また，何ら帰責性のない解除権者の犠牲のもと，「第三者」が保護される以上，「第三者」は，権利保護要件を具備することが必要であると解する。さらに，債務不履行があったからといって当然に解除されるわけではなく，第三者が債務不履行の事実を知っているかどうかは意味をもたないので，善意は要件とならない。

売買
○他人物売買と債務不履行責任の関係　　　　　　　　　　　　　　　　第 28 問

○ 561 条による解除と買主の使用利益の返還義務　　　　　　　　　　　第 28 問
他人物売主は，買主に対して，目的物の使用利益の返還を請求することができるか。売主は目的物の使用権原を有しないことから問題となる。

他人物売買を解除した場合，一般原則たる 545 条 1 項本文に基づき原状回復義務が生じると解されるところ，給付・反対給付の対価的均衡を保った清算をすべきであるから，この原状回復義務には，目的物の使用利益の返還も含まれると解する。

したがって，他人物売買が解除された場合，他人物売主は買主に対して，目的物の使用利益の返還を請求することができると解する（同条 2 項参照）。

○契約不適合責任──地上権　　　　　　　　　　　　　　　　　　　　第 17 問
敷地の物理的欠陥が地上権の契約不適合にあたるかが問題となる。

たしかに，地上権は小問(1)の賃借権と同じ目的を実現するから，地上権の用益目的物の物理的欠陥も売買の目的物たる地上権の契約不適合とはいえないとも考えられる。

しかし，地上権の地主に修繕義務はないから，地上権の用益目的物の瑕疵は修繕義務の履行によって補完されず，賃借権と同様に考えることはできない。

そもそも，地上権などの用益物権は，所有者の支配や干渉を排除するかたちで設定されている。

そうだとすれば，用益物権の場合は，目的物の使用，収益権限だけでなく，目的物の性状についても，譲受人を保護するべきであるといえる。

そこで，敷地の物理的欠陥は売買の目的物たる地上権の契約不適合にあたり，建物の買主は，売主の契約不適合責任を追及できると解する。

○契約不適合責任──土地賃借権　　　　　　　　　　　　　　　　　　第 17 問
敷地の物理的欠陥が賃借権の契約不適合にあたるかが問題となる。

この点，建物とともに売買の目的とされたものは，建物の敷地そのものではなく，その賃借権であり，敷地自体の物理的欠陥については修繕義務（606条1項本文）を負う賃貸人にその修繕を請求すべきである。

また，債権の売主が債務者の資力を当然には担保しないとされる（569条1項参照）こととの均衡からも，賃貸人の修繕義務について，売主に責任を認めるべきではない。

そこで，敷地の物理的欠陥は売買の目的物たる賃借権の契約不適合にはあたらず，建物の買主は，売主の契約不適合責任を追及できないと解する。

事務管理・不当利得
○転用物訴権 第18問

賃借目的物を修理した請負人が，注文者たる賃借人から，請負代金の支払を受けていない場合に，請負人は，賃貸人に対し，請負代金に相当する額の不当利得返還請求をすることができるか。「法律上の原因なく」（703条）といえるかが問題となる。

この点，賃貸人が賃借人との間の賃貸借契約においてなんらかのかたちで利益に相応する出えんまたは負担をしたときは，賃貸人の利得は正当な財産的価値の移転といえるから，かりに請負人が賃貸人に対して上記利益につき不当利得として返還請求できるとすると，賃貸人に二重の負担を強いる結果となる。

そこで，賃貸人が「法律上の原因なく」利益を受けたといえるのは，賃貸人と賃借人の間の賃貸借契約を全体としてみて，賃貸人が対価関係なしに上記利益を受けたときにかぎられるものと解する。

不法行為
○使用者責任――「事業の執行について」（715条1項本文）の意義 第19問
「事業の執行について」の意議が問題となる。

そもそも715条の趣旨は，使用者は被用者を利用して利益をあげている以上被用者による損害も負担すべきとするのが公平である，という報償責任にある。

そうだとすると，使用者と被用者の内部関係や被用者の主観的事情を「事業の執行について」の判断要素から外し，被害者の救済を図るべきである。

そこで，「事業の執行について」とは，被用者の職務執行行為そのものには属しないが，その行為の外形から観察して，あたかも被用者の職務の範囲内の行為に属するとみられる場合をも包含すると解する（外形理論）。

○過失相殺――被害者の責任能力の要否 第19問
722条2項の「過失」が認められるためには責任能力まで必要かが問題となる。

そもそも過失相殺制度の趣旨は，発生した損害を加害者と被害者との間で公平に分担させることにある。

このような趣旨にかんがみ，722条2項の「過失」が認められるためには，責任能力までは不要で，事理を弁識するに足りる能力があれば足りると解する。

○過失相殺――被害者側の過失 第19問
「被害者」（722条2項）の過失には，被害者側の過失を含むかが問題となる。

そもそも過失相殺制度の趣旨は，加害者・被害者間で損害の公平な分担を図る点にある。

この点，監督義務者等被害者と一定の関係にある者の過失による損害は，加害者に負担させるよりも，被害者の内部問題として処理するほうが公平である。

そこで,「被害者」の過失には,被害者のみならず被害者側の過失をも含むと解する。

もっとも,被害者となんらかの関係がある者をすべて被害者側としてその過失を考慮することは,第三者の過失によって生じた損害を被害者の負担に帰せしめ,加害者の負担を免ずることになり,損害の公平な分担という過失相殺制度の趣旨に反する結果となる。

そこで,被害者側とは,被害者と身分上または生活関係上一体をなすとみられるような関係にある者をいうと解する。

♠**伊藤　真**（いとう　まこと）

　1958年東京で生まれる。1981年，大学在学中に1年半の受験勉強で司法試験に短期合格。同時に，司法試験受験指導を開始する。1982年，東京大学法学部卒業，司法研修所入所。1984年に弁護士登録。弁護士としての活動とともに，受験指導を続け，法律の体系や全体構造を重視した学習方法を構築する。短期合格者の輩出数，全国ナンバー1の実績を不動のものとする。

　1995年，憲法の理念をできるだけ多くの人々に伝えたいとの思いのもとに，15年間培った受験指導のキャリアを生かし，伊藤メソッドの司法試験塾をスタートする。現在は，予備試験を含む司法試験や法科大学院入試のみならず，法律科目のある資格試験や公務員試験をめざす人たちの受験指導のため，毎日白熱した講義を行いつつ，「一人一票実現国民会議」および「安保法制違憲訴訟の会」の発起人となり，社会的問題にも積極的に取り組んでいる。

　「伊藤真試験対策講座〔全15巻〕」（弘文堂刊）は，伊藤メソッドを駆使した本格的テキストとして受験生のみならず多くの読者に愛用されている。他に，「伊藤真ファーストトラックシリーズ〔全7巻〕」「伊藤真の判例シリーズ〔全7巻〕」「伊藤真新ステップアップシリーズ〔全6巻〕」「伊藤真実務法律基礎講座」など読者のニーズにあわせたシリーズを刊行中である。
（一人一票実現国民会議 URL：https://www2.ippyo.org/）

伊藤塾
〒150-0031　東京都渋谷区桜丘町17-5　03(3780)1717
https://www.itojuku.co.jp

民法［第2版］【伊藤塾試験対策問題集：予備試験論文⑥】

2017(平成29)年1月30日　初　版1刷発行
2020(令和2)年4月30日　第2版1刷発行
2022(令和4)年8月15日　同　　3刷発行

監修者　伊藤　　真

発行者　鯉渕友南

発行所　株式会社　弘文堂　101-0062　東京都千代田区神田駿河台1の7
　　　　　　　　　　　　　　TEL 03(3294)4801　　振替 00120-6-53909
　　　　　　　　　　　　　　https://www.koubundou.co.jp

装　丁　笠井亞子
印　刷　三美印刷
製　本　井上製本所

©2020 Makoto Ito.　Printed in Japan

[JCOPY]　〈(社) 出版者著作権管理機構　委託出版物〉
本書の無断複写は著作権法上での例外を除き禁じられています。複写を希望される場合は，そのつど事前に，(社) 出版者著作権管理機構（電話 03-5244-5088，FAX 03-5244-5089，e-mail: info@jcopy.or.jp）の許諾を得てください。
また本書を代行業者等の第三者に依頼してスキャンやデジタル化することは，たとえ個人や家庭内での利用であっても一切認められておりません。

ISBN978-4-335-30369-2

伊藤塾試験対策問題集

●予備試験論文

伊藤塾が満を持して予備試験受験生に贈る予備試験対策問題集！
過去問と伊藤塾オリジナル問題を使って、合格への最短コースを示します。
合格者の「思考過程」、答案作成のノウハウ、復習用の「答案構成」や「論証」など工夫満載。出題必須論点を網羅し、この1冊で論文対策は完成。

1	刑事実務基礎[第2版]	3200円	6	民法[第2版]	2800円
2	民事実務基礎[第2版]	3200円	7	商法[第2版]	2800円
3	民事訴訟法[第2版]	2800円	8	行政法[第2版]	2900円
4	刑事訴訟法[第2版]	2800円	9	憲法[第2版]	2800円
5	刑法[第2版]	2800円			

●論文

司法試験対策に最適のあてはめ練習ができる好評の定番問題集！
どんな試験においても、合格に要求される能力に変わりはありません。問題を把握し、条文を出発点として、趣旨から規範を導き、具体的事実に基づいてあてはめをし、問題の解決を図ること。伊藤塾オリジナル問題で合格に必要な能力を丁寧に養います。

2	刑法	3000円	4	憲法	3200円

●短答

短答式試験合格に必須の基本的知識がこの1冊で体系的に修得できる！
伊藤塾オリジナル問題から厳選した正答率の高い良問を繰り返し解き、完璧にマスターすれば、全範囲の正確で確実な知識が身につく短答問題集です。

1	憲法	2800円	4	商法	3000円
2	民法	3000円	5	民事訴訟法	3300円
3	刑法	2900円			

新 伊藤塾試験対策問題集

●論文

合格答案作成ビギナーにもわかりやすい記述試験対策問題集！
テキストや基本書で得た知識を、どのように答案に表現すればよいかを伝授します。
法的三段論法のテクニックが自然に身につく、最新の法改正に完全対応の新シリーズ。
「伊藤塾試験対策講座」の実践篇として、効率よく底力をつけるための論文問題集です。

1	民法	2800円	4	行政法	2800円
2	商法	2700円	5	刑事訴訟法	2800円
3	民事訴訟法	2900円			

弘文堂

＊価格（税別）は2022年8月現在

伊藤真試験対策講座

論点ブロックカード・フローチャートなど司法試験受験界を一新する勉強法を次々と考案し、導入した伊藤真が、全国の受験生・法学部生・法科大学院生に贈る、初めての本格的な書き下ろしテキスト。伊藤メソッドによる「現代版基本書」！

- ●論点ブロックカードで、答案の書き方が学べる。
- ●フローチャートで、論理の流れがつかめる。
- ●図表・2色刷りによるビジュアル化。
- ●試験に必要な重要論点をすべて網羅。
- ●短期集中学習のための効率的な勉強法を満載。
- ●司法試験をはじめ公務員試験、公認会計士試験、司法書士試験に、
  そして、大学の期末試験対策にも最適。

弘文堂　　　　＊価格(税別)は2022年8月現在

伊藤真の判例シリーズ

厳選された重要判例の読み方・学び方を、伊藤メソッドを駆使して伝授！
各判例は、論点と結論、事実、裁判の経緯、判決の流れ、学習のポイント、
判決要旨、伊藤真のワンポイント・レッスン、等の順にわかりやすく解説。
試験に役立つ学習書に徹した伊藤真による初めての判例ガイド、誕生！

憲法［第2版］	3800円
民法［第2版］	3500円
刑法［第2版］	3500円
行政法［第2版］	3800円
刑事訴訟法	3800円
民事訴訟法	3500円
商法	3500円

伊藤真の条文シリーズ

法律の学習は、条文に始まり条文に終わる！　基本六法を条文ごとにわかり
やすく説明する逐条解説シリーズ。条文の意味・趣旨、解釈上の重要論点、
要旨付きの関連判例をコンパクトに整理。「事項索引」「判例索引」の他に、「条
文用語索引」で検索機能も充実。基礎的な勉強に、受験に、そして実務でも
役立つ伊藤メソッドによるスーパー六法。

民法Ⅰ【総則・物権】	3200円
民法Ⅱ【債権・親族・相続】	3200円
商法・手形法小切手法	2700円
憲法	3000円
刑法	3300円
民事訴訟法	2800円
刑事訴訟法	3100円

伊藤真の全条解説 会社法

平成26年改正をふまえた会社法の全条文をオールマイティにわかりやすく解説。
全ての条文に、制度趣旨、定義、口語訳、論点、関連判例、重要度ランク、
過去問番号が入り、さらに引用条文・読替条文の内容をダイレクトに付記。
実務書として学習書として、安心して利用できる便利なコンメンタール。　6400円

弘文堂

＊価格（税別）は2022年8月現在